Cindy Dorkenoo

STRATÉGIE DIGITALE

Comment acquérir, convertir et fidéliser vos clients sur le Web

EYROLLES

STRATÉGIE DIGITALE

Comment acquérir, convertir et fidéliser
vos clients sur le Web

Groupe Eyrolles
61, bd Saint-Germain
75240 Paris Cedex 05
www.editions-eyrolles.com

Avec la collaboration de Julie Bouillet

© Groupe Eyrolles, 2015
ISBN : 978-2-212-56181-4

Table des matières

Partie II

Conversion : comment transformer mes prospects en clients ?

Partie III

Mesure de la performance : analyser mes prospects et clients pour mieux les comprendre

Partie IV
Fidélisation : construire une relation durable avec vos clients

Introduction

Une statistique glaçante est tombée en février 2014 : selon une étude d'E-mail-Brokers, plus de 8 entreprises sur 10 ayant fait faillite en 2013 avaient omis de parier sur le Net. Rien d'étonnant à cela. Tandis que certaines sombrent et refusent d'embrasser le changement, d'autres tentent de rattraper leur retard, non sans difficultés. Et les géants du CAC 40 aux pieds d'argile n'en sont pas moins enlisés. Le challenge du virage digital se pose pour toutes les entreprises, quels que soient leur taille et leur secteur d'activité. Rester en prise avec les évolutions du Web est un vrai défi, en témoigne le fossé qui s'est creusé entre les nouvelles attentes des consommateurs et les enseignes qui peinent à y apporter une réponse adéquate.

Le Web transforme la société, nos habitudes, notre façon de travailler et de communiquer à une vitesse souvent éreintante pour les entreprises et les marques. C'est avant tout notre façon de consommer qui a changé, notre façon d'acheter, mais également notre consommation de l'information. Désormais marqué par l'instantanéité et l'interopérabilité, le parcours utilisateur est aujourd'hui cross-device (ordinateur/mobile/tablette) et omnicanal ; toutes les barrières ont cédé. Pour nous adapter, il ne reste plus qu'à abattre les cloisons qui demeurent entre les canaux et les services au sein des entreprises. C'est la relation client dans son intégralité qu'il faut rénover, en investissant dans de nouvelles plateformes de data management et en ajustant notre stratégie RH.

Cet ouvrage s'adresse à tous les entrepreneurs, dirigeants et cadres marketing soucieux de maintenir ou de mettre à jour leur lexique Web et leurs connaissances des leviers de la stratégie digitale. Avec ses 85 conseils et son dictionnaire du Web, il s'inscrit dans votre réflexion tel un réel consultant de poche à votre service afin d'élaborer, d'affûter ou de donner un nouveau souffle à votre stratégie e-marketing, je dirais même votre stratégie digitale. Indépendamment de votre taille ou de votre budget, vous disposerez de tous les éléments pour définir un plan d'action marketing sur mesure et propre à votre activité pour adresser ces nouvelles problématiques.

Ces métamorphoses précédemment évoquées nous amènent, en tant qu'annonceurs, à repenser notre utilisation de chacun des leviers d'acquisition de trafic et à réviser notre stratégie Web dans son ensemble. D'autant plus que les leviers eux-mêmes évoluent et développent parfois de nouveaux écosystèmes d'acteurs, allant jusqu'à révolutionner les échanges. Je pense ici au display *via* l'avènement de l'achat programmatique et de l'achat d'espaces publicitaires en temps réel aux enchères (RTB). L'achat programmatique a pris de vitesse les annonceurs en bousculant tous leurs repères sémantiques et publicitaires, à tel point qu'une étude de l'IAB, réalisée sur 600 acteurs de l'industrie Web, a révélé que près de la moitié des éditeurs et les deux tiers des marketeurs affirment ne pas comprendre vraiment ce qu'est le programmatique.

Il y a d'un côté les nouveaux leviers que beaucoup n'arrivent pas à cerner et, de l'autre, ceux que l'on pensait maîtriser et qui, aujourd'hui, sont devenus bien plus exigeants qu'hier, comme l'e-mailing ou le Search Engine Advertising avec Google Adwords, ou ceux dont le challenge est une composante intrinsèque comme le SEO.

Dans cet environnement mouvementé de plus en plus concurrentiel, car proche de la saturation, les internautes et mobinautes deviennent, eux aussi, de plus en plus exigeants et forcent les entreprises à améliorer l'ergonomie de leur site Web. Au même titre que Google les pousse à élaborer de réelles stratégies éditoriales pour exister dans son illustre classement.

En réponse à ces défis, on a assisté, ces dernières années, à une hyperspécialisation des métiers du Web. Ils sont désormais découpés en expertises bien distinctes et le recrutement d'effectifs n'est pas facilité par les nombreux termes de jargon qui ne cessent de venir peupler ce dictionnaire instable du Web. Les « recrues couteau suisse » sont tentantes mais coûteuses à bien des égards. Il est souvent difficile d'en évaluer les compétences, au même titre que le recrutement de certains experts en référencement naturel. Ainsi les fiches métiers et la carte des métiers du Web viendront confirmer ou éclairer vos recrutements afin d'optimiser la gestion du capital humain de votre entreprise.

Étant à la tête d'un organisme de formation continue proposant des formations exclusivement dédiées au Web, Naïas Formation, tout en poursuivant mon activité de consultante en stratégie digitale, j'ai essayé, à travers ces pages, de répondre à toutes les questions que j'ai pu voir émerger de la réflexion des entrepreneurs et marketeurs plongés dans cet environnement aussi hostile car incertain que passionnant qu'est le Web. Tout en tirant, bien évidemment, toutes les thématiques traitées vers l'avenir, aussi proche soit-il, tant en termes de menaces qu'en termes d'opportunités.

Les quatre clés de la stratégie digitale

PARTIE I

Acquisition de trafic : comment générer du trafic et attirer des prospects ?

Les objectifs d'une campagne Web

Avant d'investir une partie de votre budget dans des campagnes webmarketing, vous devez savoir exactement quels sont vos objectifs et définir un budget à court et moyen terme. Il existe trois principaux objectifs. Pour chacun de ces objectifs, des types de publicité (aussi appelés « leviers d'acquisition de trafic ») et de modes de paiement (plus connus dans le Web sous le nom de « modèles de rémunération ») différents seront utilisés.

Vous souhaitez faire connaître votre site, votre marque ou lancer un nouveau produit ?

Objectif branding ou e-branding

Le terme branding est aussi utilisé en marketing classique pour évoquer la gestion de l'image et du développement de la notoriété d'une marque. Cet objectif correspondra parfaitement au lancement d'une boutique en ligne, d'une nouvelle gamme de produits, ou encore au développement de la notoriété de votre entreprise *via* un site vitrine.

Avec le branding, l'**objectif est clair : être vu** ! L'affichage de bannières, plus communément appelé **display**, s'y prêtera tout à fait. Que ce soit *via* une régie publicitaire ou en passant par une plateforme d'affiliation, vous obtiendrez **des volumes importants à un prix acceptable**.

Les **réseaux sociaux** sont aussi devenus incontournables, d'autant plus dans un contexte de développement de notoriété. Désormais, mis à part quelques rares exceptions, cela doit être un réflexe : je crée mon site, je crée ma page entreprise Facebook et mon compte Twitter. De plus, ils peuvent apporter une touche virale non négligeable à votre campagne de branding. C'est encore plus efficace quand les internautes parlent de vous à votre place et c'est gratuit. Avec un peu d'originalité, votre publicité pourrait contaminer les réseaux sociaux et vous pourriez rencontrer votre public.

La **publicité interactive**, bien qu'elle puisse s'avérer un peu coûteuse, peut être payante si elle est bien réussie. Un exemple ? La fameuse publicité vidéo Tipp-Ex du chasseur et de l'ours qui proposait aux internautes de choisir la suite de l'histoire et des scenarii alternatifs. Si vous optez pour ce type de publicité, prenez votre temps afin d'envisager toutes les implications stratégiques indépendamment du budget alloué. De nombreux échecs sont à déplorer dans cette catégorie.

CONSEIL

Ne perdez pas de vue votre objectif. À combattre l'ad blindness, à courir après l'originalité ou la bonne blague, on finit parfois par être dépassé par nos créations. Le comble, pour une publicité, c'est que les utilisateurs se souviennent de votre trait d'humour, mais pas de votre produit. Placez-le au cœur de votre création.

Vous pourrez également acheter des impressions (affichages sur des espaces publicitaires) pour apparaître sur les différents réseaux sociaux. Si vous y parvenez, le ciblage de votre audience sera indispensable pour ne pas voir votre budget s'envoler trop rapidement.

En ce qui concerne l'affichage de bannières, **on achètera des impressions au coût par mille (CPM)**[1]. Avec un modèle de rémunération tel que le CPM, vous diffuserez largement vos bannières. Mais, soyons clairs, le but de ces campagnes ne sera pas de faire venir les gens sur votre site ou de les faire acheter vos produits.

Exemple

Si vous achetez des impressions avec un CPM de 5 €, vous paierez 5 € tous les mille affichages. Pour 50 000 impressions (= affichages), dans cet exemple vous paierez 50 × 5, soit 250 €.

---

1. CPM : le coût par mille est un modèle de rémunération, dédié à l'affichage de bannières ou d'annonces, il est facturé tous les mille affichages.

En ce qui concerne l'e-mailing, vous pourrez envisager des campagnes au **coût par mille ouvertures (CPMO)**[1] ou au **coût par ouverture (CPO)**[2] pour vous assurer que votre e-mailing a bien été vu.

Destinés avant tout à l'accroissement de la notoriété, les outils traditionnels de l'e-branding ne devraient pas présenter un retour sur investissement **(ROI : Return On Investment)**[3] comparable à celui d'actions faites dans le cadre d'un objectif de conversion. Néanmoins, même si la rentabilité n'est pas votre priorité, il sera essentiel de mettre toutes les chances de votre côté.

QUE FAIRE POUR NE PAS RATER MON LANCEMENT ?

Élaborez une stratégie à l'épreuve du Web. Si ça n'a pas déjà été fait, je vous invite à mener une réflexion stratégique sur les valeurs que vous souhaitez véhiculer : votre identité. Vous devez avoir défini une ou plusieurs cibles (si plusieurs campagnes), ce qui orientera votre ligne éditoriale, votre ton et les choix sémantiques que vous ferez pour vous adresser à vos prospects.

Soignez votre site, quitte à repousser sa mise en ligne. Votre site doit refléter vos valeurs, votre positionnement. Vérifiez qu'il n'y ait pas de bugs, de problèmes d'affichage. Repoussez la mise en ligne s'il vous manque des visuels produits ou si vous n'avez pas eu le temps de remplir correctement les descriptions produits. Attendre que votre site soit fin prêt avant de lancer vos campagnes sera plus sage, mais surtout beaucoup plus efficace.

Vous souhaitez qu'un maximum d'internautes voient votre site, lisent vos articles ?

Objectif de trafic

La génération de trafic est la pierre angulaire des business models qui reposent sur la monétisation de leur audience : la vente de leurs espaces publicitaires. C'est notamment le cas des **sites de contenu** tels que ceux de la presse en ligne ou encore des **sites non marchands**.

---

1. CPMO : le coût par mille ouvertures est un modèle de rémunération dédié à l'e-mailing.
2. CPO : le coût par ouverture est un modèle de rémunération dédié à l'e-mailing.
3. ROI : l'acronyme signifie Return On Investment, en français « retour sur investissement ». Cet indicateur permet, par exemple, d'évaluer la rentabilité d'une action marketing.

Avec la génération de trafic, l'objectif est d'avoir **un maximum de visiteurs uniques !**

Visiteurs uniques ? On différencie les visiteurs uniques des visites, car un même internaute peut effectivement visiter plusieurs fois votre site. Cette mesure, aussi utilisée par les outils statistiques de mesure de la performance tels que Google Analytics (voir p. 253), permet d'évaluer l'intérêt, et donc la notoriété d'un site. Il s'agit souvent de la première question qui vous sera posée lors d'une négociation.

Le visiteur unique est donc la principale monnaie d'échange d'un site de contenu ; plus un site comptabilisera de **visiteurs uniques (VU) mensuels**, plus il sera rentable. Le volume de visites sera directement lié au volume d'impressions de bannières. Pour obtenir un maximum de VU, les sites non marchands peuvent utiliser quasiment tous les leviers : le plus important sera d'acheter son trafic au **coût par clic (CPC)**. Un clic sur une bannière, sur un e-mailing... Tout clic menant à votre site.

Attention, n'achetez surtout pas un visiteur touriste si vous souhaitez voir votre chiffre d'affaires exploser. **SEA**[1] mis à part, l'achat au clic est réservé aux sites qui se rémunèrent grâce à leurs visiteurs uniques !

Vous souhaitez acheter efficace et rentable : plus de ventes, plus de leads ?

Objectif de conversion

L'objectif de conversion peut servir deux types de besoins : **les ventes ou les leads**[2]. Pour les ventes, cet objectif conviendra naturellement aux **boutiques en ligne** ou encore aux sites vendant des **abonnements en ligne** (exemples : sites de rencontres, presse payante...). Les **places de marché**, ou

---

1. SEA : Search Engine Advertising, achat de mots clés *via* un système d'enchères qui permet de faire apparaître des liens sponsorisés sur les moteurs de recherche. Ces achats de mots clés peuvent, par exemple, être faits sur la plateforme Google AdWords pour Google, ou encore sur Bing Ads pour Bing et Yahoo.
2. Lead : un nombre variable d'informations envoyées *via* un formulaire en ligne par un internaute qui devient alors un prospect qualifié = un lead. Il peut ensuite être recontacté pour convertir le lead en vente.

marketplaces[1] en anglais, partageront aussi cet objectif. Puisque, contrairement aux comparateurs qui se rémunèrent au clic, leur business model repose sur les commissions ponctionnées sur les ventes.

Concernant les leads, cet objectif servira deux types d'acteurs. Avant tout, il serait bon de repréciser ce qu'est un lead. Vous remplissez une demande de devis en ligne ? Une simulation de crédit avec une demande de rappel ? Dès que vous remplissez un formulaire en une ou plusieurs étapes et que vous validez l'envoi de ce dernier, il s'agit d'un lead. Vous êtes ensuite un prospect qualifié, généralement recontacté dans les heures qui suivent pour vérifier les informations données et l'existence avérée de votre besoin, et/ou pour « transformer le lead » (vous faire acheter le service ou la prestation attenante à la demande d'information).

Il existe deux business models classiques quand il s'agit de leads. Dans un premier cas, ce lead sera directement utilisé par la société avec laquelle vous êtes entré en contact.

> **Exemple 1**
>
> Une demande d'offre commerciale ou une demande d'essai sur le site de Citroën, qui sera directement exploitée par la concession à proximité de chez vous.

Dans un second cas, le lead sera revendu à un prestataire tiers qui prendra le relais après la requalification du lead.

> **Exemple 2**
>
> Une demande de devis de réparation de votre véhicule faite sur un site sera suivie d'un appel pour la requalification par un call center, qui se chargera ensuite de trouver des garagistes pour répondre à votre demande de devis. Le lead (vos informations et votre demande) sera ensuite revendu à plusieurs garagistes qui pourront prendre contact avec vous pour établir un devis.

---

1. Place de marché/marketplace : une marketplace, ou place de marché, répertorie tout ou partie du catalogue de divers marchands en ligne, parfois en addition de son propre catalogue (Rue du Commerce, La Redoute…). Les marchands payent une commission, un pourcentage de la vente réalisée.

Dans ce second cas, vous aurez pris contact avec un **générateur de leads**[1]. Ces entreprises se rémunèrent en revendant des leads à des prestataires tiers. Ce business model s'est propagé ces dernières années pour, aujourd'hui, toucher tous les secteurs d'activité (travaux d'amélioration de l'habitat, déménagement, automobile...).

Lorsque vous souhaitez obtenir un résultat concret, un lead ou une vente, vous pouvez envisager des leviers permettant d'acheter du trafic qualifié. Le **SEA et l'e-mailing**, lorsqu'ils sont utilisés correctement, présentent des taux de conversion un peu plus élevés et apportent une meilleure rentabilité. Le SEA, en ciblant bien ses mots clés, apportera un trafic qualifié. Tandis que l'e-mailing, en respectant quelques notions basiques d'ergonomie et en « achetant à la performance », ne pourra être que source de nouvelles conversions à petits prix.

CONSEIL

Vous vendez des produits de niche complètement inconnus du grand public ? Laissez le SEA à la porte de votre stratégie. En effet, le Search Engine Advertising sert à afficher une publicité en fonction de la recherche de l'internaute. Par définition, on ne peut pas chercher ce dont on ignore l'existence. Certes, il y aura peu de concurrence, mais également quasiment aucun trafic. Néanmoins, surveillez régulièrement l'appétence de votre clientèle en installant une alerte Google sur le nom de votre produit ou en vérifiant le nombre de requêtes dans Google Trends. Pour faire du SEA, il sera nécessaire qu'il y ait un minimum de requêtes utilisateurs sur vos produits.

L'expression à ne pas rater ci-dessus était « **acheter à la performance** ». En effet, il s'agira d'acheter son trafic au **coût par achat (CPA)**[2] ou au **coût par lead (CPL)**[3]. Vous paierez donc l'agence qui relayera votre e-mail à chaque

---

1. Générateur de leads : un acteur du Web dont le business model consiste à revendre des leads à des prestataires tiers.
2. CPA : coût par achat. Il peut se négocier sous forme de coût fixe ou de pourcentage de la vente. On peut aussi utiliser le terme CPV (vente), et l'acronyme peut parfois être mentionné de manière plus large pour « coût par action » (= conversion : tout type d'action visée).
3. CPL : coût par lead. Il s'agit généralement d'un coût fixe pour l'obtention d'un contact qualifié.

vente ou lead généré, ce qui vous évitera de payer pour tous les visiteurs touristes, ou pour ceux qui nécessitent un second rendez-vous avec votre offre avant d'être conquis.

Lorsque vous négociez du trafic à la performance, votre monnaie d'échange est votre taux de conversion, étant donné que vos partenaires ne se rémunèrent qu'en cas de lead ou de vente, donc de conversion. Seul un bon taux de conversion sur votre site leur garantira des revenus intéressants. Ils pourront ainsi, éventuellement, vous offrir un bon CPL ou CPA.

CONSEILS

Jouer la carte du bluff ne vous réussira pas. Lorsque vous négociez votre CPL ou CPA, n'indiquez pas un taux de conversion trop éloigné de la réalité ; il serait bien trop vite démasqué. Dans le cas d'un e-mailing à la performance, un shoot (envoi) test est toujours effectué pour s'assurer que le tracking (code de suivi) est bien en place, mais surtout pour confirmer le taux de conversion avancé.

On n'est jamais aussi bien tracké que par soi-même. Dans tous les partenariats à la performance, vous devrez installer un tracking partenaire, ce qui ne vous immunise pas contre les erreurs. Même si utiliser deux sources différentes de tracking implique toujours un infime delta entre les conversions enregistrées par vos soins et celles de votre partenaire, il est incontournable pour un site de tracker (suivre grâce à un tag, voir p. 253) toutes ses sources de trafic pour en mesurer l'efficacité.

Afin de maximiser vos chances de conversion, il est aussi possible d'actionner un levier de complément, et provoquer ainsi une seconde rencontre. Le levier parfait pour ce second rendez-vous est le **retargeting** *via* le display ou l'e-mailing. Le retargeting, grâce aux **cookies**[1], permet de recibler un utilisateur qui serait venu sur votre site sans finalement passer à l'acte et de lui proposer à nouveau votre produit sur une bannière ou dans un e-mail.

Vous l'aurez compris, ces objectifs dépendent avant tout de votre business model, du stade de développement de votre entreprise et de ses produits,

---

1. Cookie : il s'agit d'un fichier texte déposé sur votre ordinateur par le serveur du site que vous visitez. Aussi appelé « témoin de connexion », le serveur y accède pour vérifier les informations qu'il contient.

de votre renommée ou encore de l'étape du processus d'achat client que vous visez. On peut diviser en quatre grandes étapes, comme suit, le processus d'achat client.

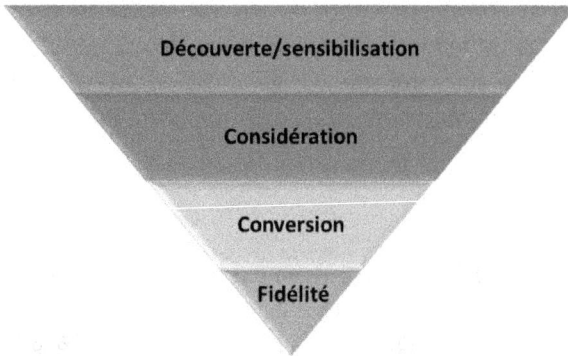

Découverte/sensibilisation

Considération

Conversion

Fidélité

Pour les deux premières phases, il s'agira d'un objectif de branding ; pour la troisième, inutile de vous faire un dessin, l'objectif sera la conversion. Et, selon ces étapes, plus que vos leviers d'acquisition de trafic, ce sont vos arguments qu'il faudra adapter.

CONSEIL

On pense toujours au logo, mais la grande oubliée est la baseline. Qu'est-ce qu'une baseline ? Inconnue au bataillon, cette petite phrase est située juste en dessous de votre logo. Elle répond à la première question que se pose un internaute en arrivant sur votre site : où suis-je ? On comprend mieux pourquoi elle doit être éloquente. C'est la promesse que vous faites à vos clients. Ces quelques mots décisifs déboucheront ou non sur la consultation d'une seconde page. Comme un panneau de circulation, le texte de votre baseline doit être explicite, efficace et donner une idée précise de votre offre. Attention, la concision reste de mise. Première règle sur la Toile : pour être lu, il faut faire court !

2

Estimer la rentabilité de vos futures campagnes

Même avec un objectif clair en tête, valider une stratégie webmarketing et prendre la décision d'investir à plus ou moins grande échelle son budget dans un des leviers d'acquisition de trafic génère souvent de nombreuses questions anxiogènes. Et si une petite estimation venait éclaircir vos budgets prévisionnels ? LA question qui brûle les lèvres de tous mes clients et stagiaires de formation est : « Combien puis-je espérer comme retour sur investissement avec ce type de publicité ? » La réponse est multifactorielle. L'ergonomie de votre site, la qualité de votre trafic, la pertinence des coûts négociés avec vos partenaires impacteront votre rentabilité.

L'ergonomie de votre site est-elle optimum ?

Indépendamment du levier choisi (SEA, SEO, e-mailing, display...), votre site est-il **user-friendly**[1] ? Il est rare que l'on puisse répondre à cette question seul. Un **audit sur l'ergonomie de votre site** fait par un professionnel ou la réalisation de tests faits par un **panel de citoyens** lambda peuvent parfois vous éclairer (voir « Ergonomie » p. 197). Au-delà des nombreux enseignements fournis par ce type d'actions, sur le long terme vous économiserez des sommes astronomiques que vous auriez pu dilapider en fomentant involontairement le désarroi et la frustration d'internautes perdus par manque de clarté ou de panneaux de signalisation. De manière plus synthétique : pourquoi investir 10 € pour obtenir une vente (CPA = 10 €), si un simple **relooking de votre site** vous offre l'opportunité de ne dépenser que 3 € ?

Pourquoi insister autant ? C'est ce qui va déterminer votre **taux de conversion**. Et le taux de conversion, le pourcentage d'internautes qui atteignent l'objectif (vente ou lead) sur le nombre de personnes qui ont visité votre site, est la clé de votre ROI (retour sur investissement).

---

1. User-friendly : se dit d'un site, d'une interface ou d'un programme qui a été optimisé ergonomiquement et simplifié pour en faciliter l'utilisation.

- **Taux de conversion e-boutique** : Nombre de ventes/Nombre de visiteurs.
- **Taux de conversion lead** : Nombre de leads/Nombre de visiteurs.

Voici quelques chiffres de l'année 2013 sur les taux de conversion moyens rencontrés par secteur produits.

Moyenne mensuelle Année 2013	Taux de rebond	Taux de refus	Taux d'abandon	Taux de conversion par visite	Taux de conversion par visiteur
Prêt-à-porter	31,3%	87,7%	61,2%	3,0%	5,2%
Chaussure	28,3%	89,6%	63,5%	2,7%	4,0%
High-tech	34,8%	87,4%	53,0%	3,8%	8,1%
Electroménager	34,0%	90,3%	59,2%	2,6%	3,8%
Ameublement	27,3%	91,8%	72,2%	1,8%	2,3%
Drive (Grandes Surfaces Alimentaires)	11,7%	51,7%	33,0%	28,5%	41,7%
Agences de voyages en ligne	35,8%	78,1%	67,9%	3,9%	5,7%
Tour opérateurs	34,8%	78,3%	96,7%	0,2%*	0,2%*
Pneus	22,5%	85,4%	66,7%	4,0%	5,5%

NB : les site-under ont été retirés du trafic des sites pour le calcul des différents KPI. L'ensemble des données a été retraité pour tenir compte de ce changement.

* Une partie des visiteurs ayant validé leur réservation est redirigée vers un call center ou une agence de voyage physique pour finaliser leur achat, ce qui explique le nombre très faible d'acheteurs en ligne dans ce secteur.

(chaussure, ameublement, drive : ces évolutions portent sur le 4ème trimestre 2013 versus le 4ème trimestre 2012) © Kantar Media Compete / Google

Troisième édition du Baromètre sectoriel sur la performance de conversion des sites de e-commerce en France par Google et Kantar Media Compete[1]

1. Baromètre Google et Kantar Media Compete basé sur l'évolution 2012-2013 à périmètre constant : l'évolution moyenne a été calculée sur la base des catégories suivies dans le baromètre sur les deux années complètes (prêt-à-porter, high-tech, électroménager, tourisme, pneus). Ont été exclues de ce calcul les catégories intégrées fin 2012 (chaussure, ameublement, drive). Pour ces dernières, l'étude intègre une analyse des évolutions constatées sur le dernier trimestre (4e trimestre 2013 *versus* 4e trimestre 2012).

Malgré le caractère éphémère de la plupart des statistiques portant sur le domaine du Web, une tendance constante s'est installée ces dernières années. **Les taux de rebond**[1] **baissent, tandis que les taux de conversion**[2] **augmentent** année après année. Ce qui est tout à fait logique, quand on sait que le propre du Web est la réinvention et l'optimisation constantes. Les entreprises soignent de plus en plus l'ergonomie de leur site et améliorent l'**expérience utilisateur** de leurs clients.

Le taux de rebond reflétera la pertinence du contenu de votre page et la qualité de votre trafic entrant. Néanmoins, ne vous obstinez pas à vouloir le réduire à 0 %, ce serait mission inutile (voir p. 254).

Un bon taux de rebond n'excédera pas 35 %. À pondérer, bien évidemment, selon votre secteur d'activité et votre type de site Internet. Si vous ne possédez ni une boutique en ligne ni un site de contenu et que votre site présente peu de pages de contenu, il sera plus naturel de rencontrer des taux de rebond au-delà des 35 %.

Quant au taux de conversion, au même titre que le **taux de refus**[3] ou le **taux d'abandon**[4], au-delà de l'ergonomie du site, il tient également au prix et à la qualité de votre offre de produits ou de services. Mais aussi aux frais annexes, tels que la livraison, les frais de dossier ou encore les frais d'installation. C'est ce qui pourra notamment expliquer un taux d'abandon important, d'autant plus si vous disséminez ces éléments petit à petit dans votre tunnel de conversion sans informer dès le début vos visiteurs.

On l'aura compris, le premier déterminant de votre rentabilité sera le taux de conversion de votre site, qui dépendra de votre ergonomie et de votre offre. Le second paramètre à ne pas négliger est la qualité de votre trafic.

---

1. Taux de rebond : pourcentage de visiteurs ayant vu une seule page de votre site sans effectuer aucune autre action, aucun autre clic.
2. Taux de conversion par visite ou visiteur : pourcentage de visiteurs ayant atteint l'objectif (exemple : la vente est l'objectif qui se trouve au bout du tunnel de conversion d'une boutique) au cours de la même visite, ou suite à une ou plusieurs visites au cours d'une période donnée.
3. Taux de refus : pourcentage de visiteurs n'ayant pas visité la première page du tunnel de conversion. Il peut s'agir de la page panier d'une boutique, de la première page de formulaire d'une demande de devis, de simulation, d'information, ou encore de la première page d'un processus de réservation.
4. Taux d'abandon : pourcentage de visiteurs ayant débuté le processus de conversion, ayant visité une des pages du tunnel sans aller jusqu'à la validation finale.

Quelle est la qualité de votre trafic ?

Bien que votre site et votre offre jouent un rôle capital dans votre renta-bilité, le choix de vos leviers et la répartition du budget parmi ces leviers impacteront également votre ROI. Il y a plusieurs angles d'approche concernant la qualité de trafic, qui dépendent, bien évidemment, de votre objectif. Si l'on évalue la qualité d'un trafic à sa rentabilité, on s'intéres-sera alors au **taux de conversion moyen de chacun de ces leviers**. Certains leviers sont plus tendance que d'autres, mais sont-ils surcotés ?

Ces leviers incontestables

L'intérêt du **SEO**[1] **(Search Engine Optimization)** n'est plus à débattre. Mis à part quelques rares business models de type Groupon ou Vente privée, tous les sites se doivent d'avoir un expert SEO pour garantir l'implémenta-tion de bonnes pratiques afin de ne pas se voir pénaliser par Saint Google. Le référencement naturel est celui qui draine le plus de trafic, mais il s'agit d'un trafic aléatoirement qualifié, ce qui explique un taux de conversion relativement faible. Trêve d'euphémisme, il s'agit du levier qui a le taux de conversion le plus bas, bien souvent **en deçà de 1 %**.

Ces leviers tendance

On ne cesse d'entendre parler des **réseaux sociaux**, mais une épée de Damoclès concernant leur rentabilité, accompagnée de multiples retours d'expérience d'annonceurs déçus, flotte dans l'air depuis un moment déjà. C'est maintenant confirmé ; bien que de nombreux petits annonceurs se soient rués vers cette oasis, ce n'était qu'un mirage. Certes, le **SMO**[2] **(Social Media Optimization)** est un élément indispensable de votre stratégie digi-tale (voir p. 269), mais c'est un outil comme les autres, qui doit être utilisé à bon escient. Ce qui passera par la maîtrise des ciblages, mais aussi par votre notoriété établie. Son taux de conversion peut varier de 0,2 % à plus de 2 % selon votre notoriété.

---

1. SEO : Search Engine Optimization, plus couramment connu sous le nom de référence-ment naturel. Il s'agit de l'optimisation de votre site pour les moteurs de recherche.
2. SMO : Social Media Optimization. De plus en plus utilisé, ce terme concerne l'optimisa-tion de votre présence sur les réseaux sociaux.

Son taux de conversion ne doit pas vous faire espérer un retour sur investissement délirant. Il ne faudra donc pas s'appuyer entièrement sur Facebook ou Twitter pour espérer générer son chiffre d'affaires. En mars 2014, une étude de Shopify, faite sur 37 millions de visites provenant des réseaux sociaux, a engendré 529 000 ventes. Un rapide calcul permet d'évaluer le taux de conversion moyen par visite des réseaux sociaux : 529 000/37 000 000 = **1,43 % de taux de conversion.**

Le display (affichage de bannières) a connu un nouveau souffle grâce au **Real Time Bidding (RTB)** (voir « RTB et achat programmatique » p. 76). Selon les chiffres de l'e-pub publiés par le SRI (le Syndicat des régies Internet), le RTB, l'achat en temps réel aux enchères d'espaces publicitaires et les publicités vidéo tirent largement la croissance du levier display (+ 2 % en 2013). Le RTB a connu une croissance de 125 % en 2013. Après le search, le display est le deuxième budget des investisseurs sur le Web. Le display est-il un levier taillé pour la vente ? Oui et non. Oui, car il joue un rôle fondamental dans le parcours client. Non, car c'est avant tout un levier de complément. Le display ne saurait satisfaire à lui seul un objectif de conversion. Il existe plusieurs types de display qui interviennent à différents moments du parcours de conversion. Il sera utile de distinguer le taux de conversion du **retargeting**[1], **jusqu'à 5 %**, de celui du display classique qui oscillera entre **1 et 2 %**. Le RTB, quant à lui, offre plus de possibilités de ciblage, et donc un meilleur taux de conversion. D'autant plus que ces chiffres sont à pondérer par deux éléments non négligeables. Premièrement, on sait que la part du trafic provenant du display n'est pas très significative, comparée à d'autres canaux tels que le search. Deuxièmement, ce levier se caractérise par un taux de clic (CTR) très faible qui se situe aux alentours de 0,1 %. De vos milliers ou millions d'impressions, combien de visiteurs atteindront vraiment votre page de remerciement post-objectif ? Et à quel prix ?

Ces leviers mal-aimés

De nombreux petits annonceurs y gagneraient si le SEA (Search Engine Advertising) pouvait redorer sa e-réputation ! Trop accessible, l'achat de

---

1. Retargeting : recibler un utilisateur *via* une bannière présentant l'objet d'une de ses précédentes visites grâce aux cookies sur un autre site. Regarder les vols pour Miami sur un site, se rendre sur un site sans lien avec le voyage et voir une publicité d'eDreams pour un vol pour Miami. On parle aussi de remarketing.

mots clés sur les moteurs de recherche est plus que sous-évalué. « Je ne clique jamais sur les publicités dans les moteurs de recherche. » Selon une étude Ifop, menée du 12 au 17 juin 2013 pour le compte d'Ad's up Consulting auprès d'un échantillon de plus de 1 000 individus, 52 % des utilisateurs Google cliquent sur les liens sponsorisés et 36 % ne font toujours pas la différence entre résultats naturels et payants. « J'ai essayé, ça coûte très cher et ça n'apporte aucune retombée. » Je dois vous l'annoncer : même si certains prestataires du domaine l'ignorent eux-mêmes, le SEA est un levier d'expertise qui ne s'invente pas ! Inutile de vous lever un lundi matin et de demander à votre étudiant en alternance de vous lancer une campagne AdWords. Sauf si vous cherchez désespérément une excuse pour vous débarrasser de lui pour inefficacité... Désolée de vous l'annoncer, mais il faut un minimum de formation soit en agence, soit sur le terrain par un expert SEA pour pouvoir rentabiliser des campagnes de liens sponsorisés.

Car, bien maîtrisé, le SEA est l'outil le plus efficace après l'e-mailing. La qualité de son trafic pour des campagnes finement monitorées peut vous garantir **un taux de conversion pouvant aller jusqu'à 5 %** selon votre activité.

Au palmarès des « prisonniers innocents », on retrouve aussi l'**e-mailing**. Plus qu'un célèbre lapsus présidentiel, ce levier souffre de décroissance. En effet, c'est l'un des seuls à voir ses investissements annuels régresser (− 1 % en 2013 et un recul de 5 % sur le premier semestre 2014), quand tous ses congénères, autres display, search and co, ne cessent de croître. Oui, la pression marketing sur les prospects n'a jamais été aussi forte. Selon une étude de la société Edatis, un internaute reçoit en moyenne 8,4 e-mails promotionnels par jour, contre 20 pour un professionnel. Oui, la plupart des indicateurs de performance (**KPI = Key Perfomance Indicators**)[1] sont en berne. Baisse du taux d'ouverture, baisse du taux de clic... Mais le taux de conversion de l'e-mailing ne démérite pas. Pour l'avoir observé sur certaines campagnes, il peut atteindre **jusqu'à 10 % sur du lead**. On évoque un **taux moyen aux alentours des 4 %**, tous secteurs d'activité confondus. Logiquement, un lead étant moins engageant qu'un acte d'achat, les taux de conversion des sites au lead seront toujours plus élevés.

---

1. KPI : Key Performance Indicator. Un indicateur de performance se présente souvent sous la forme d'un taux qui va permettre de mesurer l'efficacité de certaines actions marketing et l'évolution de leurs performances.

Il existe des taux moyens plus ou moins connus par levier, mais ce n'est qu'en essayant que vous connaîtrez les vôtres. Et même à cet instant, rien ne sera alors figé. Un long travail d'optimisation vous attendra, quel que soit le levier. C'est ensuite la conjugaison de vos leviers, additionnée à votre **trafic direct**[1], qui vous donnera le taux de conversion global de votre site.

Récapitulons. Pour mettre toutes les chances de votre côté :

1. Optimisez l'ergonomie de votre site pour maximiser votre ROI.

2. Choisissez les bons leviers selon vos objectifs.

Mais avant de lancer une campagne, il serait plus qu'utile de savoir quelles retombées en attendre.

Estimer votre ROI

À vos calculettes ! Pour estimer votre ROI, vous aurez besoin de plusieurs éléments ou hypothèses. Le premier élément, déjà abordé dans la partie précédente, est le taux de conversion, qui vous permettra de passer du nombre de visiteurs au nombre de ventes ou leads. Le second élément sera votre modèle de rémunération : de quelle manière allez-vous payer votre trafic ? Au CPC, au CPL, au CPA ou au CPM ? Faisons quelques calculs tests avec des données fictives.

Dans un premier cas, on calculera le ROI d'une campagne SEA pour un e-commerce qui achèterait des mots clés sur Google AdWords. Dans cet exemple, on inclura le coût de revient et le modèle de rémunération sera imposé. Petite précision : on fonctionnera toujours au CPC pour du SEA.

> **Calcul du ROI pour une campagne SEA d'un e-commerce de vin**
> - Nombre de clics ou visites = 10 000
> - Taux de conversion supposé = 3 %
> - CPC moyen[2] = 0,50 cents

---

1. Trafic direct : trafic provenant d'internautes ayant directement tapé l'URL d'un site dans le navigateur, ou étant passés par les favoris de leur navigateur.

2. CPC moyen : coût par clic moyen. En SEA, on achète des mots clés aux enchères et on paye à chaque clic sur une annonce. Mais le montant payé varie à chaque clic. C'est pour cela qu'on le calcule comme suit : Coûts/Clics.

- Panier moyen = 50 €
- Coût de revient = 5 €
- Nombre de ventes = Nombre de visites × Taux de conversion = 10 000 × 0,03 = 300 ventes
- Coût SEA = Nombre de clics × CPC moyen = 10 000 × 0,50 = 5 000 €
- Coût de revient = 5 X 300 = 1 500 €
- Revenus = Nombre de ventes × Panier moyen = 300 × 50 € = 15 000 €
- Marge = Revenus – Coûts = 15 000 – (5 000 + 1 500) = 8 500 €
- ROI = (Marge/Coûts) × 100 = 8 500/6 500 × 100 = 130,76 %

CONSEIL

Clic = visite ? Cette affirmation est suivie d'un point d'interrogation car on sait que toutes les personnes qui cliquent sur une publicité, quelle qu'elle soit, ne visitent pas réellement votre site. Un pourcentage important quittera la page de destination soit avant la fin du chargement de cette dernière, soit quasiment immédiatement après qu'elle se soit affichée. Néanmoins, dans ce calcul, oubliez ces considérations et partez du principe qu'un clic = un visiteur. Ce principe s'applique dans le calcul de tous les indicateurs de performance utilisés pour monitorer la performance d'un site.

Dans un deuxième cas, on calculera le ROI d'une campagne d'e-mailing pour une entreprise qui vend des services **BtoB**[1]. Pour optimiser la rentabilité, on choisit ici de payer uniquement si le visiteur se transforme en lead : s'il atteint l'objectif en faisant une demande de rappel ou une demande de devis par exemple.

Calcul du ROI pour une campagne d'e-mailing pour du BtoB

- Nombre de clics ou visites = 2 000
- Taux de conversion supposé = 4 %

---

1. BtoB : il s'agit d'une abréviation qui signifie Business to Business. Elle exprime les échanges et transactions entre professionnels. Contrairement au BtoC, Business to Consumers, qui concerne des échanges ou transactions entre professionnels et particuliers.

- CPL = 25 €
- Revenu par lead (RPL) = 100 €
- Nombre de leads = Nombre de visites × Taux de conversion = 2 000 × 0,04 = 80 leads
- Coûts = Nombre de leads × CPL = 80 × 25 = 2 000 €
- Revenus = Nombre de leads × RPL = 80 × 100 € = 8 000 €
- Marge = Revenus – Coûts = 8 000 – 2 000 = 6 000 €
- ROI = (Marge/Coûts) × 100 = (6 000/2 000) × 100 = 300 %

Dans un dernier cas, on évaluera la rentabilité d'une campagne de display pour un site de voyages. Display rime bien souvent avec CPM : le coût que l'on paye toutes les mille impressions. Si une régie vous propose un CPM de 7 euros, est-ce rentable ? Mis à part ce modèle particulier qu'est le CPM, le nouveau fauteur de troubles sera le **Click-Through Rate (CTR)**[1]. Il s'agit du taux de clic, qui vous permettra de passer des impressions aux visites.

Calcul du ROI pour une campagne de display pour un voyagiste en ligne

- Nombre d'impressions (affichages) = 1 000 000
- CTR = 0,20 %
- Taux de conversion supposé = 1,5 %
- CPM = 7 €
- Panier moyen = 300 €
- Nombre de clics = Nombre d'impressions × CTR = 1 000 000 × 0,002 = 2 000 clics
- Nombre de ventes = Nombre de clics × Taux de conversion = 2 000 × 0,015 = 30 ventes
- Coûts = (Nombre d'impressions/1 000) × CPM = (1 000 000/1 000) × 7 = 7 000 €
- Revenus = Nombre de ventes × Panier moyen = 30 × 300 € = 9 000 €
- Marge = Revenus – Coûts = 9 000 – 7 000 = 2 000 €
- ROI = (Marge/Coûts) × 100 = (2 000/7 000) × 100 = 28,57 %

---

1. CTR : le Click-Through Rate ou taux de clic représente le pourcentage de personnes qui ont cliqué sur une publicité sur l'ensemble des personnes qui l'ont vue.

Le CPM, l'exception qui complique la règle. C'est bien souvent l'unique modèle de rémunération qui pose problème. Une astuce pour ne pas vous tromper : gardez à l'esprit que vous payez chaque affichage, peu importe que les gens voient la publicité, cliquent ou achètent. Comme il s'agit d'un modèle qui génère moins de chiffre d'affaires, qui mise tout sur le volume : toujours diviser par mille, comme son nom l'indique !

Cette proposition ne sera donc pas très rentable. Vous pouvez prendre pour modèle ces exemples et les adapter en fonction de votre activité et de vos hypothèses. Mais, en amont, vous pouvez aussi vous demander quel serait le CPM optimal pour cette campagne ?

Négocier le bon « coût »

Pour répondre à la question cruciale du coût optimal, ou du CPM optimal pour conserver le même exemple, il vous faudra calculer un « CPM point mort ». Un CPM à partir duquel, au minimum, vous vous rembourserez. Pour ce faire, il est conseillé de prendre en compte votre coût de revient, vos frais de livraison et frais annexes par vente.

Calcul du « CPM point mort »
- Nombre de visiteurs = Nombre d'impressions × CTR
- Nombre de ventes = Nombre de visiteurs × Taux de conversion
- Montant maximum à dépenser = (Nombre de ventes × Panier moyen) − (Nombre de ventes × Frais divers par vente)
- « CPM point mort » ou CPM maximum = Montant maximum à dépenser × (Impressions/1 000).

Reprenons notre troisième exemple en ajoutant des frais :
- Nombre d'impressions (affichages) = 1 000 000
- CTR = 0,20 %
- Taux de conversion supposé = 1,5 %
- Panier moyen = 300 €
- Frais par vente = 150 €

- Nombre de clics = Nombre d'impressions × CTR = 1 000 000 × 0,002 = 2 000 clics
- Nombre de ventes = Nombre de clics × Taux de conversion = 2 000 × 0,015 = 30 ventes
- Montant maximum à dépenser = Nombre de ventes × (Panier moyen − Frais par vente) = 30 × (300 − 150) = 4 500 €
- « CPM point mort » = Montant maximum à dépenser/ (Impressions/1 000) = 4 500/(1 000 000/1 000) = 4,50 €

Dans cet exemple, tout CPM inférieur à 4,50 € sera rentable pour cet annonceur. Vous pouvez faire ce calcul pour tous les modèles de rémunération. Pour le transposer, faites comme suit :

- **au CPC** : Montant maximum à dépenser/Nombre de clics ;
- **au CPA** : Montant maximum à dépenser/Nombre de ventes ;
- **au CPL** : Montant maximum à dépenser/Nombre de leads.

On peut aussi faire une campagne de display au clic et partir d'une situation existante. En conservant le même exemple, quel serait le CPC maximum pour cette campagne de display ?

Calcul du coût maximum par clic

- Taux de conversion = 1,5 %
- Panier moyen = 300 €
- Nombre de ventes = 30 ventes
- Frais par vente = 150 €
- Revenus pour 2 000 visites = 30 × (300-150) = 4 500 €
- Dépense maximum pour 2 000 visites = 4 500 €
- Dépense maximum par clic = 4 500/2 000 = 2,25 €

CONSEIL

Allergie aux maths ravivée par ces calculs ? Beaucoup d'habitués à l'automatisation des rapports et des calculs se prennent les pieds dans les virgules quand il s'agit des pourcentages. Petit rappel : 0,5 % de 1 000 = 1 000 × 0,005 %. Pour ne pas faire d'erreur, vérifiez toujours d'avoir bien décalé la virgule deux fois vers la gauche.

3

Les règles d'or
de l'e-mailing

Combien d'e-mails avez-vous envoyés aujourd'hui ? Personnel ou professionnel, l'e-mail fait partie de notre quotidien. Un peu trop... à tel point que l'e-mailing semble à la portée du premier venu. Tout d'abord, commençons par distinguer trois types d'e-mails.

L'e-mail d'acquisition. Le premier contact avec votre prospect, un premier rendez-vous auquel vous ne pouvez être en retard, que vous ne pouvez manquer. Malheureusement, beaucoup pensent être au rendez-vous sans avoir la moindre idée des règles du jeu et des bonnes pratiques à respecter.

L'e-mail retargeting. Si la première approche ne fut pas concluante, une petite relance personnalisée à destination d'un prospect n'ayant pas été au bout de l'action pourrait efficacement jouer en votre faveur.

L'e-mail de fidélisation. Une fois la première bataille remportée commence la lutte contre l'attrition. Les coûts d'acquisition sont là pour en témoigner, il n'est ni facile ni gratuit de convertir un prospect en client. Mais, une fois chose faite, une stratégie millimétrée contre la lassitude deviendra incontournable pour le conserver.

Dans cette partie dédiée à l'acquisition, nous laisserons la fidélisation de côté pour y revenir ultérieurement (voir partie IV p. 267). Concentrons-nous un moment sur l'e-mailing d'acquisition.

On s'attache beaucoup trop à la forme, à l'esthétisme des e-mails... Mais beaucoup d'autres éléments interviennent au préalable, avant que votre e-mail soit vu. Appliquons des taux fréquemment rencontrés pour illustrer ce propos. En envoyant à 10 000 personnes un e-mail, supposons que 9 000 personnes le reçoivent ; sur ces 9 000 personnes, 10 % ouvrent effectivement cet e-mail. *In fine*, sur 10 000 personnes, 9 100 personnes n'auront jamais vu votre e-mail. Et ces taux sont optimistes. Ce rapide calcul a pour but d'attirer votre attention sur les nombreux obstacles à franchir, avant même que votre e-mail soit vu. Le premier de ces obstacles, et non des moindres, étant celui de la délivrabilité.

Passer les filtres des clients de messagerie

Selon le spécialiste de l'e-mailing Return Path, 20 % des e-mails envoyés ne verront jamais l'intérieur d'une boîte mail[1]. Plusieurs raisons peuvent expliquer la non-réception d'un e-mail, mais toutes ces raisons mènent, tôt ou tard, à votre réputation d'émetteur, qu'il vous faudra préserver à tout prix. Qui évalue cette réputation ? Gmail, Outlook... les clients de messagerie décident du droit de réception ou de disparition de chacun de vos e-mails. Leurs attentes et critères de sélection sont loin d'être évidents à satisfaire. Pourtant, ils impactent significativement votre **délivrabilité**[2]. D'autant plus que ces critères varient d'un client de messagerie à l'autre. Que faire ? Suivre la check-list des bonnes pratiques, check-list dont tous les annonceurs ne disposent pas nécessairement. En effet, les routeurs maîtrisent et respectent ces bonnes pratiques, mais les annonceurs ont une marge de progression immense dans l'optique d'améliorer leur délivrabilité.

La qualité de la base d'adresses mail

La qualité de la base d'adresses que vous choisirez pour votre e-mailing va jouer un rôle majeur dans le succès de votre campagne. Elle déterminera le pourcentage de personnes qui recevront votre e-mail. Parmi les adresses défectueuses, certaines seront comptabilisées en **hard bounce** (exemple : erreur dans l'adresse e-mail), d'autres en **soft bounce** (exemple : boîte mail pleine). Nettoyer régulièrement votre base d'adresses sera essentiel pour votre réputation d'émetteur. Pour la préserver, il est également peu recommandé de louer ou d'échanger sa base.

Je vous conseille de vérifier en amont la validité de votre base, surtout si vous l'avez achetée ou obtenue *via* un jeu concours. Vous pouvez le faire gratuitement grâce à des outils tels que **Verify Email** et **Tools Email Checker**. Il est également utile de dédoublonner[3] vos adresses mail, de corriger automatiquement les erreurs courantes (@gmial.com au lieu de @

---

1. Source : Return Path, le Baromètre de l'e-mail intelligence de 2013, 1er semestre 2013.

2. Délivrabilité : lorsque l'on évoque le taux de délivrabilité, il est question du pourcentage d'e-mails qui parviennent dans la boîte mail de vos destinataires.

3. Dédoublonner : un doublon est une adresse mail en double dans votre base de données clients.

gmail.com) et de supprimer les inactifs. Ces actions simples vous feront économiser des coûts inutiles.

Mis à part le nettoyage de votre base d'adresses, voici quelques conseils.

Toujours veiller à :

- vous annoncer correctement ;
- produire un code HTML propre ;
- insérer correctement vos images ;
- accompagner votre e-mail d'une version texte ;
- mettre un lien de désabonnement ;
- ne pas dépasser 600 pixels de largeur ;
- ne pas inclure de pièce jointe ;
- ne pas utiliser de vidéo ou de script ;
- étaler vos envois grâce à votre outil de routage ;
- ne pas employer de mots interdits (mots spam) ;
- ne pas envoyer systématiquement le même e-mailing aux mêmes personnes.

Une vraie adresse d'expédition dédiée

Une adresse d'expédition dédiée à vos e-mailings, qui ne soit pas « info@votresite.com », est conseillée. Ne générez pas non plus la déception auprès de prospects que vous auriez intrigués : bannissez les adresses noreply ! Pour vous annoncer correctement, paramétrez bien votre nom d'expéditeur. Prenez garde : le « tout-majuscule » ou les noms à rallonge ne plairont pas aux clients de messagerie.

Un code HTML propre ?

Pour produire un code HTML propre, commencez par éviter les CSS externes, les imbrications de tableaux sans fin (maximum trois). Le flash aussi est à proscrire. De manière générale, essayez de ne pas utiliser trop de code. Renseignez le doctype et la balise title (avec votre objet).

Ces mots à proscrire

L'e-mailing a ses mots tabous. Utilisez « gratuit », « gagner », « offre », « jeu », « argent », « shopping », « publicité », « !!! », « cliquer ici », et vous finirez, au mieux, dans les « pourriels », comme disent les Canadiens. Jouez sur la répartition texte et image, paraphrasez autour de ces expressions sans les utiliser. Elles sont à proscrire, aussi bien dans le contenu de votre e-mail que dans son objet ; vous ne pourrez les faire apparaître que sur vos images. Ainsi, dans le texte intégré aux images, vous laisserez habilement libre cours aux mots interdits.

Sage comme une image

Vos images pourraient vous jouer des tours. Soignez les **balises alt**[1] de vos images et indiquez leurs dimensions. N'en abusez pas. L'erreur la plus courante que je rencontre consiste à créer de beaux e-mailings quasiment entièrement faits d'images, ou faits d'une image unique, ou comportant une image de fond. Autant vous dire que les clients de messagerie n'aiment pas du tout ça. Sans aucun contrôle sur vos écrits, ils n'afficheront pas vos belles images. On me répond souvent que l'on peut les télécharger. Certes, mais selon les statistiques d'une étude du Syndicat national de la communication directe (SNCD), les internautes ont des réactions assez radicales lorsqu'ils voient ces e-mailings sans image :

- 81,5 % des internautes effaceront votre message ;
- 73,9 % ne cliqueront presque jamais dans l'e-mail ;
- 92,3 % ne vous ajouteront pas à leur carnet d'adresses.

L'**URL de vos images** a une incidence sur votre réputation, ne la négligez pas. Attention au nom du dossier dans lequel vous hébergez vos images. Il doit comporter plus de trois caractères et ressembler à un vrai mot, mais surtout pas à un mot spam.

Éviter les blacklists

Tout l'enjeu de ces bonnes pratiques est de ne pas finir sur une **blacklist**. Certaines blacklists sont basées sur votre adresse IP (Sender Score, SpamCop,

---

1. Balise alt : cette balise, présente dans le code de votre page, vous permet de donner un nom lisible à votre image pour les moteurs de recherche et les outils d'aide à la navigation.

Spamhaus...), d'autres sur la base de votre domaine (URIBL, SURBL...). Ne minimisez pas l'importance de ces blacklists car elles sont utilisées par les clients de messagerie pour statuer sur vos envois. Selon une analyse du spécialiste de la délivrabilité Return Path, faite sur 20 000 placements sur une dizaine de listes noires entre 2012 et 2014, la France est le second pays concerné par le blacklistage après le Brésil : 58 % des adresses IP des entreprises françaises ont été au moins une fois mises sur liste noire, contre 79 % au Brésil, 12 % au Royaume-Uni et 20 % aux États-Unis.

Prévenir plutôt que guérir : jamais sans ma phase de tests

Pour tester votre délivrabilité ou le rendu graphique de vos e-mails sur les différents supports, vous pouvez recourir à **Email on Acid**. Pour vérifier votre délivrabilité, je vous conseille d'essayer **Email Spam Test**, **Mail Tester** ou **Lyris**. Parfois, par manque de temps et/ou de budget, on zappe la phase de test. Bonne nouvelle : ces outils sont gratuits !

Au-delà de vos efforts fournis sur les précédents points, **votre historique** importera. Vous n'aurez pas droit à l'erreur. Combien de personnes signalent votre e-mail en spam ? Combien de personnes ouvrent vos e-mails ? Combien de personnes cliquent pour visiter vos pages de destination ? Cela tient uniquement à l'objet et au contenu de votre e-mail.

Susciter l'intérêt, attiser la curiosité

Imaginons que dans le meilleur des mondes vous n'ayez aucun problème de délivrabilité, le plus dur reste à faire. Un e-mail reçu n'est pas mission accomplie, l'étape suivante est l'ouverture. Ceci dépendra de trois facteurs : la stratégie, la segmentation et l'objet.

La stratégie

À quelle période de l'année, quel jour, à quelle heure envoyer mon e-mailing ? Ce sont les questions qui torturent les annonceurs. Il n'y a pas de règles qui fonctionnent pour tous les e-mailings. Cela dépendra de votre clientèle, de votre secteur et de nombreux autres paramètres. On déconseille seulement le samedi, qui semble être une journée noire réservée au shopping traditionnel. Pour la période de l'année, encore une fois, chaque entreprise aura sa stratégie propre. Un outil gratuit est néanmoins à votre disposition pour vérifier le volume de requêtes mensuelles au cours des années précédentes sur un produit précis. **Google Trends** vous confirmera la saisonnalité des recherches sur tout type de produit. Autant vous mettre en garde tout de suite, cet outil fonctionne comme un moteur de recherche. Il sera très sensible aux variations. Pensez surtout à bien définir la bonne zone géographique, sans quoi les résultats pourraient être faussés.

Au-delà de la stratégie d'envoi, réfléchissez bien et répondez aux questions suivantes :

- Vais-je louer, acheter une base, ou passer par une agence ?
- Si je passe par une agence, quel modèle de rémunération choisir ?
- Quel partenaire ou agence acceptera ce modèle de rémunération ?

Si vous avez un bon taux de conversion, ce qui n'est pas censé être optionnel, je vous recommande de passer par une agence. Cela vous évitera de vous retrouver avec une base achetée ou louée dont vous ne connaissez ni les pratiques de recrutement ni le niveau de qualité. Si vous n'avez pas un gros budget, optez pour une petite agence et un modèle de rémunération sans risque. Une campagne à la performance au CPL ou CPA fera parfaitement l'affaire pour augmenter votre chiffre d'affaires. Ainsi, vous ne paierez que pour des visites converties. Attention, beaucoup d'agences ou de partenaires refusent ces conditions. Faites bien le tri !

La segmentation

On ne vend pas des poulaillers de jardin aux Parisiens, et l'on vend difficilement du premier prix aux CSP[1] +++. On ne s'adresse pas aux ménagères avec des blagues sexistes, on ne démarche pas de la même manière une entreprise du CAC 40 et une petite start-up. C'est pourquoi on a inventé la segmentation. Je ne vous apprends certainement rien, mais, dès qu'il s'agit d'e-mailing, on a tendance à oublier cette case « segmentation » ou à la remettre en cause en se disant que l'on doit viser tout le monde car notre

---

1. CSP : les catégories socioprofessionnelles ont été initialement créées par l'INSEE. Elles sont utilisées par les marketeurs pour organiser la population selon des critères affectant ses comportements d'achat. Elles prennent en compte, entre autres, la profession, le salaire ou encore la position hiérarchique dans l'entreprise.

activité et nos produits touchent toutes sortes de clients. Cela donne souvent un ciblage de type « 15-55 ans, homme ou femme »... Ce qui n'est pas une cible. Que vous achetiez une base ou que vous travailliez avec une agence qui shootera[1] sur ses bases, chaque e-mailing doit avoir une unique cible. Vous n'allez pas jouer chaque fois la même carte impersonnelle en visant large ? Adoptez un e-mailing par cible, par étape du cycle d'achat, par saison... Réduisez votre cible et lancez ensuite vos frappes chirurgicales. Certes, certains investissements en graphisme et en intégration sont à prévoir, mais shooter sans stratégie affûtée serait comme tirer les yeux fermés à la catapulte sur votre rentabilité...

D'autant plus que ce travail en amont vous permettra de faire des économies sur l'argent que vous auriez perdu à cause d'une réputation d'émetteur dévastée. Ne pas cibler, c'est prendre le risque d'avoir des plaintes, des mises en spam. Bref, tout ce qui vous desservira.

L'objet du mail

Il doit être une mise en forme habile de votre déclencheur d'action en 35 caractères et 7 mots maximum, une véritable accroche qui détermine votre taux d'ouverture. Mais, avant de s'attacher au fond de l'e-mail et au déclencheur d'action, arrêt sur image sur la forme. Mettez les mots importants dans les premiers caractères, soyez original, suscitez la curiosité, mais ne vous éloignez pas trop du sujet. Rester cohérent est primordial pour ne pas perdre en légitimité. Une fois, une agence m'a contactée sur mon adresse professionnelle avec l'objet suivant « Bob Morane contre tout chacal ». Cet objet original a piqué ma curiosité, mais, une fois le mail ouvert, il n'y avait aucun lien avec l'objet de départ et cette originalité déplacée a plus qu'entaché la crédibilité de l'agence à mes yeux. Moralité : soyez original, mais pas à tout prix.

Inutile de parier tout votre budget sur un objet miracle en espérant qu'il fonctionne. Testez vos deux ou trois meilleures idées d'objet sur un échantillon de la base sur laquelle vous shooterez ensuite.

---

1. Shooter : cela consiste à envoyer un e-mail sur une base de données clients ou sur une base d'opt-ins (personnes ayant accepté de recevoir du courrier commercial de votre site ou celui d'un partenaire).

CONSEILS

L'objet spam par excellence : « Machin.com OFFRE PROMOTIONNELLE Gagnez 20 % sur vos commandes !!! » Erreur 1 : le « tout-majuscule ». Erreur 2 : les mots spam « offre » et « gagnez ». Erreur 3 : une ponctuation spam « !!! ». Erreur 4 : répétition du nom de la société, alors qu'il s'affichera déjà dans le nom de l'expéditeur.

L'objet n'échappe pas aux interdits. Pour une meilleure délivrabilité, abstenez-vous donc d'utiliser des mots spam, une casse entièrement en majuscules ou une ponctuation spam « !!! ».

Orienter l'action grâce à un contenu optimisé

Tout se joue dans la première partie de votre e-mail. N'y mettez donc que les éléments indispensables.

Votre pré-header

Parmi ces éléments, commençons par le **pré-header**, souvent délaissé. Il s'agit pourtant du premier élément visible avant ouverture. Malheureusement, rares sont les entreprises, quelle que soit leur taille, qui l'optimisent. Souhaitez-vous réellement convaincre votre lecteur avec le lien miroir habituel « Si cet e-mail ne s'affiche pas... » ? Je vous épargne la suite du texte que l'on connaît par cœur. Je ne vous dis pas de ne pas mettre ce lien, je vous invite simplement à mettre votre accroche en texte de petite taille au-dessus de ce lien afin qu'elle soit la première chose vue par votre audience. Bien sûr, cette accroche sera répétée dans la suite de votre e-mail en lui donnant l'importance qu'elle mérite.

Votre logo

Venons-en à **votre logo**, en haut à gauche – cela paraît évident, mais mieux vaut prévenir que guérir. Ainsi, vous vous annoncez une seconde fois afin de ne laisser aucun doute ou questions inutiles. Reprenez également quelques éléments de signature de votre charte graphique pour que l'on vous identifie rapidement. Mais, attention, ne restez pas dans l'ombre de votre charte graphique existante. Peut-être vous faudra-t-il la revisiter quelque peu pour mieux vous adapter.

Votre déclencheur d'action

Concentrez-vous ensuite sur votre **déclencheur d'action**. Laisseriez-vous entrer un étranger sonnant à votre porte, dépourvu d'une bonne raison de le faire ? Soyez convaincant, trouvez l'accroche accompagnée du produit adapté à votre cible. Le déclencheur et l'accroche varieront donc à chaque shoot. Il s'agit d'une phrase courte, qui tient en une ligne, la plus simple possible. Elle doit être imagée, au sens propre du terme ; un visuel qui parle de lui-même avec une accroche textuelle dessus. Sur ce visuel, vous pouvez ajouter une pastille de réduction, des arguments produits concis sous forme de liste à puces. Mais rappelez-vous : dès que vous dépassez une ligne par argument, vous déclenchez le réflexe de n'importe quel lecteur, le fameux : « Je lirai cet e-mail plus tard. » Un « plus tard » qui s'évanouira dans le flux des e-mails de la journée.

Pour remédier à la procrastination, définissez une **date limite** à cette offre alléchante que le lecteur ne pourra pas rater. Pour attirer de nouveaux clients, faire une offre de ce type est conseillé afin d'améliorer votre taux de conversion.

Votre Call to Action

Tous les éléments (cités avant et après ce paragraphe) qui constituent votre e-mail d'acquisition seraient vains sans un **Call to Action (CTA)**[1]. Un CTA, comme son nom l'indique, est un appel à l'action. Prenez-le au pied de la lettre. C'est l'élément vers lequel on veut orienter l'action. Je vois parfois des CTA décorés de texte tel que « En savoir plus » ou « Lire la suite ». Hormis pour une newsletter de site de contenu proposant de lire la suite d'un article, c'est en effet purement décoratif. Cela équivaudrait à un pêcheur avec une ligne sans hameçon... Si vous proposez une offre temporaire, optez plutôt pour « J'en profite ! », « J'y vais maintenant », ou encore « Acheter maintenant ». S'il s'agit d'une nouvelle collection ou d'une nouvelle gamme, « Je la découvre ! » fera l'affaire. Soyez enthousiaste et, tant que faire se peut, essayez d'employer la première personne.

Le CTA doit être bien mis en évidence : après le déclencheur d'action, c'est le deuxième élément de l'e-mail qui doit être vu. Ne le mettez pas en concurrence avec d'autres éléments, il doit être le seul à avoir la forme

---

1. CTA : Call to Action, bouton contenant un texte d'action vers lequel on oriente le clic.

d'un bouton. N'hésitez pas être lourd en rappelant bien à vos lecteurs que ce bouton est cliquable, de par son relief, certes, mais aussi en ajoutant un chevron vers l'extérieur à la suite du texte. Graphiquement, il doit être au-dessus de la mêlée. Optez pour une couleur dédiée aux CTA qui fera figure d'exception dans votre charte graphique.

Vos éléments de réassurance

Une fois que vous l'aurez attiré, **le prospect aura besoin d'être rassuré.** On ne compte plus les tentatives de phishing et arnaques en tout genre. Montrer patte blanche si votre marque ou entreprise n'est pas connue du grand public est indispensable, surtout s'il s'agit de BtoB. N'omettez pas d'ajouter deux ou trois de vos plus belles **références**. Vous pouvez fournir en outre une adresse et un numéro de SAV ; cela contribue aussi à la réassurance.

Vos pictogrammes de service

Vous avez réussi à garder votre prospect pour le dernier acte ? Après lui avoir proposé une offre taillée pour lui et mis ses doutes de côté, répondez à cette question : êtes-vous le seul à vendre ce produit ou service ? Dites-lui pourquoi il devrait vous choisir plutôt qu'un autre en utilisant des **pictogrammes de service** qui mettront en avant vos avantages concurrentiels : livraison gratuite ou express, retour en magasin, facilité de paiement...

| Livraison offerte** | Echanges gratuits | Paiement en 3x ou 4x |
| en Magasin DECATHLON et dès 50 € d'achat en Point Relais | dans l'un de nos 260 magasins | directement par Carte Bancaire |

Capture faite sur le site de Décathlon.

Votre lien de désabonnement

Ponctuez votre e-mailing par un **discret lien de désabonnement**. Ce lien n'a pas sa place en début d'e-mail, contrairement à ce que j'ai pu observer dans certains e-mailings de grandes marques dont je tairai le nom. Il doit être sur la dernière ligne, en gris – une couleur vive attirerait trop l'attention. Il se veut présent, mais sans pour autant être mis en évidence. Vous n'êtes pas censé faciliter l'opération de désabonnement de vos clients.

CONSEILS

Le lien de désabonnement n'est pas optionnel. Insérez un lien de désabonnement dans vos e-mails, même quand il s'agit d'un e-mail de conquête. On pense souvent que le désabonnement est réservé aux e-mails de fidélisation, mais ça n'est pas le cas. Considérez-le comme un point à la fin d'une phrase.

Pour vous désabonner, cliquer ici. S'il y avait un top 5 des erreurs innocentes et coûteuses, « cliquer ici » trônerait fièrement en première place. Ne cédez pas à la tentation de croire que l'utiliser pour le lien de désabonnement obligatoire vous épargnera la case pourriel. Opter pour un simple « <u>Me désabonner</u> » ou « <u>Je me désinscris</u> » cliquable fera l'affaire.

Et les réseaux sociaux dans tout ça ? De plus en plus de marques ont pris l'habitude d'insérer les pictogrammes renvoyant vers leur page Facebook, Twitter et autres réseaux sociaux. C'est une pratique que je ne conseille pas pour de l'e-mailing d'acquisition. Ces pictogrammes sont autant de distractions sur le chemin de votre objectif. Ils seront plus légitimes dans des e-mailings de fidélisation, pour lesquels les enjeux financiers seront moindres.

Rediriger vers une landing page optimisée

Après avoir réussi ces premières épreuves, il serait dommage de ne pas soigner les finitions. L'ultime test est la page de destination, plus connue sous sa version anglaise : landing page. La landing page est censée reprendre la promesse faite au clic d'origine. Optimisée pour la conversion, elle doit être un raccourci pour l'utilisateur. Ne lui faites pas subir le parcours du combattant pour retrouver l'offre qui a attisé sa curiosité : servez-la-lui sans entrée. La landing page n'est pas destinée uniquement à l'e-mailing. De manière générale, elle sert pour l'acquisition de trafic (SEA, display, affiliation...).

On peut être confronté à deux types de landing pages : des landing pages dédiées ou existantes. Prenons des cas réels. Une entreprise de BtoB aura souvent des landing pages existantes, qui prendront généralement la forme d'un formulaire accompagné d'un visuel et d'arguments produits. Un site de e-commerce pourra proposer une sélection de produits en promotion pour faire office de landing page, si c'était l'objet de son e-mailing. Mais lors d'opérations spéciales, de lancement de gamme ou de produits, il y a de grandes chances que l'on ait à créer des landing pages dédiées aux campagnes de lancement. Pour ces campagnes et landing pages exceptionnelles, plus particulièrement pour du lead, il faudra appliquer des méthodes strictes afin d'accompagner votre prospect jusqu'au bout de votre tunnel de conversion (voir p. 231).

Allégez vos formulaires !

Si vous ne souhaitez pas déclencher l'effet procrastinateur, vos champs doivent uniquement récolter des informations essentielles avant la requalification par un contact direct (rendez-vous physique ou appel téléphonique). Les formulaires Web, contrairement à ce que pensent de nombreux services **CRM**[1], ne sont pas là pour remplacer le travail de vos commerciaux. Et en essayant de faire d'une pierre deux coups, c'est votre conversion qui prendra le premier coup et le second visera directement votre ROI... D'autant plus qu'il existe de nombreuses stratégies, en plus du contact direct, qui permettent de récolter des informations client par la suite. Par ailleurs, un quart des internautes renseignent des informations fausses pour aller plus vite. Donc, j'insiste : tenez-vous-en à l'essentiel.

La sacro-sainte ligne de flottaison

Son équivalent anglais, beaucoup plus explicite, s'intitule « **Above the Fold**[2] », parfois abrégé par l'acronyme ATF. Littéralement « au-dessus du pli », expression issue de la presse écrite, il s'agissait de mettre toutes les informations cruciales au-dessus du pli. Sur ordinateur, il est question des éléments visibles sans avoir à scroller pour faire afficher le reste de la page. L'emplacement de cette ligne dépendra du navigateur, de la résolution d'écran, de nombreux facteurs hors de portée des annonceurs. Pour favoriser l'envoi d'un formulaire, on sait qu'il est préférable d'afficher l'intégralité du formulaire ainsi que son CTA au-dessus de la ligne de flottaison.

---

1. CRM : Customer Relationship Management, en français la GRC (gestion de la relation client), consiste à récolter des informations clients pour anticiper et gérer leurs besoins. Elle contribue largement à la fidélisation, permettant ainsi de mieux comprendre les clients et leur historique.
2. ATF : Above the Fold veut dire en français « au-dessus du pli », le pli faisant référence à la ligne de flottaison ; la ligne en dessous de laquelle il est nécessaire de scroller.

Attention : sortie de tunnel

Quand la landing page est l'entrée vers votre tunnel de conversion, cette dernière ne doit pas présenter de sorties de tunnel. Une sortie de tunnel est un lien hypertexte vers une autre page. Seul le CTA validant cette étape pour atteindre la suivante doit être cliquable. À moins que le visionnage d'une vidéo en particulier soit le seul et unique but de votre campagne, renoncez aussi aux vidéos sur les landing pages, car ces dernières ont tendance à distraire les internautes sur le chemin du CTA.

CONSEIL

Top 3 des sorties de tunnel. En première position on trouve le menu, en deuxième position on rencontre le footer et vient se placer ensuite la barre de recherche en troisième position.

Page en attente...

Patientez, votre taux de conversion prend une douche pendant que votre page se charge. Oui, **les temps de chargement** sont décisifs pour les landing pages. Évitez les pages en flash ou appelées en iframe, sans quoi vous perdrez de précieuses secondes. Pour ce faire, réduisez le poids de vos images.

Même si l'on s'est surtout attardé, dans cette partie, aux landing pages qui concernent principalement du lead, gardez à l'esprit, et ceci est valable pour toutes les landing pages, que cette page doit être pertinente dans le parcours de l'utilisateur. Le but est d'éviter à tout prix d'en faire un obstacle ou une distraction qui éloignerait vos prospects de votre objectif.

L'avenir de l'e-mailing en questions

Des investissements en décroissance, des leviers tendance qui lui volent la vedette, des usages en mobilité qui redessinent le paysage du Web, des clients de messagerie qui compliquent les règles du jeu. L'e-mailing saura-t-il répondre aux défis qui s'imposent à lui ?

L'e-mailing épousera-t-il le responsive design ou restera-t-il fluide ?

La mobilité *via* le mobile s'invite dans l'e-mailing. Plus que jamais, le mobile est au centre de toutes les discussions. Comment répondre à ce défi du « tout-écran » ? Selon l'étude du SNCD sur les usages et tendances de la communication personnelle online faite auprès de 1 181 répondants, intitulée *L'e-mail marketing attitude 2013*, les créneaux dédiés à la lecture des e-mails (7 heures-9 heures et 12 heures-14 heures) sont ceux qui appartiennent au mobile. Toujours selon le SNCD, plus de la moitié des e-mails sont lus dans ce premier créneau matinal. De manière globale, environ la moitié des e-mails sont lus sur mobile, le nombre d'ouvertures sur mobile a donc dépassé celui sur ordinateur.

Adaptez vos e-mails au mobile ! Selon le livre blanc « e-mailing et mobile » de la société Dolist, plus de 70 % des mobinautes suppriment un e-mail non adapté à la lecture mobile.

L'e-mail fluide, plus ou moins optimisé pour ordinateur et mobile, est une pratique très répandue dont l'exercice consiste à concevoir un e-mail sur une seule colonne avec des polices, des liens, des images et des boutons de plus grande taille. Assez frustrant au niveau du graphisme, et ayant des petits problèmes d'affichage à déplorer, c'est l'art du compromis plus ou moins bien réussi pour l'e-mailing d'acquisition. Son avantage ? Il y a beaucoup moins de problèmes de délivrabilité qu'avec son concurrent responsive.

L'e-mail responsive design, appelé aussi adaptatif, inspiré du responsive design déjà plébiscité par de nombreuses entreprises pour leur site Web, pourrait être la solution miracle qui adapterait automatiquement votre e-mailing en fonction de l'appareil utilisé (ordinateur, tablette ou mobile) et de la résolution de ce dernier. En effet, l'e-mail responsive permet de modifier l'organisation du contenu, d'adapter la navigation, d'agrandir les polices, de changer les couleurs ou la taille des images, de présenter moins de contenu pour répondre aux exigences du tout petit écran. Il nécessite la création d'une version pour le mobile et d'une pour l'ordinateur. On laissera néanmoins de côté les tablettes qui supportent très bien les versions pour ordinateur.

Cette solution toute trouvée comporte toutefois des inconvénients non négligeables, tant en termes de délivrabilité qu'en termes de coût.

Paradoxalement, de nombreuses applications mobiles de clients de messagerie ne supportent pas les e-mailings responsive. Et il faut prendre en compte que cette technologie requiert un travail plus conséquent et des compétences plus pointues.

Cette tendance responsive répond aux besoins des utilisateurs. Les clients de messagerie, tant classique que mobile, finiront probablement par se mettre à la page en étant plus tolérants. Pour faire le choix du responsive, on l'aura compris, il faudra adapter vos ressources humaines et budgétaires.

CONSEIL

E-mail responsive = site responsive ou Version Mobile Optimisée. À quoi bon dépenser du temps et de l'argent sur un e-mailing responsive si, une fois arrivé sur votre site, le lecteur ne peut le consulter sur son terminal mobile ? Commencez par investir dans un site viable sur mobile.

L'e-mailing doit-il s'attendre à voir la vie en gris ?

De plus en plus d'e-mailings terminent leurs jours dans le dossier spam. Les internautes se plaignent d'être assaillis par de nombreux mails non désirés. Pour y remédier, Gmail a mis en place un système d'onglets en 2013, dont l'un est réservé aux publicités. Depuis sa mise en place, le taux d'ouverture est en chute vertigineuse. Ne serait-ce qu'entre mai et septembre 2013, la société Litmus a observé une baisse de 20 % (en seulement quatre mois !). Cette pratique a, depuis, été baptisée « classification du graymail » ; tous les e-mails commerciaux sont concernés. Cette dernière fait trembler le monde de l'e-mailing car, étendue à tous les clients de messagerie, elle provoquerait des dégâts redoutables et signerait la mort de l'e-mailing. Ce genre de classification réduit, certes, le nombre de plaintes, mais relègue aux oubliettes l'e-mailing ; ce type de dossier n'est presque jamais consulté par les internautes. Cela équivaudrait à un dossier spam bis rebrandé...

Le futur de l'e-mailing passera-t-il par la Dynamic Creative Optimization ?

La **DCO (Dynamic Creative Optimization)**[1], appliquée à l'e-mailing, consisterait à personnaliser le contenu de l'e-mail au moment de l'ouverture du mail. Cette personnalisation ouvrirait la voie au sur-mesure technique, notamment pour s'adapter aux exigences de chaque webmail en temps réel, mais aussi pour pousser du contenu géolocalisé et à jour concernant l'offre produit (prix, disponibilité, temps restant sur une promotion...). Selon une étude réalisée par Epsilon, cette technologie augmenterait de 15 à 44 % le taux de réactivité des destinataires.

Comment optimiser ma version mobile ?

Taille des polices. Il est recommandé d'opter pour une police 22 pour les titres, et une police 14 pour le reste du texte.

Largeur optimisée. On passe de 600 à 320 pixels quand il est question de mobile.

Un CTA adapté. Prévoyez un CTA répondant aux dimensions suivantes : 44 × 44 pixels.

La différence entre une souris et le doigt d'un mobinaute ? La précision. C'est pourquoi les boutons et les liens seront bien espacés et suffisamment gros pour répondre aux exigences du mobile.

Existe-t-il des outils gratuits ?

Quelques templates pour vous faciliter la vie. Il existe des solutions qui proposent des templates d'e-mailing pour répondre aux besoins de petites structures souhaitant réduire leurs coûts. Parmi ces outils, on trouve **MailChimp**, qui est aussi une solution de routage ; **Zurb**, dont les templates sont compatibles avec plusieurs solutions ; **Template Builder**, proposé par **Campaign Monitor** ; mais également **Stamplia** qui propose plus d'une demi-douzaine de templates gratuits. La solution de routage **Mailjet** proposera une trentaine de templates, mais cette solution est néanmoins payante (à partir de 5,49 €/mois + 0,00075 €/envoi jusqu'à 30 000 e-mails).

---

1. Dynamic Creative Optimization : la DCO consiste à charger en temps réel un contenu ciblé en dynamique selon la personne qui visualise le contenu.

Allégez vos images ! Des images trop lourdes pourraient vous coûter des lecteurs au nom de la délivrabilité. **Webresizer** est un outil gratuit qui vous permettra d'y remédier. On conseille de ne pas dépasser 20 Ko.

L'E-MAILING, EST-CE POUR MOI ?

C'est une question que trop peu de gens se posent, malheureusement. Selon votre business model, vos ressources, vos stocks ou votre stade de développement, il se peut que la réponse soit négative. Prenons deux exemples concrets :

- un site de prêt-à-porter haut de gamme venant de se lancer avec des stocks limités et un temps de réassort assez long ;

- un générateur de leads avec une équipe commerciale restreinte dans l'incapacité de recruter pour le moment et une capacité de traitement de leads journalière limitée.

Dans ces deux cas, envisager l'e-mailing serait prématuré. Il faut bien comprendre que l'e-mailing génère des pics de trafic auxquels il faut pouvoir faire face. Certes, vous pouvez shooter sur moins d'adresses, mais vos partenaires ne feront peut-être pas preuve d'une grande tolérance à ce sujet. Vos clients aussi accepteront difficilement des délais de service ou de livraison non respectés. Ne reniez pas vos engagements, même temporairement ; votre e-réputation en souffrirait.

L'e-mail retargeting ouvre de nouvelles perspectives

Entre les habitudes de comparaison qui mettent sous microscope le prix de vos produits et vos frais de livraison, les indécis et les adeptes du simple lèche-vitrines, c'est quasiment les trois quarts de vos visiteurs qui quittent votre tunnel de conversion. Une stratégie multileviers s'impose et un client finit par coûter cher. En voyant les chiffres, avec des taux de conversion avoisinant les 30 %, on s'est rapidement rendu compte que l'e-mail retargeting n'était pas une banale « tendance feu de paille ». Sur le même principe que le display retargeting, cette pratique consiste à relancer automatiquement et de manière personnalisée un internaute qui vous aurait fait faux bond avant l'acte final. Ce reciblage peut être paramétré afin de ne relancer que les internautes les plus intéressés. À vous de placer le curseur : souhaitez-vous retargeter les prospects qui ont visité la page d'un de vos produits ou services, ceux qui avaient fait un pas de plus en ajoutant au panier un produit, ou encore ceux qui ont carrément été dans votre tunnel sans aller jusqu'au bout ? S'il s'agit d'abandon de panier e-commerce, sachez que l'on parle aussi de récupération de paniers abandonnés. Dans ce cas, vous vous rappellerez au bon souvenir de vos prospects à J + 3 par exemple, en proposant une réduction supplémentaire limitée à 24 heures, ou encore un service supplémentaire tel qu'une livraison gratuite...

Big data et personnalisation

Jusqu'ici, les pure players[1] et les click and mortar[2] étaient assis sur une mine d'informations qu'ils n'exploitaient pas, le big data, mais ils commencent petit à petit à l'exploiter. L'e-mail retargeting de conquête bénéficie de la récolte de ces nombreuses données provenant de multiples sources. Des sociétés telles que 1000mercis se sont spécialisées dans cette récolte et ont constitué des mégabases de données. Celle de 1000mercis, Email Attitude, regrouperait des informations sur plus de 23 millions d'Européens. Le prénom, le nom, la civilité et plus si besoin, ajoutés aux informations de navigation, rendent possible la personnalisation des communications mail, même lorsqu'il s'agit de retargeting.

Trigger marketing

L'exploitation rendue possible de ces informations sur l'identité, les préférences et le comportement du consommateur a donné naissance au **trigger marketing**. Désormais, on sait optimiser le comment et le quand sur la base de statistiques concrètes. À vous de mettre en place vos scenarii pour automatiser ces actions de communication à forte valeur ajoutée. Vous avez la capacité de déclencher automatiquement des campagnes sur la base d'événements, et cela au-delà de l'e-mail retargeting de conquête (exemples : anniversaire, troisième commande, proposition d'une extension de garantie post-achat...). Suite à une visite, on pourrait y voir l'occasion de faire de l'up-selling[3] ou du cross-selling[4] en proposant au prospect un pro-

---

1. Pure player : entreprise dont l'activité est exercée uniquement sur le Web.
2. Click and mortar : entreprise traditionnelle (magasin physique) ayant également une présence online (e-commerce).
3. Up-selling : consiste à proposer des produits similaires dans une gamme ou une taille supérieure.
4. Cross-selling : consiste à proposer des produits complémentaires (exemple : accessoires) qui vont avec le produit initial.

duit complémentaire ou un produit un cran plus cher avec les bons arguments. Veillez simplement à ne pas être trop insistant en capant[1] le nombre de scenarii par prospect et, surtout, pensez à les prioriser.

Malgré des statistiques en berne, de nombreux articles décrivant l'e-mailing en pleine « renaissance » fleurissent. Certes, l'e-mailing a subi le retour de bâton des clients de messagerie qui ont pénalisé les annonceurs pour avoir trop tardé à implémenter les bonnes pratiques. Mais gardons à l'esprit, envers et contre tout, qu'il s'agit du levier webmarketing qui arbore les plus beaux taux de conversion. Grâce à ses capacités d'adaptation à la mobilité et aux avancées en ciblage permises par le big data, on peut s'attendre à voir l'e-mailing jouer un rôle prépondérant dans les années à venir si la menace du graymail n'est pas mise à exécution et ne se voit pas généralisée dans toutes les boîtes mail. Après tout, pourquoi l'e-mailing ne renaîtrait-il pas de ses cendres, à l'instar du display ?

---

1. Caper : limiter l'exposition ou le nombre de contacts par prospect dans une période de temps donnée. Exemple : ne pas proposer plus de trois fois la même publicité au même internaute dans le mois.

Le display,
un levier caméléon

Le display, l'affichage de bannières ou, dans une forme plus récente, de vidéos, est, de tous, le levier qui a su le plus se réinventer au fil des quinze dernières années. On est passé d'échanges informels entre sites à des modes d'échanges automatisés très sophistiqués. Cela n'aurait pas pu être réalisé sans la création de l'**Interactive Advertising Bureau (IAB)** en 1998, organisation qui a œuvré pour l'**uniformisation et la standardisation des formats display**. Ainsi, les échanges entre annonceurs – sociétés souhaitant faire de la publicité – et éditeurs – personnes morales ou privées souhaitant commercialiser les espaces publicitaires de leur site Internet – ont été facilités.

Au fur et à mesure des années, plusieurs espèces, autour du mode d'achat principalement, se sont développées. Le display a néanmoins la particularité de voir plusieurs de ses espèces cohabiter, ce qui est plutôt rare, mais qui n'est pas sans complexifier son paysage et ses acteurs, tant pour les annonceurs débutants que pour les annonceurs aguerris. De l'arrivée des régies publicitaires au RTB, en passant par l'affiliation et le retargeting, je vous propose de faire un petit tour du display...

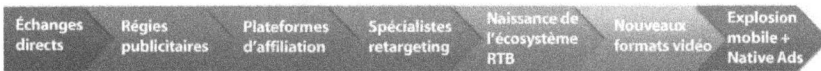

Échanges directs	Régies publicitaires	Plateformes d'affiliation	Spécialistes retargeting	Naissance de l'écosystème RTB	Nouveaux formats vidéo	Explosion mobile + Native Ads

Évolution des acteurs et des produits display

Les acteurs du display

Les balbutiements de l'organisation des échanges entre annonceurs et éditeurs furent observés vers la fin des années 1990. Les régies publicitaires et les plateformes d'affiliation furent les premières à attaquer ce marché et à répondre à ces problématiques d'échange.

Ces dinosaures du display : les régies publicitaires

Ad networks. Ce terme anglais, souvent utilisé dans le milieu du Web pour évoquer les régies publicitaires, est encore une intrusion anglophone dans notre belle langue... La particularité de ces régies datant de la première ère du Web est, pour beaucoup d'entre elles, d'avoir su se transformer tels des caméléons pour mieux s'adapter aux évolutions du display. Les plus anciennes, comme Yahoo Advertising (1994), ValueClick (1998) ou Hi-Media (1996), datent des années 1990 ; d'autres datent du début des années 2000, comme Google (2000 pour sa régie, 1998 pour le moteur de recherche), Horyzon (2004) et Lagardère Active (2000), pour ne pas toutes les citer. Elles n'ont d'ailleurs pas toutes résisté aussi bien que celles précitées à l'éclatement de la bulle Internet de 2001. Initialement, avant de se mettre au display, la plupart de ces régies se consacraient aux médias traditionnels, presse et TV, tandis que d'autres travaillaient à la conception de moteurs de recherche et d'annuaires. C'est avec l'arrivée des nouveaux médias online qu'elles ont opéré leur transformation pour accueillir des services, créer ou racheter des entités dédiées à la vente d'espaces publicitaires sur le Web.

Les régies publicitaires ont joué un rôle majeur à leur arrivée sur le marché du display en **packageant les offres de manière thématique** (voyage, automobile...) pour les annonceurs, en développant une logique d'audience au-delà des simples impressions (affichages) ; c'était déjà un premier pas vers le ciblage.

Bien qu'inférieurs à ceux pratiqués dans la presse papier ou la publicité télévisée, les coûts du display *via* une régie restent élevés. À l'exception de Google, qui fonctionne avec la solution AdWords et offre la possibilité de maîtriser et d'administrer son budget de manière très souple, il faut savoir que les régies fonctionnent par **ordre d'insertion (OI)**[1] et qu'elles appliquent des montants minimums. Certaines régies n'éditent pas d'OI à moins de 2 000 € ou 3 000 € selon le type de produit. Ce qui fait d'elles des partenaires peu accessibles pour les petites sociétés. Elles donnent néanmoins accès à des **sites premium** ; des sites possédant des millions de visiteurs uniques sur des segments variés, des sites de grands quotidiens (*Le Monde,*

---

1. Ordre d'insertion (OI) : document qui récapitule l'ensemble des informations sur une campagne (modèle de rémunération, nombre d'impressions...). Il doit être signé avant le lancement d'une campagne de display. Émis par une agence ou une régie, il peut être au format papier ou électronique.

Le Figaro…) ou de chaînes de télévision (TF1…) : de véritables **carrefours d'audience**. Cet accès à ces zones de chalandise se paye au prix du renoncement au choix du modèle de rémunération. Les régies ne vous laissent pas une grande marge de manœuvre quant aux conditions d'achat du trafic. La plupart se refusent à envisager du CPA ou du CPL et vous orienteront uniquement vers des produits au clic ou au CPM. Ce qui ne vous offre que très peu de garantie sur votre retour sur investissement. C'est moins grave lorsqu'il s'agit de campagnes de notoriété, mais plus dommageable si les conversions et les résultats concrets étaient l'objectif visé.

Retrouvez l'intégralité des tarifs et conditions générales de vente à jour pour l'ensemble des produits commercialisés par les principales régies publicitaires sur la page tarifs et CGV (conditions générales de vente) du site du syndicat des régies Internet (SRI) : *www.sri-france.org/tarifs-et-cgv/*.

CONSEIL

Performance, vous avez dit performance ? Attention, les régies proposent rarement de l'achat de trafic à la performance, mais l'utilisent très souvent pour promouvoir leurs produits. Quelle hérésie de lire ou d'entendre : « Campagne au CPC à la performance » ! Comme expliqué précédemment, le CPC ne vous garantit pas le même ROI qu'une campagne au CPL ou au CPA. Initialement, le terme « performance » était réservé à ces modèles de rémunération qui garantissaient effectivement de ne payer que pour un résultat avéré – une vente ou un lead.

Mais, rassurez-vous, la Toile n'est pas uniquement faite de grands sites premium. À l'instar du tissu entrepreneurial français, ce sont les milliers de petits et moyens sites qui la peuplent et qui illuminent souvent la navigation des internautes. Et ces sites sont rarement partenaires de grandes régies ; ils tendent à venir peupler les plateformes d'affiliation.

L'affiliation *via* une plateforme

Les années 2000 ont aussi vu naître un autre business model avec l'éclosion des plateformes d'affiliation. Parmi les plus célèbres : Tradedoubler, Zanox, Public-Idées, Affilinet, Effiliation ou encore Commission Junction, la plateforme de la régie publicitaire ValueClick, désormais connue sous le nom de Conversant.

Une plateforme d'affiliation est une plateforme sur laquelle les marques ou les sociétés peuvent proposer leur programme d'affiliation. Elles mettent à la disposition des éditeurs leurs créations graphiques ainsi que leurs conditions (modèle de rémunération, montant des rémunérations, conditions d'utilisation).

> ### Exemple : programme d'affiliation de la société Naïas Formation
>
> L'organisme de formation souhaite augmenter son chiffre d'affaires en obtenant plus de participants lors de ses formations et décide de mettre sur une plateforme d'affiliation un programme au lead. Il rémunérera ses **affiliés**[1] avec un CPL de 5 €, mais refusera que ses futurs affiliés utilisent des affichages intrusifs tels que l'affichage en pop-up.

Les éditeurs, de leur côté, pourront avoir accès à de nombreux programmes. Après avoir accepté les conditions d'un programme, ce n'est que *via* une candidature qu'ils pourront officiellement postuler à l'utilisation des créations graphiques d'une marque. Un chargé d'affiliation de la marque analysera ensuite le site de l'éditeur pour valider cette candidature. Il faut savoir que ce mode d'achat n'est pas réservé au display et sert parfois à relayer des e-mailings.

Pour publier vos programmes et les mettre à disposition des éditeurs, mis à part quelques rares exceptions comme **Public-Idées**, les plateformes facturent des droits d'entrée sur devis selon votre site. En plus de ces frais, des commissions sont prises sur la rémunération de vos affiliés ; elles atteignent généralement 20 à 30 %. Certaines appliquent même un minimum de commission mensuelle (exemple : 600 € minimum par mois, indépendamment de ce que vous reversez à vos affiliés ou gagnez *via* la plateforme), et ce minimum de facturation peut atteindre jusqu'à 1 000 € mensuels. Certaines arborent un règlement digne d'un club élitiste et refusent les sites novices ; vous serez alors jugé en fonction de votre nombre de VU (visiteurs uniques) mensuel.

---

1. Affilié : site ayant souscrit au programme d'affiliation d'un annonceur et relayant ses publicités.

Si vous trouvez plateforme à votre pied, vous comprendrez rapidement l'intérêt de ces plateformes et la latitude qu'elles laissent aux annonceurs. *Via* ces plateformes, vous arbitrez des programmes que vous souhaitez mettre en ligne et posez vos conditions. Vous sélectionnez avec soin les sites éditeurs qui possèdent une audience pertinente pour votre activité et n'entachent pas votre réputation. Toutefois, cela étant dit, c'est à double tranchant. Vous êtes en concurrence avec tous les autres annonceurs, et ce sont les éditeurs qui font la popularité d'un programme. Vous avez donc tout intérêt à leur proposer un programme alléchant. Ce sera d'ailleurs plus facile à élaborer sur une campagne à la performance (CPL ou CPA). Ainsi, le partenariat ne vous sera que profitable. Faudra-t-il encore que votre taux de conversion soit bon pour ne pas voir fuir rapidement vos affiliés vers d'autres programmes. Pour envisager les plateformes d'affiliation, un trafic suffisant sera nécessaire afin de rentabiliser les minimums de facturation imposés. En dessous de 50 000 visiteurs uniques mensuels, vous serez considéré comme un site de petite taille et, à moins d'avoir un taux de conversion extraordinaire, certaines plateformes refuseront de travailler avec vous. Ces plateformes s'adressent souvent à des produits grand public, plutôt qu'à des produits de niche.

Après avoir passé en revue régies publicitaires classiques et plateformes d'affiliation, il est fort probable que certains ne se sentent pas prêts à se soumettre à de telles contraintes budgétaires. Une solution telle que celle proposée par le GDN, offrant autant, voire plus de souplesse que l'affiliation pour vos campagnes de display, répondra éventuellement à vos attentes.

L'OVNI Google : souplesse et finesse du GDN (Google Display Network)

Google ne fait rien comme tout le monde et sa régie publicitaire, le GDN (Google Display Network), n'échappe pas à la règle. Google dispose de deux réseaux : le réseau de recherche et le réseau display. Le réseau de recherche donne accès aux résultats de recherche payants ainsi qu'aux résultats de recherche produits par les sites partenaires qui utilisent le moteur Google sur leur site. Tandis que le GDN compte parmi ses sites partenaires tous les sites présents sur Google AdSense, l'outil de monétisation des espaces publicitaires pour éditeurs, ainsi que le site de vidéos en ligne YouTube, Gmail ou encore Blogger qui lui appartiennent. Tout d'abord, pour apparaître sur le GDN, il vous faudra utiliser la solution Google AdWords. Plus connue pour la gestion des campagnes SEA, d'achat de mots clés sur le réseau de recherche, elle sert aussi à diffuser vos publicités sur le GDN.

CONSEIL

Ne mélangez pas les poissons rouges et les piranhas ! On peut être tenté, lors de la création d'une campagne SEA ou de display, d'opter pour une campagne « deux en un ». Mais l'un des deux est beaucoup plus gourmand que l'autre, et ils ne s'optimisent pas de la même manière. Comme pour vos machines à laver, séparez bien les couleurs : chacun sa campagne !

Contrairement aux autres régies, le GDN vous donne la possibilité d'ajuster au centime près votre budget et de paramétrer votre visibilité à votre guise. Il vous offre aussi des outils intégrés gratuits pour faciliter le lancement de vos campagnes, tel que l'outil de création d'annonces graphiques.

L'outil de création d'annonces graphiques. Cet outil, désormais appelé « La galerie d'annonces », présente un premier avantage, et non des moindres, pour les petites structures à petit budget. En effet, grâce à cet outil de création de publicités, vous réalisez des bannières ou des vidéos en vous affranchissant des talents d'un graphiste ou autre prestataire. Nuançons tout de même en précisant que, comme pour tout outil gratuit, vous devrez vous accommoder de ses limites et renoncer en partie à votre liberté créative. Mis à part ces petits bémols, sa simplicité en fait un outil pratique dans lequel il vous suffit d'insérer vos images et/ou vos textes. Et, pour clore la présentation de cet outil de création sur une note positive, libéré de toute contrainte financière ou temporelle, vous aurez l'opportunité de tester et de comparer les performances de différentes versions de bannières/vidéos et de landing pages. Ainsi, vous ajusterez votre publicité en conjuguant les formats à tous les tons et vous vous servirez du GDN comme d'un laboratoire expérimental pour vos futures campagnes.

Le GDN supporte quatre formats d'annonce.

Annonces textuelles

Elles apparaissent sur les pages des sites partenaires et comportent, à l'instar des annonces SEA, un titre, deux lignes de description et une URL à afficher (voir « SEA » p. 155).

Annonces illustrées

Ce sont des bannières classiques, simples.

Annonces rich media

Ces bannières sont animées. Elles permettent d'attirer davantage l'attention des internautes.

Annonces vidéo

Comme leur nom l'indique, elles permettent de créer des campagnes vidéo et donnent accès aux emplacements sponsorisés au format pavé de YouTube.

L'intérêt de ce réseau, c'est qu'il est possible de conditionner l'affichage de ses campagnes avec de **nombreuses options de ciblage combinables entre elles.**

- Vous désirez tout maîtriser jusqu'à choisir un par un les sites sur lesquels vous souhaitez apparaître ? **Ciblez par « Emplacements ».**

- Vous n'avez pas le temps de vérifier un par un les sites, mais seriez rassuré par des garanties de pertinence telles que celle de n'afficher vos publicités que sur des pages comportant des mots liés à votre activité ou à vos produits ? **Ciblez « Contextuel ».**

- Vous ne rateriez votre cible pour rien au monde et visez une audience avec des goûts particuliers ? **Ciblez par « Centres d'intérêt ».**

- Autre option de la même famille : vous avez une idée précise du site partenaire idéal ? **Ciblez par « Thèmes ».**

- Vous voyez les choses en grand et, pour vous, le partenariat n'a pas de frontière ? Ou, au contraire, vous envisagez des frappes stratégiques ? **Ciblez par « Zone géographique » ou par « Langue ».**

- Vous aimez les femmes qui ont entre 25 et 45 ans, et elles vous le rendent bien ? **Ciblez « Démographique ».**

- Un client s'est échappé et vous souhaitez le remettre dans votre panier ? **Remarketez-le !** (voir « Retargeting » p. 73).

Depuis juin 2014, il est aussi possible d'utiliser le ciblage par statut parental que vous retrouverez dans la partie display de votre compte. Plutôt que de viser une tranche d'âge pour vendre des couches en espérant atteindre des parents, allez plus loin en ajoutant un ciblage « parent ».

		Statut parental	État	CPC max.	Clics	Impr.	CTR	CPC moy.	Coût	Clics convertis	Coût/clic converti	Taux de conversion des clics	Conv. après affichage
		Sans enfant	Gérés	5,00 € (optimisé)	0	0	0,00 %	0,00 €	0,00 €	0	0,00 €	0,00 %	0
		Inconnu	Gérés	5,00 € (optimisé)	0	0	0,00 %	0,00 €	0,00 €	0	0,00 €	0,00 %	0
		Parent	Gérés	2,00 € (optimisé)	0	0	0,00 %	0,00 €	0,00 €	0	0,00 €	0,00 %	0

Nouvelle option de ciblage parental

D'autres options intéressantes comme le **Search Companion Marketing (SCM)** étaient à l'essai en 2014. Son but est de restreindre l'affichage de vos publicités à des emplacements bénéficiant d'un bon référencement naturel. Si l'option sort, n'hésitez pas à la tester ; on prédit qu'elle limiterait l'exposition des publicités à environ 10 % des sites du réseau. Si elle est encore en test, libre à vous de faire partie des adeptes de la première heure en en faisant la demande à votre account manager AdWords. En plus de toutes ces options de ciblage, vous pouvez aussi choisir d'exclure des sites comme bon vous semble, exiger d'apparaître au-dessus de la ligne de flottaison, seulement entre 18 et 20 heures et maximum trois fois par utilisateur... Google a tout fait pour vous séduire, quelques autres outils et optimiseurs automatiques vous aideront dans l'optimisation de l'utilisation de votre budget. Budget qui est établi de manière journalière, ce qui vous laisse une grande marge de manœuvre pour voir venir. Tout en souplesse, vous pourrez choisir vos finitions. Le GDN se laisse conduire facilement jusqu'à l'objectif tant qu'il demeure utilisé à bon escient.

CONSEIL

Le GDN, oui, mais sans s'emmêler les pinceaux. Si vous visez une augmentation des ventes, passez par l'option retargeting. Sans cette option, gardez à l'esprit que le display est avant tout un outil de branding.

Les ad servers

Si vous vous êtes intéressé il y a quelques années au display, la technologie d'ad serving ne vous est peut-être pas inconnue. En effet, les problématiques de centralisation de gestion des campagnes *via* les différents partenaires n'ont pas attendu la complexification de l'écosystème du display pour apparaître. Et les ad servers ont su fournir des solutions permettant de gérer ces problématiques. Les premiers ad servers remontent au milieu des années 1990. Ils sont à la fois utilisés par les éditeurs, les agences et les annonceurs.

Les éditeurs utilisent les ad servers pour gérer leurs emplacements, le paramétrage des campagnes ou encore leurs revenus indépendamment du type de display. Ils programment ainsi, au cas par cas, une campagne dédiée pour un client avec une durée, un emplacement, un format, une taille et un capping[1].

Les agences utilisent l'ad server pour centraliser les campagnes de leurs multiples clients, et les annonceurs pour centraliser la gestion et le tracking de leurs campagnes menées auprès de différents partenaires, partenaires qui se sont multipliés au cours des dernières années.

Outre le gain de temps grâce à la centralisation de la gestion des campagnes, certains argumenteront qu'un annonceur aura tout intérêt à disposer de son propre ad server afin :

- de bénéficier d'une source de statistiques privée et ne pas être à la merci d'erreurs statistiques de ses partenaires ;
- d'être en mesure de vérifier des hypothèses quant à ses créations graphiques *via* des tests à partir de l'ad server.

D'autres arguments sont évoqués, telles la récence et la propriété des données mises à disposition. Le coût des solutions d'ad serving n'est néanmoins pas négligeable. Souvent facturé au CPM, il dépendra du volume d'impressions. À ces coûts viendront s'ajouter ceux du **réseau de diffusion de contenu** (Content Delivery Network, CDN). Pour avoir un ordre d'idées, prenons l'exemple du **CDN de Microsoft Azur** qui, pour la France, facture environ 0,09 € par Go. Plus votre volume sera important, et plus ce tarif sera dégressif.

---

1. Capping : nombre d'expositions maximum sur une période donnée pour une même campagne ou bannière par utilisateur.

Ces solutions des premières heures ont porté de nombreux noms et ont été rachetées de nombreuses fois avant d'atterrir dans l'escarcelle, je vous le donne en mille... des régies publicitaires, ou, d'une manière plus globale, des oligarques du Web. Prenons l'exemple de NetGravity, premier ad server local sorti en janvier 1996. Racheté une première fois par DoubleClick en 1999, il fut alors renommé Dart Entreprise. Moins de dix ans après, Google fit l'acquisition de DoubleClick, et la solution prit alors le nom de **DoubleClick For Publishers (DFP)** pour les éditeurs, et de **DoubleClick Campaign Manager (DCM)** pour les annonceurs (anciennement DoubleClick For Advertisers — DFA).

Parmi les ad servers célèbres pour éditeurs et annonceurs, on peut aussi citer **Atlas Ad Server** racheté, non sans bruit, par **Facebook** à Microsoft début 2013, dans le but de soutenir et conforter la crédibilité du réseau social sur le terrain du display en acquérant au passage environ 20 % des parts de marché de l'ad serving. Avec ce rachat, Facebook ne cachait pas son ambition d'être enfin considéré comme un sérieux concurrent de Google sur le marché du display.

On trouve aussi d'autres solutions payantes, telles que **Smart AdServer**, **Adtech (AOL)** ou encore **Open Ad Stream** (24-7 Real Media, appartenant au groupe anglais WPP).

Mais des solutions open source existent telles que **Revive Adserver** (anciennement OpenX Source). Ce terme « open source » évoque souvent la gratuité, mais il faut être conscient que l'hébergement de la solution vous incombera avec les coûts et les risques que cela comporte. Notez aussi que la société OpenX a poursuivi la commercialisation de son ad server payant en parallèle, donc attention aux confusions.

Dans la gamme gratuite des solutions d'ad serving, je vous recommanderai plutôt **DoubleClick DFP Small Business**. Cette solution de Google, hébergée par ses soins, répondra de manière plus stable et sécurisée aux besoins des petits budgets. Si vous ne dépassez pas les 90 millions d'impressions par mois, cette solution vous conviendra. L'unique prérequis pour y accéder est de posséder un compte Google AdSense. Si vous n'en avez pas, il est possible d'en créer un gratuitement et simplement.

Il y a de nombreuses solutions à disposition, mais elles s'adressent essentiellement à des acteurs menant de nombreuses campagnes auprès de plusieurs acteurs du display, et cela de manière relativement récurrente. Rappelons-nous qu'un ad server, pour un annonceur, simplifie avant tout la mise en ligne des campagnes, grâce à une soumission unique diffusée ensuite auprès des partenaires choisis et à la mise à disposition d'un reporting centralisé. Si le display occupe une place secondaire et ponctuelle dans votre stratégie webmarketing, que vos investissements sont minimes, mais surtout que vous travaillez avec un ou deux partenaires, l'acquisition d'un ad server demeurera optionnelle. Si vous comptez augmenter rapidement le nombre de contrats en achetant en direct des espaces auprès de sites partenaires, *via* plusieurs régies publicitaires et/ou plusieurs ad exchanges, dans ce cas l'ad server vous soulagera de tâches chronophages.

Ma recommandation, pour les éditeurs, sera tout autre. Je vous invite à utiliser DFP Small Business dès la mise à disposition de votre inventaire. Lorsque les partenaires display se multiplient, plus qu'un gain de temps ou une source de statistiques privée, un ad server ou un produit aux fonctionnalités équivalentes devient nécessaire. Et cette recommandation prend tout son sens avec l'arrivée des nouveaux produits ces dernières années.

POURQUOI FAIRE DU DISPLAY ?

Loin du site, loin du cœur. Selon une étude réalisée en 2013 par Google, votre prospect passe 95 % de son temps sur des sites de contenu et très peu sur les moteurs de recherche qui ne sont qu'une porte d'entrée vers la navigation. Vous souhaitez qu'il vous découvre, qu'il se rappelle de vous, du produit ou du service qu'il vient de voir, tout simplement qu'il pense à vous ? Le display sera votre meilleur agent pour cette mission.

QUE FAIRE POUR RÉUSSIR MES CAMPAGNES DE DISPLAY ?

L'emplacement, c'est la clé ! Le Web n'a rien inventé : pour être vu, il faut être bien placé. Dans le commerce classique, quitte à payer un bail un peu plus cher, on choisit une zone de chalandise et on ouvre un point de vente à proximité de sa clientèle potentielle. Sur la Toile, on essaiera donc d'accrocher des audiences ciblées sur des sites premium. Évitez d'acheter un petit panneau publicitaire au fin fond de la Camargue si vous visez les 12 millions de fourmis franciliennes. Choisissez avec soin les sites – j'irai même jusqu'à préciser les pages des sites – sur lesquels vous apparaissez. Posez-vous les quatre questions suivantes :

* **Ce site correspond-il à mon image de marque ?** Dis-moi sur quel site tu apparais et je te dirai qui tu es…

* **Ma publicité sera-t-elle réellement vue ?** Un affichage en bas de page réduit votre visibilité, mais pas votre facture.

- **Ma cible consulte-t-elle ce site ?** Pour ménager votre budget, mieux vaut éviter les rendez-vous ratés.

- **Ce site est-il pollué visuellement ?** Choisissez des sites qui n'affichent pas trop de publicités sur leurs pages. Faites votre casting et ne retenez que les sites plus ou moins épurés. Apparaître sur la home page de Cdiscount... ou comment mieux payer pour faire disparaître vos bannières dans l'hétérogénéité des couleurs, des polices, des formes d'un site.

Des bannières qui crèvent l'écran. Votre défi ? Lutter contre l'ad blindness ! Cette maladie, qui touche de plus en plus d'internautes, imperméabilise leur regard, au point qu'ils sont capables de faire totalement abstraction de tout élément pouvant être assimilé à de la publicité lors de leur navigation. Pour en contrer les effets, il faut être original, drôle – si votre positionnement vous le permet.

Optez pour des couleurs vives, mais toujours avec goût. On l'aura compris : il vous faudra l'aide d'un (bon) graphiste. Il pourra aussi vous prescrire différents formats pour répondre aux besoins des différents sites partenaires. Il faudra que vos créations s'adaptent efficacement à tous ces formats. Allez à l'essentiel, faites simple en réduisant le nombre de mots. À l'instar du format Twitter, soyez direct et percutant !

ET SI JE CRÉAIS MON PROGRAMME D'AFFILIATION EN DIRECT ?

En découvrant les coûts à prévoir pour intégrer une plateforme d'affiliation, on envisage rapidement la possibilité de créer son propre programme d'affiliation en direct, en s'affranchissant de toute plateforme. Pouvez-vous vous permettre ce luxe ? Il s'agit bien là d'un luxe. À moins d'avoir atteint votre point mort, d'avoir une équipe technique au complet et une renommée qui fasse que les éditeurs se bousculent à votre porte, je vous le déconseille. Certes, l'entrée sur une plateforme d'affiliation a un prix, mais un prix plus ou moins justifié. Elles prennent en charge une grosse partie des contraintes techniques et vous offrent une place dans leur loge au premier rang, afin que tous leurs milliers d'affiliés voient votre programme. Sans omettre le fait qu'un programme d'affiliation en direct comporte aussi des frais.

Évolution des produits display

Le display joue un rôle crucial dans une stratégie digitale. Il est à la fois votre première vitrine et votre dernier contact client avant le passage en caisse ou la validation d'un lead. Du branding, *via* la découverte de votre marque. À la conversion, le display, de par ses multiples formes, a su se rendre indispensable à toute bonne stratégie webmarketing.

En moins de dix ans, le display a connu des métamorphoses extraordinaires. D'abord grâce au reciblage des visiteurs *via* l'innovation que fut le retargeting. Puis, ensuite, par l'évolution des formats et des supports, notamment avec l'explosion de la publicité vidéo et mobile. C'est ensuite le mode d'achat des impressions qui a été révolutionné par l'achat ciblé aux enchères en temps réel et programmatique. L'arrivée d'un nouveau mode d'insertion de la publicité constitue encore un changement qui révolutionne l'intégralité du monde display.

Retargeting : le display reprend son souffle

Le display classique, de plus en plus délaissé par les annonceurs, était à l'agonie avant l'essor du retargeting. Pour rappel, le retargeting consiste à placer sur vos pages un petit morceau de code appelé tag ou pixel, grâce auquel des cookies seront déposés sur l'ordinateur des internautes qui visiteront votre site. *Via* ces cookies, les pages des sites eux aussi partenaires de cette régie afficheront dynamiquement vos publicités personnalisées selon la navigation préalable de vos visiteurs.

Fonctionnement du retargeting

Avez-vous remarqué, au cours de l'année qui vient de s'écouler, le nombre de sites qui ont sollicité votre autorisation afin d'utiliser des cookies ? Cela fait suite à la directive européenne 2009/136/CE transposée en droit français en août 2011. Si vous utilisez ce type de cookies, vous devrez également vous acquitter de cette formalité.

CONSEIL

Durée de vie d'un cookie. Vous avez la possibilité de le programmer pour qu'il s'autodétruise, mais cette date ne sera pas nécessairement celle du crime voulue. Il existe de nombreux moyens pour qu'un cookie soit froidement abattu d'un clic de suppression prémédité d'un utilisateur. Et pas de cookie, pas de chocolat ! Votre campagne de retargeting en dépendra.

Cette personnalisation, bien que jugée intrusive par certains, accroît significativement le taux de clic (×10 comparé au display classique, selon une infographie de la société Wishpond) et de conversion de votre campagne de display. On comprend mieux pourquoi les régies publicitaires, les plateformes d'affiliation, GDN compris, et tous les acteurs display proposent aujourd'hui du retargeting. Lancé tardivement chez Google, en 2010, le mastodonte étant connu pour sa singularité, il y fut rebaptisé « remarketing ». Ce produit rencontre, encore aujourd'hui, un tel succès qu'il a même infiltré Facebook depuis que ce dernier a ouvert ses portes au display *via* son Facebook Exchange (FBX).

Convaincre jusqu'à la conversion. Les internautes hésitants auront parfois besoin d'un petit coup de pouce. C'est à ce moment-là que le retargeting prendra tout son sens. Proposer une réduction, un coupon promotionnel, une offre alléchante à vos prospects sur le produit qui les intéressaient permet à coup sûr de transformer l'essai. On sait que la comparaison fait désormais partie à part entière du parcours client. L'achat est rarement immédiat, de nombreux prospects reprendront leur navigation habituelle avant de passer à l'acte. C'est à ce moment précis que vous entrez en jeu. Il ne faut surtout pas laisser vos concurrents seuls avec votre prospect ; accompagnez-le jusqu'à la prise de décision finale, histoire de vous assurer qu'il franchisse bien la ligne d'arrivée. Quelques chiffres, extraits de l'infographie de Wishpond encore : 72 % des internautes abandonnent leur panier, seuls 8 % reviendront d'eux-mêmes le terminer et, *via* le retargeting, vous ramenez en caisse près de 26 % de ces abandonnistes.

Objectif cross-selling. Il vous a fait confiance une fois, pourquoi pas deux ? Si vos produits ou services s'y prêtent, le retargeting est un bon outil de cross-selling pour proposer des éléments complémentaires. Imaginons que vous commercialisez des vélos d'appartement. Si vous vendez aussi du textile sportif ou de l'alimentation spécialisée, il sera alors pertinent de sensibiliser vos clients au reste de votre catalogue en fonction de leurs achats.

Selon le cycle d'achat de vos produits, le remplacement ou le complément évolutif, il est opportun de faire du **marketing anticipatif**. Imaginons qu'un prospect ait acheté un landau pour nouveau-né. Il est intéressant de lui proposer ultérieurement des produits liés à l'évolution de l'enfant mois après mois.

Il serait facile de se représenter le retargeting comme un produit sans évolutions majeures, mais ce serait une erreur. On a déjà pu observer l'expansion de l'e-mail retargeting, le **search retargeting**[1] est aussi une déclinaison du principe. Il s'agit d'exploiter vos données de recherche pour vous afficher des publicités ciblées – on s'affranchit ici de la visite d'un site. On expose donc des prospects à nos créations graphiques ou vidéo sans avoir acheté, un clic ou une impression sur un moteur de recherche. La société américaine **Chango** s'est d'ailleurs spécialisée dans cette activité. Google AdWords le permet aussi (voir p. 162).

Cette activité porte néanmoins les traces d'un procès d'intention. En effet, ce produit a eu son heure de buzz, mais il fut rapidement repris par les régies publicitaires en laissant de côté l'essence même du search retargeting : une réelle utilisation et analyse des mots clés tapés par les internautes. Logiquement, les résultats furent décevants. Cette technologie donnait pourtant accès à une information cruciale permettant d'optimiser le ROI. Selon le mot clé tapé, il était ainsi possible de déceler l'étape du processus d'achat dans laquelle le visiteur se situait.

> **Exemple**
>
> Un utilisateur tapant le mot clé « **acheter appareil photo** » se situe au stade précoce du processus d'achat. Il débute sa recherche, il est donc propice de le solliciter : c'est la **phase 1 de sensibilisation**. Lorsqu'il a été sensibilisé, il risque ensuite de taper des requêtes de type « **appareil photo Sony** ». S'il s'agit de votre marque,

---

1. Search retargeting : l'exploitation des données de recherche afin de recibler un utilisateur *via* une vidéo ou une bannière.

> poursuivez en l'orientant vers un produit ; il est entré dans la **phase 2 de considération**. S'il s'agit d'un concurrent, faites-le dévier vers vos produits.
>
> Lorsqu'il tape le nom d'un produit « **Sony Cyber-shot DSC-W730 noir** », le coup d'envoi est parti, il est prêt à acheter. Et là, vous visez la **phase 3** du processus d'achat : **la conversion**.

Pour citer quelques spécialistes du retargeting :

- **Criteo**, pépite française créée en 2005, qui a réussi à s'exporter et à s'implanter dans 30 pays, compte aujourd'hui plus de 4 000 annonceurs et plus de 6 000 éditeurs, dont Facebook ;
- **MyThings**, également née en 2005, présente sur Web, mobile et Facebook, livre plus de 5 milliards d'impressions par mois ;
- **Next Performance**, née en 2008, est aussi présente à l'international.

CONSEIL

Pour retargeter, il faut une cible... Inutile de vous lancer à budget perdu dans le retargeting si vous venez de vous lancer. Un certain volume de visiteurs sera requis pour obtenir des retours significatifs.

RTB (Real Time Bidding) et achat programmatique : un écosystème à part entière

Si vous pensiez en avoir terminé avec le jargon, accrochez votre ceinture et bienvenu dans le monde du RTB ! Tout d'abord, qu'est-ce que le RTB ? Le **Real Time Bidding** consiste à acheter des espaces publicitaires aux enchères pour y afficher la publicité de votre choix en temps réel de manière automatisée. L'innovation réside dans cette capacité à enchérir pour une impression unique sur un site unique en l'espace de quelques millisecondes, là où, auparavant, nous devions acheter, les yeux quasi fermés et en priant, par milliers des impressions de plus ou moins bonne qualité. Ce nouveau mode d'achat display, basé sur la DCO (Dynamic Creative Optimization)[1], a

---

1. La DCO consiste à charger en temps réel un contenu ciblé en dynamique selon la personne qui visualise le contenu.

tellement plu qu'il a littéralement relancé l'économie du display. En enregistrant 125 % de croissance en 2013, il a permis au display de se maintenir à 2 % de croissance cette même année.

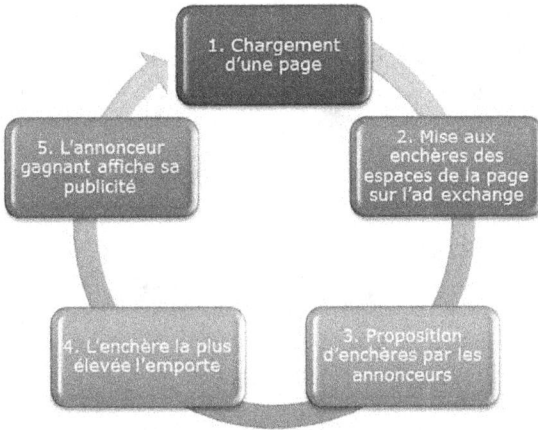

Fonctionnement du Real Time Bidding

Depuis ces cinq dernières années et l'arrivée de ce nouveau mode d'achat tendance qu'est le RTB, on a observé la multiplication des acteurs et intermédiaires en tout genre constituant un véritable écosystème développé autour des **ad exchanges**[1].

Les ad exchanges

Ces plateformes agissent comme des gardes-frontières, à la jonction des mondes annonceur et éditeur. Elles administrent le système d'enchères des espaces, en recueillant les enchères (*bid* en anglais) des annonceurs et en recensant l'inventaire des éditeurs et autres revendeurs d'espaces.

Dans cet écosystème évoluent :

- côté éditeurs : des grands sites d'information, des sites portail et des sites de divertissement ;
- côté annonceurs : des régies publicitaires, des plateformes d'affiliation, ou encore des agences pour le compte de leurs clients.

---

1. Ad exchange : plateforme intermédiaire entre annonceurs et éditeurs pour la commercialisation d'inventaires publicitaires *via* l'achat programmatique tel que le RTB par exemple.

Parmi les quelques ad exchanges présentés, vous retrouverez ceux développés par de nombreuses régies publicitaires et nos géants habituels.

Right Media Exchange (RMX) fut le premier ad exchange lancé en 2005, puis racheté par Yahoo en 2007. Rebaptisé en janvier 2014 **Yahoo Ad Exchange**, il est laissé quelque peu de côté par Yahoo qui s'est vite fait rattraper par la concurrence, alors qu'il faisait pourtant partie des précurseurs de l'ad exchange aux côtés de Google. La plateforme de Yahoo fut aussi l'une des premières à se lancer dans l'inventaire mobile dès fin 2011.

DoubleClick Ad Exchange, pour sa part, appartient au géant de Mountain View (Google). En effet, depuis le rachat de la société DoubleClick en 2007, suivi deux ans après du lancement officiel en septembre 2009, Google a mis en place toute une suite d'outils et de services sous cette marque pour s'installer confortablement dans le RTB. Cette installation fut, bien évidemment, facilitée au début grâce à ses atouts préexistants qu'étaient AdWords et AdSense. De par ses multiples produits et sa domination du search, il est désormais le leader incontesté de l'ad exchange.

Hi-media Ad Exchange, né fin septembre 2011 d'un partenariat entre la régie Hi-media et AppNexus, est l'une des plus importantes plateformes de technologies publicitaires. Le principal atout de cette régie demeure l'innovation *via* des produits tels que le « Hot spot », un module shopping intégré aux formats vidéo. Ou encore le format « Synchro/TV » pour faire du ciblage multipériphérique en simultané.

Microsoft Advertising Exchange (MAX) fut aussi lancé en 2011 avec un positionnement relativement premium appliquant un plancher d'1 $ l'impression et restreignant l'affichage à une seule publicité par page. Tout comme Google, dès son lancement l'américain a pu s'appuyer sur ses marques fétiches que sont MSN, Outlook (Hotmail jusqu'en 2013), Windows ou encore Skype. Outre cette enchère plancher élitiste, on a rapidement reproché à Microsoft l'achat en blind (à l'aveugle) qu'il imposait sur son ad exchange. Reproche que le géant semble avoir entendu et pris en compte puisque, début 2014, il annonçait avoir introduit plus de transparence dans son ad exchange, en laissant notamment accès aux noms de domaine et sous-domaine sur lesquels les impressions étaient achetées, ce qui, jusque-là, demeurait masqué.

Multiple Personal shopper. Attention, en envoyant plusieurs personnes faire vos courses sur le marché du display, assurez-vous qu'elles n'achètent pas plusieurs fois la même chose ! Ce qui n'est pas toujours évident en achetant en blind.

En avril 2014, Microsoft a aussi lancé sa réplique vidéo en Europe à la mise à disposition de l'inventaire vidéo de YouTube, en lançant au Royaume-Uni sa plateforme d'ad exchange vidéo : Microsoft Video Network.

Facebook Exchange (FBX). La sortie du premier ad exchange, opérée par un réseau social en 2012, fut un réel succès tant elle était attendue. Le retargeting *via* le FBX est notamment très prisé des annonceurs. Facebook et Google sont désormais les leaders de l'ad exchange, loin devant le reste des acteurs du domaine.

La Place Media (LPM) fut lancée en bêta en août 2012, puis officiellement en septembre, par les quatre grands groupes Amaury Médias, FigaroMedias, Lagardère Publicité et TF1 Publicité. Avec Audience Square, ils représentent environ 30 % des investissements des trading desks, leur positionnement est premium et brand safe[1].

La plateforme privée **Audience Square (ASQ)**, née en décembre 2012 du rapprochement de onze des plus grands groupes média français (Les Échos, le Groupe Express Roularta, Libération, le Groupe M6, le Groupe Le Monde, NextRadioTV, le Groupe Nouvel Observateur, Le Point, le Groupe Prisma Média, le Groupe CCM Benchmark et RTL Net), fait aussi désormais partie intégrante du paysage du RTB. Depuis mai 2014, ASQ s'est ouvert au mobile en partenariat avec StickyAds, donnant ainsi accès à plus de 14 millions de mobinautes. Cet ad exchange privé a fait le choix de s'entourer, mais sans multiplier les partenaires, en sélectionnant AppNexus pour l'accès à l'ad exchange et Ezakus pour l'analyse de ses données. Contrairement à La Place Media, ASQ donne un droit de regard aux annonceurs sur certaines des URLs des sites éditeurs. La Place Media conserve, pour sa part, un système d'URLs masquées en argumentant que cela protège les inventaires vendus en direct.

---

1. Brand safe : cela signifie que vous avez la garantie que vos publicités n'apparaîtront que sur des sites de qualité qui ne nuiront pas à votre image de marque, à la réputation de votre entreprise.

En juillet 2014, les sites du groupe CUP Interactive (CNET, Gamekult et ZDNet) sont venus grossir les rangs du segment technologique d'ASQ, déjà peuplés des sites Clubic, 01net et Comment ça Marche, lui donnant ainsi une confortable position sur l'audience high-tech. Mais les éditeurs jouent aux chaises musicales et passent régulièrement d'un ad exchange à un autre, rien n'est fixe. Il suffit de regarder le récent va-et-vient du Nouvel Observateur qui, moins de quatre mois après avoir rejoint Google, l'a quitté pour retourner chez Audience Square.

Orange Ad Market a annoncé son arrivée dans la cour du RTB Web et mobile début janvier 2013. C'est plus de 3,5 milliards d'impressions mensuelles et 29 millions de visiteurs uniques qui sont accessibles *via* cette plateforme dite « 100 % transparente », dont 90 % en exclusivité. Orange a choisi de s'entourer d'AppNexus pour l'accès à son ad exchange et d'Ezakus pour l'analyse de ses données. Elle partage d'ailleurs librement avec ses annonceurs ses données first party et ses multiples ciblages (démographiques, comportementaux ou sur mesure).

Revv Connect est une plateforme lancée par Rubicon Project en 2013. Connectée à plus de 110 DSP (voir ci-après), 400 régies publicitaires soit environ 120 000 annonceurs, ses chiffres donnent le tournis. Elle avance livrer plus de 6 milliards d'impressions journalières dans le monde, dont environ 15 milliards par mois sur l'Hexagone. Rien d'étonnant, puisque Rubicon fait partie des solutions leaders dans l'optimisation des revenus éditeurs depuis 2007. Depuis juillet 2013, cette plateforme a aussi adhéré à la vague mobile en autorisant l'échange d'inventaires mobile.

Cette liste n'est pas exhaustive car bien d'autres ad exchanges ou plateformes d'échanges privées (PMP) existent, tels que **Real Media Group**, **Ad Cloud**, **AdvertStream** ou encore **Orbit**.

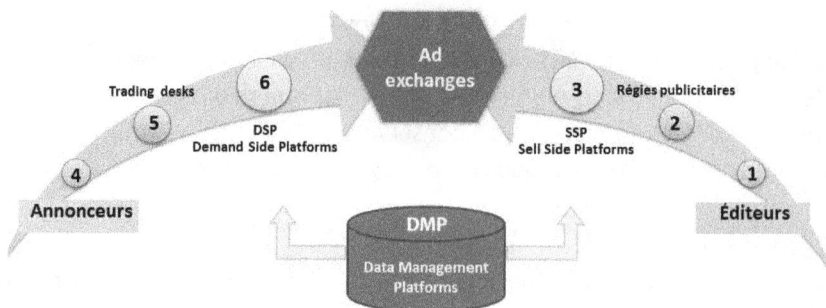

On voit ici les régies publicitaires/ad networks côté éditeurs, mais il est important de préciser qu'elles opèrent des deux côtés de l'échange RTB et, bien évidemment, toujours en dehors de cet écosystème. L'arrivée des ad exchanges et de l'achat programmatique a donc donné naissance à de nouveaux acteurs technologiques aux acronymes un peu barbares comme DSP, SSP, DMP ou autre ATD (voir ci-après).

Les Demand Side Platforms

Les **Demand Side Platforms (DSP)**[1] se sont développées rapidement. En effet, ces plateformes donnent non seulement accès aux ad exchanges, *via* la centralisation du pilotage, mais elles facilitent également la gestion de campagnes présentes sur de multiples ad exchanges. L'optimisation des stratégies d'enchères selon les emplacements et les modèles de rémunération, mais surtout le ciblage de la bonne audience au bon moment, les rendent désormais incontournables. Le ciblage d'audience s'y fait par catégories, par profils similaires ou grâce à des données tierces (provenant d'autres sites) pour des opérations de prospection pure, ou encore *via* du retargeting pour toucher des prospects proches de la conversion.

Parmi ces DSP, on peut citer **DoubleClick Bid Manager** (Google), **AppNexus, Mediamath, Sociomantic, Adobe Media Optimizer, Data Xu, Invite Media** (Google) ou **Turn**.

Les Sell Side Platforms

Les **Sell Side Platforms (SSP)**[2] sont des solutions équivalentes à celles proposées aux annonceurs, mais elles sont destinées aux éditeurs pour optimiser la rentabilité de la vente de leurs espaces sur les différents ad exchanges en l'automatisant. Pour cette activité d'optimisation des revenus *via* des algorithmes, on utilise souvent le terme « **yield management** ». Rappelez-vous que la complexité du display tient dans sa capacité à faire cohabiter anciennes et nouvelles pratiques. Ainsi, les éditeurs continuent à commercialiser leur inventaire en direct, et non uniquement *via* le RTB. Afin d'aménager cette cohabitation, les SSP ont innové, proposant désormais ce qu'elles appellent du « **yield holistique** », un algorithme qui permet

---

1. DSP (Demand Side Platform) : plateforme technologique de gestion de la demande côté annonceurs sur les ad exchanges.
2. SSP (Sell ou Supply Side Platform) : plateforme technologique de gestion de l'offre côté éditeurs sur les ad exchanges.

l'arbitrage entre la vente directe et le RTB. Avec toujours le même objectif en tête : maximiser les revenus des éditeurs.

Parmi les solutions SSP existantes du marché, on peut noter **Admeld** (Google), **AppNexus**, **Pubmatic**, ou encore **Improve Digital**. En dehors de la solution Google, un des acteurs les plus importants en France avec AppNexus est sans contexte **Rubicon Project**.

Les trading desks

Les **Agencies Trading Desks**, de leur petit nom **ATD**, prennent en charge le pilotage et l'optimisation des campagnes des annonceurs sur les ad exchanges grâce à de complexes algorithmes de bidding stratégies (stratégies d'enchères). Parmi les trading desks du marché français, on trouve trois catégories :

- **les Trading Desks Agences** : Accuen (Omnicom Media Group), Affiperf (Havas), Amnet (Carat-Aegis), Audience On Demand/AOD (VivaKi-Publicis), Cadreon (IPG Mediabrands), Xaxis (WPP) ou GroupM ;
- **les Trading Desks outillés** (propriétaires de solutions DSP et/ou DMP) : Sociomantic, Infectious Media, Metrigo (Zanox/Axel Springer), MyThings (Orange et Deutsche Telekom), Nextperf, Quantcast, RadiumOne, Rocketfuel ou Weborama. Mis à part MyThings et Metrigo, ils sont tous indépendants ;
- **les Trading Desks indépendants** (sans DSP propriétaires) : Gamned (Makazi), Adcleek, Adventure, BlackAngus, DigiLowCost, Full Performance, TabMo, NetBooster, MainADV, Matiro (1000mercis), One 62, Tradelab, TradeSpotting, Unit ou Zebestof (CCM Benchmark group).

Les Data Management Platforms

Pour garantir la précision et l'efficacité de l'action des protagonistes précités, il est nécessaire de récolter et d'analyser la data provenant de multiples sources. C'est le rôle des **Data Management Platforms (DMP)**[1] qui, pour ce faire, se nourrissent de trois types de données :

---

1. DMP (Data Management Platform) : plateforme de qualification d'audience *via* des données first et third party (provenant du site concerné ou d'un autre site = données tierces). Certaines se spécialisent dans la vente de données third party.

- les **données first party** : obtenues *via* le comportement et les informations des internautes sur votre site ou un autre canal de communication (points de vente, CRM, centre d'appel...) ;

- les **données second party** ou partenaires : données first party obtenues directement à la source *via* une vente ou un échange ;

- les **données third party** ou tierces : données commercialisées par les fournisseurs de data.

Via ces différentes sources, les DMP analysent les données démographiques (âge, sexe, éducation, taille du foyer...), les données comportementales, mais aussi le parcours de navigation de vos futurs clients. Elles les mettent ensuite à contribution pour personnaliser et les cibler. En effet, l'analyse statistique de ces données rend possible la fine segmentation des audiences et la création des profils similaires utilisés par les DSP.

Citons au passage quelques DMP du marché : Lotame, BlueKai, Proximic, Datvantage, Exelate, Weborama, Ezakus ou 1000mercis. Je préfère m'arrêter là car la liste est très longue et la plupart des acteurs disposent désormais d'une DMP propriétaire. Dans cette jungle d'options, on peut rapidement se perdre.

Libre à vous de créer votre propre DMP, mais cela requiert des ressources importantes et des compétences pointues en interne, conditions qui sont rarement réunies. Vous pouvez opter pour une DMP *via* votre DSP, mais attendez-vous à ce que vos données servent aussi vos concurrents... Reste la solution d'une DMP indépendante ou d'une DMP de trading desk. Mais, là encore, cela pose problème au niveau des cookies et, dans certains cas, cela entraîne la perte de plus de la moitié des données... Se passer de la main droite ou de la main gauche est une question de sensibilité... À vous de choisir.

L'achat programmatique pour le RTB

Les DMP sont les architectes de l'**achat programmatique**, *via* cette capacité à enchérir en temps réel sur un visiteur unique et à afficher une publicité contextuelle par visiteur. L'inventaire disponible ne cesse de s'élargir. Récemment, ce sont les réseaux sociaux qui se sont ouverts à ce type d'achat *via* la création du Facebook Ad Exchange.

Choisir quel client voit quelle annonce dans quel contexte de manière aussi précise, n'est-ce pas le rêve de tout annonceur ? L'opportunité de toucher votre audience en temps réel à n'importe quel stade de son cycle d'achat selon vos objectifs pour chacun de vos segments. Et, comme pour toute opération marketing, un meilleur ciblage équivaut à un coût d'acquisition client réduit, soit une augmentation du retour sur investissement.

Il s'agit de la création d'une segmentation sur mesure. Et, au-delà de l'acquisition client, l'intégration de données first party provenant de votre CRM évitera le reciblage d'internautes déjà clients, mais permettra surtout de cibler ultra précisément les différents segments de votre clientèle existante, du client fraîchement acquis au client fidèle, en passant par celui qui vous aurait oublié depuis quelques mois, afin d'en faire une arme de fidélisation massive.

N'oublions pas l'autre avantage indispensable que procure l'intégration de telles données dans un processus d'achat aux enchères : la capacité à évaluer la valeur de chaque impression. Ainsi, on estime désormais le montant de l'enchère de chaque espace, de chaque site en fonction de l'audience visée.

L'achat programmatique s'inscrit aussi dans cette logique, véritable fil rouge applicable au Web dans son ensemble, qu'est l'optimisation constante. Ainsi, toute campagne menée *via* l'achat programmatique produira à son tour des données exploitables pour améliorer le ROI des campagnes suivantes, et ainsi de suite. Plus besoin d'intenses séances de voyance ou d'adhérer aveuglément à la religion du dimanche après-midi pour déterminer le jour, l'heure, le format, le canal le plus performant par audience.

Même s'ils ont à nouveau su s'adapter lors de l'arrivée du Real Time Bidding, le terrain de jeu des acteurs du display est une galaxie en constante expansion. Les nouveaux formats contribuent, eux aussi, chaque année, à élargir le champ des possibles.

Entrée dans l'ère des nouveaux formats

Après les évolutions concentrées sur le ciblage du bon prospect au bon moment et au bon endroit, ce sont les supports et les formats qui ont vécu d'importantes métamorphoses. La vidéo et, plus récemment encore, le mobile, attirent une part croissante des budgets publicitaires des annonceurs. Depuis la démocratisation du haut débit et de l'ADSL, la voie est désormais libre pour la publicité vidéo qui souffrait jusque-là des lenteurs du chargement. Le rachat de YouTube par Google et l'ouverture de son inventaire vidéo aux annonceurs ont été un vrai accélérateur pour son développement. Et l'avènement du (very-)smartphone et de ses multiples applications a été à la publicité mobile ce que l'ouverture de l'inventaire de YouTube a été à la publicité vidéo. C'est donc sans surprise que les web-marketeurs ont été très inspirés et inventifs pour insérer et nommer ces nouveaux formats.

Avant, après, dessus, dessous, pendant... la publicité autour de la vidéo ne compte plus ses positions. Contribuant largement à la croissance du display, la publicité vidéo a, depuis, envahi nos écrans de toutes tailles sous divers formats. Insertion, durée, ciblage, budget : zoom sur les spécificités de la publicité vidéo.

Insertion des publicités vidéo

Passons à la loupe les **trois principaux modes d'insertion** de la publicité vidéo. Elle s'insère : dans l'espace publicitaire d'un site, à l'intérieur d'une autre vidéo, ou maquillée en contenu dans un site de contenu.

Une vidéo dans un espace publicitaire traditionnel

Elles occupent parfois les emplacements de nos bonnes vieilles bannières. C'est notamment le cas lorsqu'elles s'affichent sur un site de contenu dans un pavé (300 × 250 pixels) réservé aux bannières traditionnelles. On parle alors de **vidéo in-banner**, ou **in-display** s'il s'agit d'un site du réseau de Google. Sur YouTube, les vidéos sponsorisées venant se placer en haut à droite, au-dessus des vidéos connexes à celle en cours de consultation, sont aussi classées en in-display.

Qui dit plus de place dit plus de budget... D'autres formats plus impactants sont disponibles, mais plus difficilement accessibles financièrement ; du format le plus envahissant, j'ai nommé l'**interstitiel** ou la **pré-home**, aux variantes, peu éloignées en termes d'occupation d'espace, qui s'affichent en surcouche du site, bloquant l'accès aux fonctionnalités le temps de la diffusion. On en trouve quelques exemples chez Dailymotion, notamment avec leur format « impact ».

En poursuivant vers des formats un rien moins imposants, les **mastheads** s'étalent sur 970 × 250 pixels et offrent encore plus de visibilité dans leur version expand (étendue) de 970 × 500 pixels. Tous ces formats jouent, bien sûr, dans la catégorie premium du display vidéo.

Une vidéo dans une autre vidéo

Ce format porte le nom d'**annonces vidéo in-stream**. On parle de pré-roll lorsque la vidéo est placée en introduction. Pour que personne n'y perde, tant côté internaute qu'annonceur, proposer de zapper l'annonce en un clic au bout de 5 secondes fait désormais office de norme sur la plupart des vidéos en pré-roll. L'internaute a ainsi l'impression de garder son libre arbitre, tandis que l'annonceur a 5 secondes pour convaincre et, s'il échoue, il n'est pas facturé. Ce genre de norme est principalement appliqué sur les sites de partage de vidéos. Ce n'est pas le cas sur les sites de replay des grandes chaînes de télévision.

Il existe aussi un format de plus en plus plébiscité par les annonceurs : le **rich media**. Ce format permet notamment d'inclure des fonctionnalités ludiques ou destinées à optimiser le taux de clic des publicités. On l'utilise par exemple pour créer des **pré-rolls interactifs**. Comment cela se traduit-il sur votre publicité et sur votre ROI ? Sur votre publicité, il s'agira d'intégrer un simple logo ou message en **overlay**[1], ou tout un menu avec des pages, un formulaire ou encore une galerie de photos.

> **Exemple**
>
> Prenons l'exemple de la campagne Yves Saint Laurent mise en place par l'agence **Piximedia** pour le parfum La Nuit de l'Homme. On y découvre une publicité vidéo avec un menu à trois entrées (« Découvrir l'univers », « Achetez le parfum » et « Offres exclusives en ligne »), qui mènent chacune vers une page en overlay, laquelle offre plus de contenu et un CTA ciblé. Deux de ces pages redirigent vers la vente en ligne : « L'offrir » et « Continuer mes achats ».

Avec cette campagne, on voit toute la dimension interactive et la valeur ajoutée qu'apporte un tel format. Ce format, plus coûteux, garantit une meilleure rentabilité et des taux de clic plus performants.

Sur des contenus très longs, comme des rediffusions d'émissions télévisées ou des mix musicaux, il est coutume d'insérer en **mid-roll** un entracte publicitaire environ toutes les 15 minutes.

---

1. Overlay : terme utilisé pour évoquer les éléments graphiques ou textuels apposés en surcouche sur une vidéo. Ces éléments peuvent occulter une partie de la vidéo ou apparaître en transparence.

Lorsqu'elle vient conclure la diffusion du contenu en cours de consultation, il s'agit d'une publicité **post-roll**. Le post-roll représentera davantage un challenge car, par définition, comme au cinéma, on quitte la salle dès la fin du film et peu restent pour le générique. Ce format est d'ailleurs souvent employé en complément d'un pré-roll – son ROI est bien inférieur à celui des autres placements. Cela explique donc son coût toujours inférieur à celui du pré-roll.

> **Exemple**
>
> En 2014, une publicité vidéo *via* la régie Amaury Médias sur le site de *L'Équipe* coûtait 150 € en pré-roll contre 115 € seulement, si j'ose dire, en post-roll, soit une différence d'environ 23 %. Précisons que ces tarifs sont hors taxes au CPM.

Une vidéo sponsorisée

Levier par excellence de la notoriété, mais surtout du partage, la **vidéo sponsorisée** est désormais un outil de monétarisation comme un autre. En 2013, **Facebook** lançait ses vidéos sponsorisées en autoplay. Pour ceux qui ont été épargnés jusqu'ici, il s'agit de vidéos publicitaires avec démarrage de lecture automatique. Plus récemment, en août 2014, c'est **Twitter** qui a lancé un nouveau test portant sur la publicité vidéo avec son format de vidéo sponsorisée, qu'il facture au CPV[1]. Instagram, récemment acquis par Facebook, a fait quelques tests en 2014 et ne devrait pas tarder à suivre.

Une vidéo maquillée en contenu

La dernière tendance publicitaire est le native advertising, un mode d'insertion très particulier qui ne concerne pas uniquement la vidéo (voir « Native advertising » p. 97). Il laissera toute latitude d'expression pour ce format qui est, par essence, le format de la découverte.

Justement, en débordant du display pur, il serait utile d'évoquer une variante hybride de bannière sur vidéo baptisée **bannière in-vidéo**, que l'on trouve parfois couplée à une bannière animée sur la page en cours de consultation, notamment sur YouTube.

---

1. Coût par vue : modèle de rémunération adapté à la publicité vidéo, qui consiste à facturer seulement si l'internaute a vu tout ou partie de la vidéo. Cela ne veut néanmoins pas nécessairement dire que ce dernier aura vu l'intégralité de votre vidéo.

Bannière in-vidéo

Durée des formats vidéo

Au-delà du format et de l'insertion, chaque durée de publicité vidéo sert une fin bien précise.

Format très court (5 ou 10 secondes)

Généralement dédiée à des concepts séquencés, cette durée force à simplifier votre message au maximum, ou à jouer sur la répétition, pour qu'il soit compris.

Format court (15 ou 20 secondes)

C'est le format du pré-roll par excellence. C'est aussi le format des vidéos sponsorisées des réseaux sociaux. Pour des messages courts et simples, il offre un rapport qualité/prix satisfaisant.

Format de 30 secondes

Ce format intermédiaire libère la communication. C'est d'ailleurs le format qui se prête le mieux au marketing viral ; une vidéo impactante, diffusée sur les réseaux sociaux, se répandra rapidement à un coût raisonnable. Notez que Dailymotion impose une durée maximale de 30 secondes pour toutes les publicités in-stream (pré/mid/post-roll).

Formats plus longs

Les formats plus longs relèvent parfois du court-métrage, tant les moyens employés pour retenir l'attention des utilisateurs tout en jouant la carte de l'émotion sont impressionnants. YouTube ne vous impose pas de durée maximum, mais vous conseille vivement de ne pas dépasser la barre des 3 minutes. Seuls les formats maquillés en contenu vous permettront d'aller plus loin, vers des vidéos de démonstration, explicatives, pédagogiques par exemple.

Avec la vidéo, on cherchera surtout à marquer les esprits, à se rappeler au bon souvenir de nos prospects : à exister dans leur référentiel de marques.

Budget et publicité vidéo

Via une régie. Lancer une campagne vidéo, c'est prévoir au minimum 3 000 € de budget si vous passez par une régie – c'est certainement ce que vous entendrez dire. Et encore, cela sera loin de suffire pour une campagne efficace ; ça fera plutôt office de budget test. Les régies vous donneront néanmoins, comme toujours, accès à des inventaires premium sur des grands carrefours d'audience. Si la notoriété est un réel enjeu auquel vous souhaitez consacrer les budgets nécessaires, optez pour une publicité long format de 30 secondes en pré-roll, ou testez la nouvelle méthode d'insertion en native sur un format un peu plus long au travers d'autres contenus éditoriaux qui vous laissera davantage la parole.

Via Google AdWords. Pour les petits budgets, optez pour la publicité vidéo *via* AdWords qui vous laissera dépenser votre budget avec autant de granularité que possible afin d'apparaître sur les sites du GDN ou les sites Google, dont YouTube. Pour commencer, il suffit d'avoir un compte AdWords et de poster votre publicité sur YouTube avant de lancer vos campagnes. D'autant plus que toutes les options de ciblage du GDN précédemment citées seront accessibles pour vos publicités vidéo et vous permettront à loisir de tailler une stratégie sur-mesure pour l'audience visée.

Je vous recommande de mettre en ligne une publicité vidéo in-stream de 30 secondes. Elle sera facturée au CPV, uniquement si le prospect a regardé les trois quarts de la vidéo, ce qui vous garantira une meilleure visibilité et une meilleure rentabilité. Pour ce type de campagne, on lance tout d'abord une campagne test d'environ 2 jours pour stabiliser un CPV et estimer le nombre de vues journalières désirées. Puis sur trois semaines, on réévalue l'hypothèse de départ afin d'établir un budget et un CPV pour le reste de la campagne. Les CPV oscillent entre 0,20 et 1 €, et dépendront de votre secteur d'activité et du nombre de sites sur lesquels vous souhaitez apparaître. La durée de la campagne dépendra avant tout de votre objectif, du type de campagne.

Votre défi sera d'attirer l'attention du prospect dans les quinze premières secondes. Racontez-lui une histoire. Même en grandissant, on apprécie les histoires. Et qui partirait avant de connaître la fin d'une histoire ? N'hésitez pas à laisser les internautes commenter votre vidéo sur YouTube et à la partager sur les réseaux sociaux pour les impliquer dans la diffusion. Gardez un œil vigilant sur les commentaires pour ne pas être victime de bad buzz. Ce sera aussi le moyen d'obtenir quelques retours, parfois crus, mais qui pourront s'avérer très constructifs pour vos futures campagnes.

Via **les réseaux sociaux.** Si vous envisagez la publicité vidéo sur les réseaux sociaux, sachez que, sur Facebook, elle s'adresse avant tout aux grands comptes ; les budgets sont comparables à des budgets de médias traditionnels tels que la télévision. Twitter s'adaptera davantage aux petits budgets avec sa facturation au visionnage (CPV) ; vous ne serez facturé que si l'utilisateur clique et regarde la vidéo. Certes, Facebook vous donnera une exposition en exclusivité à la journée, mais vous serez contraint à la lecture automatique, qui ne s'interrompra que lorsque les utilisateurs scrolleront vers une autre partie de la page. La version Facebook de la vidéo sponsorisée reste, vous l'aurez compris, relativement coûteuse et invasive.

Via **Dailymotion.** Prévoyez entre 80 et 130 € au CPM. Si vous avez été échaudé dans le passé par des problèmes de rentabilité et que vous soupçonnez un manque de visibilité, ou si, tout simplement, vous ne souhaitez payer que pour les internautes ou mobinautes qui auront vu votre publicité en intégralité, signez un contrat au CPV pour un pré-roll garanti à 100 % de visionnage. Cela vous coûtera environ 4 € du CPV. Pour les formats in-stream interactifs, Dailymotion ne propose que le CPM qui, cette fois, s'échelonnera de 120 à 190 €.

Petite précision : on évoque souvent le CPV, mais il est parfois aussi possible de payer au clic de sortie ; on utilisera alors le CPC. En parlant de clic de sortie, même s'il s'agit d'une campagne de branding, ne négligez pas vos URLs de destination. Et j'insiste d'autant plus s'il s'agit d'une campagne de performance.

Il est vrai que, dans cette partie, il a beaucoup été question de branding, de notoriété. Ne pas mentionner la performance serait regrettable. En mettant en avant un produit, une gamme de produits ou encore une opération spéciale en cours sur votre site, la publicité vidéo pourrait s'avérer utile. Lorsque l'on vise la génération de chiffre d'affaires, il est préférable de s'orienter vers une audience ultra-ciblée pour maximiser le ROI. Il existe deux types de ciblages : un ciblage d'audience, ou un **ciblage « data » ou programmatique**. Pour le ciblage d'audience, votre publicité apparaîtra sur des sites dont l'audience colle au segment que vous souhaitez toucher. Même si ce dernier peut inclure des données géographiques ou quelques critères en plus, je vous recommande de choisir la seconde option. Avec un ciblage data ou programmatique, certes plus onéreux, vous obtiendrez de meilleurs résultats car il sera beaucoup plus précis (voir « DMP et achat programmatique » p. 82). Pensez à mettre bien en évidence votre logo et, surtout, un CTA (Call to Action) efficace pour inciter au clic. La vidéo obtient de meilleurs taux de clic que le display classique ; ils atteignent parfois jusqu'à 3 %.

Formats pour mobile

Parmi les trois appareils connectés, le mobile est celui qui connaît une croissance phénoménale. C'est aussi le plus exigeant de par son format restreint. Sur mobile, il est possible d'afficher une partie des bannières classiques, bien qu'il faille simplifier au mieux votre message pour être compris en très peu d'espace. Les annonces vidéo in-stream et in-vidéo fonctionnent également.

Après ces deux dernières phrases, vous risquez de me poser la question : mais d'où vient un tel engouement, alors ? L'engouement vient, certes, de la possibilité de toucher à n'importe quelle heure de la journée ses prospects sans avoir à attendre qu'ils soient au bureau ou à la maison : l'**usage en mobilité**. Mais il vient d'autant plus des nouvelles possibilités qu'offrent les applications mobiles.

Les applications mobiles représentent un nouveau terrain de jeu pour les marketeurs, qui apprécient d'avoir toujours plus d'inventaires à disposition. Au-delà de ce premier argument non négligeable, elles vous donnent l'opportunité de communiquer avec vos clients ou prospects dans un environnement optimisé. En effet, malgré les efforts incommensurables de la part des designers leaders du marché du smartphone pour agrandir les écrans, la navigation sur site reste encore une expérience hasardeuse et quelque peu fastidieuse pour les mobinautes. Beaucoup de sites ne possèdent pas de version mobile ou ne sont pas responsive design et, quand bien même, l'ergonomie de ces versions adaptées n'est pas encore optimale. Dans ces conditions, l'agacement prédomine, la publicité n'est pas toujours bienvenue, et c'est un euphémisme… Dans les applications mobiles, le nombre de fonctionnalités est souvent réduit au strict nécessaire. Elles sont beaucoup plus **user-friendly**, les parcours client y sont facilités. Vous aurez donc affaire à des utilisateurs d'humeur plus clémente et davantage enclins à être exposés à de la publicité.

Les applications mobiles donnent aussi accès à **une nouvelle source d'information**. Géolocalisation, notifications, préférences utilisateurs, bref, le paradis des marketeurs. La publicité mobile est d'ailleurs un levier de fidélisation ; en accédant à la **géolocalisation**, vous pouvez toucher un mobinaute en temps réel, mais aussi déclencher une action immédiate.

> **Exemple**
>
> Vous possédez un site Internet plus une application mobile, ainsi que quelques boutiques physiques dans les principales villes de l'Hexagone. Un client passe près de votre magasin de Rennes et reçoit un bon de réduction valable aujourd'hui dans cette fameuse boutique sur son produit préféré. Avec une telle opération, vous êtes certain d'obtenir de très bons résultats.

On l'aura compris, grâce aux **push notifications**, le mobile est l'outil par excellence des opérations **drive-to-store**[1].

On y retrouve la plupart des formats traditionnels comme la bannière (320 × 50 pixels) ou l'interstitiel (320 × 480 pixels, pas plus de 5 secondes), ainsi que la vidéo qui, grâce au développement de la 4G, prend son envol. Mais la publicité mobile n'en reste pas moins intrusive, bien au contraire. La plupart des mobinautes y sont réfractaires. C'est pourquoi aux formats classiques transposés au format pour mobile sont récemment venus s'ajouter de nouveaux formats publicitaires exclusivement mobiles. Ainsi, la régie SFR commercialise deux formats relativement ludiques :

- le **format grattage** qui, au-delà de son adéquation aux publicités un brin décalées, épousera parfaitement le monde du jeu ;
- et le **format shake screen**, utilisé notamment pour la publicité Lotus concernant son papier toilette dégradable dans l'eau.

---

1. Drive-to-store : campagnes marketing online, dont le but est de générer du trafic et des ventes en point de vente.

CONSEIL

Patron, j'ai rétréci les pubs ! Si vous demandez une bannière mobile et que votre graphiste prononce cette phrase, je vous invite à en changer ou à l'envoyer en formation. Pour faire du mobile, adaptation ne rime pas avec simple réduction.

Certains formats classiques demeurent tout de même problématiques, la largeur des écrans mobiles n'offre pas toujours suffisamment d'espace pour insérer des colonnes et des **skyscrappers**[1]. C'est là qu'interviennent de nouveaux formats, les **formats rising stars**.

Formats rising stars

Les formats rising stars, baptisés ainsi par l'Interactive Advertising Bureau (IAB), ont été sélectionnés pour leur potentiel et leur inventivité. Pour la plupart compatibles avec tous les périphériques et leurs spécificités, ils tendent à contrer la monotonie des formats habituels, notamment en offrant beaucoup plus d'interactivité et d'informations produit en occupant de manière intelligente beaucoup plus d'espace.

Formats pour ordinateur et tablette

Souvent placé en page d'accueil, le **format billboard** est relativement premium. Il s'agit d'un format comparable au masthead en termes de taille (970 × 250 pixels), mais qui offre beaucoup plus de fonctionnalités (boutons, vidéos multiples...).

Tout aussi premium et plus spectaculaire encore, le **format push down** déménage temporairement vers le bas tout le site éditeur pour faire place à votre publicité. Ce format capte rapidement l'attention des internautes, peu habitués à de tels chamboulements.

Pour imager le **format filmstrip**, excusez d'avance l'analogie, prenons l'exemple d'une crêpe la plus complète possible qui, repliée sur un espace restreint, ferait découvrir peu à peu l'amplitude de ses saveurs gastronomiques... Le filmstrip est un format vertical visible sur 300 × 600 qui, au défilement, s'étale sur 300 × 3 000. On en voit un exemple ci-après, il est

---

1. Skyscrapper : format vertical de publicité en ligne qui s'étend sur 120 × 600 ou 160 × 600 pixels.

possible de proposer, *via* le scroll, de nombreuses fonctionnalités (personnalisation du véhicule, localisation du concessionnaire le plus proche...) dans une même fenêtre publicitaire.

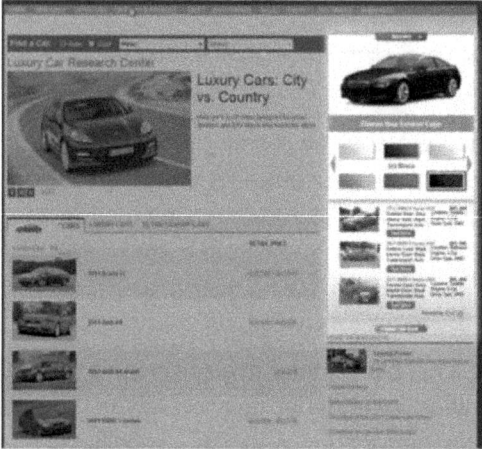

Source : *IAB*.

Format filmstrip

Quant au **format portrait**, c'est plus en moins... Il ne propose pas le défilement vertical sur 3 000 pixels, mais affiche tout de même en statique 300 × 1 050 pixels, tout en proposant des fonctionnalités identiques.

Le **format Sidekick** (coup de pied latéral) déménage votre contenu sur le côté après avoir cliqué sur une bannière verticale présente dans un bloc. Ce format très particulier est un cousin du **format slide**. Ils sont similaires, dans leur emplacement à droite du site et dans le déplacement qu'ils font subir au site. Ils ne s'affichent que sur demande, ce qui est compréhensible étant donné le sentiment d'intrusion généré. Mais le slide se distingue par son intégration en première vue. En effet, au départ, avant le clic déclencheur, ce n'est qu'une petite bande, une petite bannière beaucoup plus discrète que son homologue.

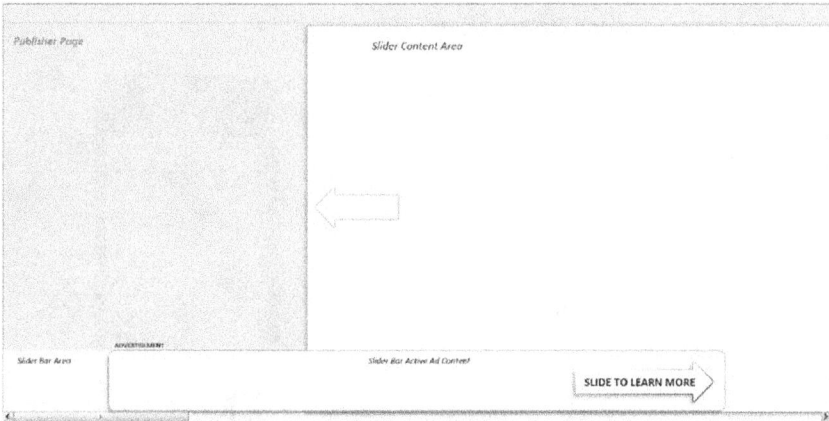

Format Sidekick

Source : *IAB.*

Formats pour mobile

Le **format filmstrip** mobile est identique au format pour ordinateur. Logiquement, la consultation des éléments publicitaires diffère pour s'adapter à la navigation mobile, mais le principe reste quasiment le même.

Le **format pull** s'adapte parfaitement à la navigation au doigt, spécifique au mobile. Il s'agit d'une bande en haut ou en bas de l'écran, qui doit être tirée vers le côté opposé par l'utilisateur pour s'afficher en plein écran. Ce type de publicité est beaucoup moins invasif et mieux perçu par les mobinautes.

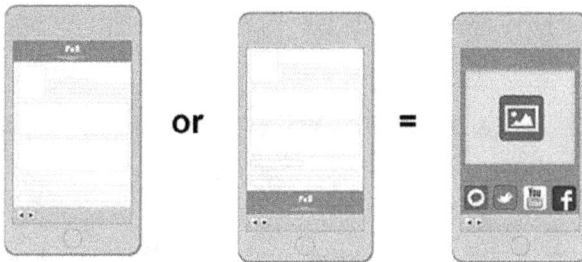

Format pull

Source : *IAB.*

Le **format adhesion banner**, bien qu'offrant une meilleure visibilité, que l'utilisateur scrolle ou que l'écran soit en mode paysage ou portrait, est déjà un peu moins bien perçu. Par définition, on fuit la publicité qui nous pourchasse. Même s'il est possible de la fermer, reste encore à y parvenir, ce qui n'est pas toujours aisé sur mobile, étant donné la taille de la croix...

The Crisp Adhesion™ Unit

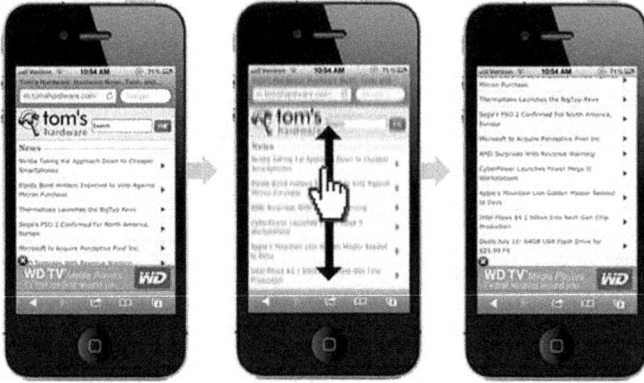

As the user scrolls, the ad remains above the fold

Source : *IAB*.

Format adhesion banner

On notera aussi les **formats full page**, comprenez plein écran, qui s'adaptent et continuent de s'afficher en plein écran, aussi bien en mode paysage qu'en mode portrait. Ou encore les **formats slide banner** pour mobile qui trouvent mieux leur place sur mobile que sur ordinateur. En effet, la navigation mobile, dans une application ou dans un site optimisé, se fait *via* une succession d'écrans et de va-et-vient. Il paraît donc beaucoup plus naturel de rencontrer ce genre de comportements sur mobile.

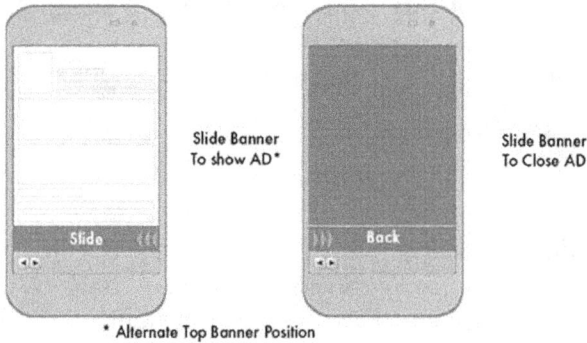

Slide Banner
To show AD*

Slide Banner
To Close AD

Slide

Back

* Alternate Top Banner Position

Source : *IAB*.

Format slide banner

Formats vidéo

Il existe, bien évidemment, des adaptations des rising stars précédents pour la vidéo comme le **filmstrip**, mais je préfère me concentrer sur les formats spécifiques comme le **format time sync**. Ce format ingénieux permet de présenter en temps réel, pendant la publicité vidéo, des bannières qui mettent en avant les produits présents à l'écran. Mettre en scène des personnages pour raconter une histoire et, en temps réel, proposer à la vente sur demande les vêtements, les accessoires ou la destination de rêve des protagonistes, n'est-ce pas merveilleux ? Bon, il est certain que ce type de publicité s'avère être, pour le moment, merveilleusement coûteux, mais les taux de clic devraient aider à le vulgariser.

On retrouve aussi des dispositifs permettant de maximiser le taux d'engagement *via* l'interactivité comme le **format extender** qui, sur demande de l'utilisateur, lui soumet une version allongée de votre publicité vidéo. Inutile de préciser les investissements en storytelling pour se lancer dans ce type de campagne vidéo.

Pour retrouver des démonstrations vidéo du comportement de tous ces nouveaux formats, je vous invite à vous rendre sur le site de l'IAB à l'adresse suivante : *http://www.iab.net/risingstars*.

Pour combattre l'ad blindness, les avancées accomplies dans le domaine du ciblage et l'arrivée de nouveaux formats innovants ont été essentielles, mais aller plus loin était nécessaire. C'est de cette réflexion que les questions suivantes sont nées : et si l'on insérait différemment nos publicités ? Et si la publicité ne ressemblait plus à de la publicité ?

Native advertising et content marketing

Le **native advertising** est la meilleure réponse qui soit apportée au phénomène d'ad blindness. Il est né d'une réflexion simple : puisque les internautes perçoivent la publicité comme trop intrusive et ne voient plus, ou presque, les bannières, autant les intégrer dans l'expérience utilisateur. Certaines sociétés comme **AdBlock** en ont même fait leur business en développant des technologies empêchant l'exposition des internautes à toute publicité. Suite à ce constat, l'insertion des publicités dans les sites, de contenu notamment, a été totalement repensée.

Cette « nouvelle » tendance pourrait presque nous faire oublier que nous voyons des publicités natives tous les jours depuis des années. Les liens sponsorisés sur les moteurs de recherche tels que ceux générés par Google AdWords *via* l'achat de mots clés relèvent pourtant du native advertising dans sa définition la plus basique. Et, en remontant plus loin, les premiers publireportages du début du XXe siècle, *advertorial* en anglais, qui étaient publiés dans les journaux d'époque, appartenaient déjà à cette catégorie. Encore utilisé aujourd'hui, ce format classique est très répandu dans les médias traditionnels offline. C'est ce que l'on appelle le contenu sponsorisé. Aujourd'hui, une interview sur vos produits ou votre marque dans un magazine représente plusieurs milliers d'euros, même chose pour la radio et la télé. Mais comment cela se traduit-il sur le Net ? Quelle est la différence entre native advertising et content marketing ?

Les formats du native advertising

Le native advertising consiste donc à dissimuler des publicités en les maquillant en contenu éditorial et en les insérant dans des formats et emplacements typiques du contenu éditorial afin de ne pas interrompre ou perturber la lecture de l'internaute. Pour les utilisateurs, cela signifie une réduction de la pollution visuelle, et donc une meilleure expérience utilisateur (voir « Ergonomie » p. 197).

On a vu que le native advertising correspondait à de nombreux types de publicités dans sa définition basique et ce n'est certainement pas ceux auxquels vous pensiez en entendant « native advertising ». L'IAB a bien défini six catégories dans son *Native Advertising Playbook*[1] paru en décembre 2013, mais aujourd'hui ce terme est surtout employé pour évoquer trois de ces six catégories. La première est le native advertising **« in-feed »**[2] ou **« in-stream »**, qui vient s'afficher dans un fil d'actualités, comme sur Facebook ou Twitter (social native advertising), ou d'articles de *news* sur des sites éditoriaux.

---

1. *http://www.iab.net/media/file/IAB-Native-Advertising-Playbook2.pdf*.
2. In-feed : se dit d'un élément apparaissant dans un flux d'informations ou d'articles. Il fait référence à l'emplacement d'un site Iinternet.

In-Feed Units

Forbes   Yahoo   Facebook   Twitter

Source : *IAB Native Advertising Playbook.*

La deuxième catégorie correspond aux **widgets de recommandation** qui pullulent à la fin des articles dans les sites de contenu. Ils sont souvent introduits par la phrase « Vous aimerez aussi... ».

Recommendation Widgets

Outbrain   Taboola   Disqus   Gravity

Source : *IAB native Advertising Playbook.*

Le contenu sponsorisé, *advertorial* ou **« promoted listings »**, est la troisième des formes répandues de native advertising. Le site BuzzFeed serait l'un des premiers sites Internet à en avoir fait usage pour développer les revenus de la monétisation de son audience. L'aspect sur-mesure de leur intégration complique l'automatisation de ce type d'inventaires. Ils sont généralement vendus en direct.

Il existe d'autres formats classés en native advertising mais qui, au premier coup d'œil, n'en portent que le nom. Le native **in-ads** en est la plus paradoxale expression, puisqu'il s'agit de l'équivalent du format in-display dans la publicité vidéo : l'intégration de contenu poussé dans un format display classique. C'est un peu le serpent qui se mord la queue, puisque le principe même du native advertising est d'insérer avec des repères natifs du contenu sponsorisé, et non avec des repères display...

Le content marketing

Il existe bel et bien une différence entre le native advertising et le content marketing : le native advertising tient plus au respect des repères natifs lors de l'insertion, tandis que le content marketing n'est en fait qu'une stratégie marketing de contenu (voir « Link baiting » p. 149).

Le content marketing se distingue par l'effort éditorial plus poussé et les sujets plus vastes abordés dans ses contenus. La marque s'empare ainsi d'une nouvelle fenêtre de communication plus large, lui permettant de s'exprimer et d'offrir un contenu à valeur ajoutée à ses prospects et clients. La communication n'est pas directement axée sur la vente de produits ou de services, c'est un travail de fond visant à accroître la notoriété d'une entreprise. Certains articles de content marketing vont jusqu'à concurrencer le contenu du site éditorial lui-même, tant ils apportent une réelle valeur ajoutée. Ils entrent ensuite dans le circuit de consommation de l'information classique en étant partagés et repartagés par les utilisateurs sur les réseaux sociaux.

Native advertising *versus* bannières classiques

IPG Media Lab et Sharethrough ont conduit une étude sur l'efficacité de la publicité native en 2013 auprès de 4 770 participants *via* des sondages et de l'eye tracking[1]. Cette étude a révélé que les publicités natives étaient plus vues (+ 52 %) que les publicités classiques. Au-delà de leur apport en visibilité, elles généraient aussi une amélioration de l'opinion favorable de la marque (+ 9 %), mais surtout de l'intention d'achat (+ 18 %). Notons en outre que 13 % des sondés se disaient plus enclins à partager cette publicité.

En plus des nouveaux formats, le native advertising simplifie aussi le marketing mobile. Il résout les problèmes de résolution d'écran et de placement posés par les bannières affichées en colonne de droite ou dans les espaces publicitaires habituels. Insérée dans la partie centrale et essentielle du navigateur mobile, la publicité mobile pose moins de problèmes de visibilité.

Quelques acteurs du native advertising : Taboola, Outbrain, Sharethrough, Nativo, Adyoulike, Virurl ou encore Zemanta.

Inutile de sortir votre plus belle plume. Faites un briefing à votre partenaire sur votre besoin ; il assignera des rédacteurs afin de le satisfaire et publiera

---

1. *http://www.sharethrough.com/portfolio-item/ipg-study/.*

votre contenu. Vous pouvez aussi, bien évidemment, prendre les conseils de ces spécialistes et rédiger vous-même votre contenu. C'est d'ailleurs ce qui distingue le contenu sponsorisé de ce que l'on appelle le brand content. Si vous rédigez vos articles, il s'agira de brand content.

Le native advertising, plus particulièrement le contenu sponsorisé, est un type de publicité recommandé, entre autres, aux entreprises commercialisant des produits de niche. Il offre des possibilités de ciblage assez poussées tout en donnant l'occasion de faire de la pédagogie sur des produits novateurs et inconnus du grand public. Il est aussi fortement apprécié des entreprises BtoB pour ses performances *via* la brand voice, la voix de la marque, qui donne plus d'espace d'expression que les formats publicitaires classiques. C'est notamment le genre d'articles que l'on peut trouver sur le site de Forbes, souvent cité en exemple.

Le native advertising enregistre aussi les meilleurs taux de clic sur mobile, jusqu'à 14 % selon une infographie de la société Datamonk, contre 13,64 % pour la vidéo, 5,7 % pour les interstitiels et 0,23 % pour les bannières classiques.

L'avenir du display en questions

Le display survivra-t-il à la guerre des cookies ?

Aucun gâteau ne volera en éclats en direction du display, mais ce n'est pas pour autant que quelques acteurs du display n'anticipent pas d'ores et déjà la disparition des cookies, nos chers petits fichiers espions qui ont pour maudite mission de traquer le moindre mouvement des internautes.

Sale temps pour les cookies qui sont attaqués de toute part. Tous les navigateurs proposent désormais une option contre le tracking à des fins publicitaires *via* cookie, et Apple aussi s'y est mis. De la part des internautes, on peut facilement comprendre un tel rejet. Mais les annonceurs ne sont pas avares de critiques. Inefficacité sur les applications mobiles, incapables de différencier un homme de 55 ans d'une jeune fille de 15 ans utilisant l'unique ordinateur du foyer.

Ce qui était une rumeur en septembre 2013 est aujourd'hui devenu réalité avec la sortie de la nouvelle version de Google Analytics, Universal Analytics. Au revoir les cookies, bonjour au fameux ID client capable de tracker vos visiteurs, qu'ils passent de leur téléphone à leur tablette ou à leur ordinateur. Il s'affranchit des contraintes des multiples cookies gérés par les navigateurs.

Cet identifiant unique fait déjà trembler les spécialistes de la data comme Ezakus ou les retargeteurs comme Criteo, dont les cookies sont les premiers alliés de leur réussite.

Quant au traitement des informations personnelles, cet ID est censé rester anonyme et vos données réinitialisées à zéro tous les ans... Mais ce fonctionnement inspire déjà beaucoup de méfiance, notamment à cause de son aspect, pas si anonyme que ça, et de l'ombre de Big Brother qu'il fait planer au-dessus de nos têtes.

Mais à bien y regarder, cette ombre planait déjà au-dessus de nos têtes avec nos bons vieux cookies. Ils ne garantissent en rien l'anonymat et l'identification de nos profils, identification qui peut être faite par nos comptes de messagerie Gmail et autres, ainsi que par nos profils sociaux (Facebook). Facebook a d'ailleurs adopté son propre ID pour identifier vos prospects par-delà les appareils.

Vers une réelle amélioration de la mesure de la performance display ?

En révélant ses limites, le display a définitivement signé la fin du **modèle d'attribution « last touch »**[1]. Jusqu'ici, et c'est ce que font encore beaucoup d'entreprises, on attribuait la vente ou le lead au dernier levier en contact avec l'internaute avant la conversion. Avec ce modèle d'attribution, le display était largement perdant, puisqu'intervenant en amont du processus d'achat. Cela a contribué à le décrédibiliser, à une époque où le retargeting en était seulement à ses débuts. Le retargeting intervient souvent en dernier contact, en « last touch » ; il ne rencontre donc pas les mêmes difficultés que le display branding, qui contribue pourtant à convaincre les prospects dans les phases importantes du processus que sont la découverte et la considération. Bien que l'adoption du modèle d'attribution de conversion multi-leviers se fasse petit à petit au détriment du modèle « last

---

1. Modèle d'attribution « last touch » : ce modèle fut longtemps utilisé pour attribuer les conversions au dernier levier ayant contribué à une conversion. Mais il est incomplet, car non représentatif de la combinaison des déterminants (leviers) qui ont contribué à cette conversion.

touch », mettant ainsi en lumière l'apport incontestable du display, il reste encore du travail avant que cette notion soit complètement et efficacement intégrée au sein des entreprises. Notons tout de même une avancée ; Google Analytics intègre désormais des données d'attribution multicanales pour déterminer le rôle de chaque levier dans la stratégie digitale de ses utilisateurs.

À l'instar des tests pratiqués sur l'ergonomie d'une page (A/B testings ou tests multivariés) ou sur l'efficacité d'un e-mailing (split testing), on peut désormais, grâce à l'achat programmatique et l'exploitation du big data *via* les DMP, **utiliser des groupes témoins** au sein de certains segments d'audience pour prouver statistiquement l'impact du display dans une stratégie plus globale. Et cela de manière précise en analysant au microscope chaque étape du processus de conversion. On a ainsi la **preuve de l'impact direct du display sur une campagne avec un objectif de conversion** par exemple.

Mais, concernant le **branding**, on évoque souvent le reach, la part des internautes touchés ; on emploie de plus en plus le terme « visibilité ». Mais il est toujours difficile de savoir si une personne a effectivement vu notre publicité lorsque cette dernière n'a pas engendré de clic. Certaines études avancent que moins de 50 % des bannières seraient visibles.

On a plusieurs fois tenté d'intégrer de **nouveaux indicateurs de performance**. Google y a été de sa petite note avec **les concepts d'Active View et d'Active GRP**. Avec l'Active View, on combine deux facteurs : la part de l'annonce visible et le temps de visibilité. L'Active GRP est, quant à lui, une tentative de rapprochement d'indicateurs offline (TV) et online (Web) qui prend en compte la fréquence de diffusion d'une campagne et son reach.

Plus récemment, en mars 2014, un travail conjoint du Media Rating Council (MRC) et de l'Interactive Advertising Bureau (IAB) a donné naissance à de nouveaux standards pour encadrer la visibilité. La visibilité, jusqu'ici, était un concept vaste qui tenait à un placement au-dessus de la ligne de flottaison, « **Above the Fold** » (ATF), à des placements de seconde zone comme le milieu de page, « **Middle of the Fold** » (MTF), ou en dessous de la ligne de flottaison, « **Below the Fold** » (BTF). À partir de cela, on estimait que plus la publicité était placée vers le bas de la page et en dessous de la ligne de flottaison, plus sa visibilité régressait.

Avec la nouvelle norme IAB/3MS, ces notions ont été synthétisées en une seule, le « **viewable browser space** », comprenez « espace visible au sein d'un navigateur ». Désormais, pour qu'une impression display soit considérée comme visible, il faut que l'annonce porte un tag JavaScript afin d'avoir la possibilité de vérifier qu'elle respecte bien deux critères :

- **le critère du pixel** : au moins 50 % des pixels de la publicité doivent être dans l'espace navigateur visible ;
- **le critère du temps** : ces 50 % doivent être visibles au moins 1 seconde ininterrompue après le chargement de l'annonce.

Si une forte interaction est observée, comme un clic volontaire, alors on considérera cette publicité comme vue. Si le format de la publicité atteint ou dépasse 242 500 pixels (par exemple 970 × 250), ce qui est souvent le cas des formats rising stars qui occupent beaucoup d'espace, on appliquera alors un critère de 30 %, au lieu des 50 % précités.

Pour la **vidéo**, on appliquera le même critère de pixels, mais on imposera 2 secondes ininterrompues de visibilité. Le contexte technologique actuel, ne permettant pas de prendre en compte la coupure ou l'activation du son de la publicité, nous contraint pour le moment à ne pas considérer ce facteur.

Depuis que de nombreuses études comme celles produites par ComScore et Alenty ont jeté le pavé de la visibilité dans la mare du display en affirmant que plus de la moitié des publicités n'étaient pas vues par les internautes, un nouvel indicateur est né : le vCPM ou le CPM visible. Google, pour sa part, dans le GDN parle d'Active View (vue active). Avec cet indicateur, on a aussi vu la naissance d'un nouveau **baromètre de l'AdVerification** mis en place par Kantar Media et Ad Intelligence. Leur première édition en 2014 fit froid dans le dos lorsqu'ils annoncèrent que, selon les standards de l'IAB, seules **29 % des publicités display étaient effectivement visibles**.

Vers une concentration des acteurs et des produits ?

Vers une plateforme unifiée. Google, *via* ses produits DoubleClick, ne cesse de concentrer ses différents services pour n'en faire qu'un. On a observé un premier pas avec la fusion des produits DoubleClick for Advertisers avec Google Tag Manager et Tag Assistant. Google n'a pas attendu très longtemps pour promouvoir l'idée d'une plateforme unifiée. Cette plateforme regroupe l'intégralité des services annonceur : un ad serving, un outil de gestion des campagnes de search et de rich media (vidéo), une DSP pour le RTB, ainsi qu'une intégration de Google Analytics Premium pour analyser la performance et élaborer des modèles d'attribution de conversion cross-chanel. Tout y est ! Et la réciprocité se vérifie également côté éditeur.

SOS trading desks ? Le microcosme digital s'interroge de plus en plus sur la place des trading desks dans l'écosystème RTB. En effet, la plupart, et à juste titre, rencontrent beaucoup de difficultés à distinguer leurs attributions de celles d'une régie publicitaire ou d'une agence. Procter and Gamble, Unilever ou encore Kellogg's ont, pour leur part, fait le choix perturbant de se passer de leur trading desks pour créer leur trading desk et DMP personnels. Ce qui n'est pas à la portée du premier marketeur venu, on parle ici de mastodontes du marketing. Kimberly-Clark, le géant américain des produits d'hygiène papier, a, pour sa part, insisté pour que son agence reprenne le contrôle de ses achats d'audience qui, jusqu'ici, étaient pilotés par le trading desk Xaxis. Tous ces mouvements sont motivés par le besoin des géants de reprendre le contrôle de leurs données.

Le reproche qui revient aussi, souvent, à l'égard des trading desks demeure leur « incompétence marketing » ; beaucoup les accusent de ne s'intéresser qu'aux algorithmes et aux enchères, au détriment d'une analyse marketing poussée des créations graphiques dans un environnement donné. Les trading desks sont souvent pointés du doigt comme étant l'acteur de trop qui complexifierait l'organigramme de l'achat programmatique et partagerait les données avec la concurrence. Mais si les trading desks assuraient aussi cette partie d'analyse marketing, n'empiéteraient-ils pas sur le business de leurs contradicteurs que sont les agences et régies publicitaires ?

En 2013 et 2014, on a assisté à un bal de rachats et absorptions qui grignotent peu à peu le cercle restreint des trading desks indépendants. Cette organisation, qui laissait leur indépendance aux trading desks, ne prévalait que tant que l'achat programmatique restait anecdotique et limité aux invendus. Mais vu la place qu'il prend et va occuper dans les P & L des années à venir, la tendance risque de modifier le paysage. D'autant plus qu'éditeurs et annonceurs se plaignent d'un manque de transparence, notamment pour les inventaires premium, et de la fuite de budget provoquée par tant d'intermédiaires. À croire que les trading desks s'orientent vers une réduction à l'état de service au sein d'une offre plus complète dans les mains de nos fameuses régies. Un peu moins d'acteurs pour y voir plus clair ne ferait pas de mal au RTB dont le frein majeur est cristallisé par l'opacité du chemin de croix menant aux acteurs adéquats. Une récente étude avançait que plus de 80 % des annonceurs ne comprenaient pas ce qu'était le RTB.

Le RTB signe-t-il la mise à mort de l'achat direct ?

Avis aux nostalgiques, l'achat direct survivra auprès des petits acteurs, pour qui ce mode est parfois beaucoup plus simple, comme auprès des grands. Et les récents rapprochements tendent à le confirmer. En avril 2014, Microsoft annonçait ouvrir son inventaire à son ad server Atlas, désormais entre les mains de Facebook. Et cela en ajoutant que cette ouverture se limitait justement aux achats directs.

Certes, le RTB n'est désormais plus considéré comme la place d'échanges d'impressions invendues de mauvaise qualité et prend de plus en plus d'ampleur. Mais sachez que l'achat direct demeure une composante à part entière de la stratégie display d'un éditeur – savoir conserver la bonne part de son inventaire pour ses trois canaux de vente que sont la vente directe, la vente aux régies publicitaires et la vente en RTB. Et le développement de concepts tels que le yield holistique, la multiplication des deals sur les plateformes d'ad exchanges privés sont autant d'éléments qui tendent à soutenir cet argument.

L'achat programmatique serait-il en train d'échapper aux ad exchanges et au RTB ?

Il est légitime de se poser la question étant donné l'émergence de sociétés américaines comme iSocket et AdSlot. Leur business model s'appuie justement sur cette désintermédiation en proposant de l'achat programmatique en direct et premium sans passer par les ad exchanges.

À vrai dire, l'achat programmatique n'a jamais eu vocation à être réservé au RTB. On les associe souvent, mais ils ne sont pas pour autant indissociables. En effet, l'achat programmatique touche toutes les formes d'inventaires directs et indirects. Le RTB n'est qu'une forme parmi d'autres d'inventaire échangé *via* un système d'enchères sur les places de marché.

Pour être plus précis en prenant l'achat programmatique dans sa définition la plus large, il s'agit de l'automatisation des échanges. Et dans cette définition large, comme le fait l'IAB, on distinguera quatre types d'acteurs utilisant l'achat programmatique d'une manière plus ou moins poussée :

• les places de marché à la performance ;

• les places de marché au RTB ;

• les places de marché de deals ;

• les places de marché directes.

L'achat programmatique : au-delà des frontières du Web ?

De grands groupes comme IPG évoquent déjà leur intention d'étendre l'achat programmatique bien au-delà du Web et du mobile. Il est question d'appliquer ce même principe d'achat en temps réel optimisé à l'achat de spots publicitaires sur les médias traditionnels que sont la télévision et la radio. Depuis 2014, de nouveaux termes circulent discrètement tels que « Real Time TV ». Sachant qu'une optimisation d'une telle portée ouvrirait la voie à un ciblage et à une optimisation mix media online et offline. Depuis mai 2014, les partenariats du DSP Turn vont dans ce sens. Avec un premier partenariat avec AudienceXpress, une plateforme d'achat programmatique d'espaces publicitaires TV, puis un second en août avec AdMore, un autre acteur de l'achat programmatique TV, Turn ne fait que suivre la tendance. Selon une étude d'AOL[1], **8 % des annonceurs américains utilisent déjà l'achat programmatique pour la télévision**.

Les consommateurs auront besoin d'un moment d'adaptation à cette nouvelle forme d'intrusion dans leur vie privée. Les marketeurs brandissent l'argument, grâce à ces nouvelles avancées, de ne les solliciter que sur des thématiques auxquelles ils sont sensibles. Mais ce dernier ne semble pas attirer plus que cela de sympathie et de tolérance de la part du public. Fort heureusement pour les annonceurs, cette pratique reste transparente pour les utilisateurs qui ne sont pas informés de ce ciblage.

Le pouvoir législatif peinant déjà à suivre le rythme effréné des avancées technologiques du Web, on a du mal à croire que l'encadrement juridique freinera de sitôt cette métamorphose annoncée du paysage publicitaire.

Le native advertising viendra-t-il à bout de la confiance des lecteurs ?

Là où certains y voient une avancée, d'autres, à juste titre, y voient une mise en danger du contenu éditorial. Si les utilisateurs ne font plus la différence entre contenu et publicité, ils ne vont pas tarder à devenir très méfiants. Les problématiques de transparence et d'éthique ressortent souvent lorsqu'il

---

1. "7 Things You Need to Know About Programmatic Right Now", AOL Platforms. Étude réalisée auprès des cadres dirigeants seniors de 25 grandes marques américaines, 96 agences et 56 éditeurs entre mai et juin 2014.

est question de native advertising. Si des normes ne sont pas rapidement instaurées pour informer les utilisateurs de l'auteur du contenu et de sa teneur « publicitaire », il y a, en effet, des chances que le contenu, sponsorisé ou non, devienne la cible d'une paranoïa collective. Paranoïa dont souffrent encore les liens sponsorisés, qui ont pourtant tout intérêt à présenter des annonces pertinentes face aux requêtes utilisateur, mais qui sont volontairement écartés de la navigation de nombreux internautes qui les identifient comme de la publicité négative et inefficace.

CONSEIL

Native = transparence mais pas trop. Si vous souhaitez vous lancer dans le native advertising, collaborez avec des partenaires qui labelliseront votre contenu comme étant du contenu sponsorisé, mais sans pour autant perdre son caractère native. Le label doit être discret.

Au cours des dernières années, le display a su répondre à tous les challenges auxquels il a été soumis, développant un vaste écosystème d'acteurs et de sous-écosystèmes tels que ceux du RTB et du native advertising. Il a ainsi conservé son rôle stratégique en tant que levier de branding, mais aussi de performance, grâce au retargeting dans un premier temps, puis de plus en plus grâce à l'exploitation du big data *via* les DMP et les marques, qui ont contribué à la naissance de l'achat programmatique.

Un nombre croissant de partenariats display est négocié en direct *via* ces nouvelles plateformes, mais un partenariat ne se limite pas nécessairement au display...

5

Trouver
des partenariats rentables

L'automatisation des échanges display n'est toujours pas venue à bout du partenariat tel qu'on le connaît au-delà même des frontières online. Un partenariat naît généralement d'intérêts convergents entre deux parties, il n'y a pas de partenariat type. Leur contenu dépend logiquement des parties impliquées et de leurs objectifs. Sur la Toile, la majeure partie des partenariats impliquent des sites de conversion et des sites de contenu. Leurs objectifs convergent par essence ; le business model d'un site de contenu tient à la monétisation de son audience et de ses opt-ins, tandis que les e-commerces ou business au lead sont en demande constante de trafic qualifié.

Ces partenariats peuvent comporter divers éléments et clauses pour déboucher sur des résultats plus ou moins efficaces, et il n'est pas toujours évident de les évaluer à leur juste valeur.

Quels éléments négocier ?

Pour mieux appréhender les tenants et les aboutissants d'un partenariat, il est intéressant de les envisager de part et d'autre de l'équation. Évitez la lecture sélective ; comprendre les motivations de votre future partenaire vous donnera un avantage lors des négociations.

Négocier en tant qu'éditeur

Une fois que votre site aura atteint un volume de trafic intéressant, il sera indispensable de connaître ce que l'on pourrait appeler son « **état civil** ». Il se composera des éléments suivants :

- le **nombre de VU mensuel**. Votre nombre de visiteurs uniques reflétera votre popularité, mais surtout votre crédibilité ;
- le **nombre d'impressions par jour ou par mois**. Mensualisez-le s'il n'impressionne pas à la journée. Il est recommandé de ne pas multiplier les

espaces publicitaires sur une même page. Si vous limitez l'affichage de bannières à une par page, il sera directement lié à votre nombre de pages vues ;

- la **taille de votre base d'opt-ins** : combien de personnes ont accepté de recevoir du courrier de la part de vos partenaires commerciaux ?
- le **nombre d'abonnés** : combien de personnes sont abonnées à votre newsletter ?
- votre **cœur de cible** : qui sont vos lecteurs ? Un partenaire potentiel aura une cible (âge, sexe, CSP, localisation géographique...) et une stratégie. Il doit être capable de savoir rapidement si vous correspondez à ses ambitions ;
- les **spécifications techniques et fonctionnelles** : formats disponibles, technologies, partenaires, ressources. Il s'agit d'une liste à fournir, sur demande uniquement, de tous les types de contraintes ou avantages à prendre en compte.

À l'instar d'un catalogue produits, il vous faudra aussi **lister toutes les sources de trafic** dont vous disposez. Elles constitueront les potentiels éléments d'un futur partenariat. Ainsi, vous pourriez par exemple :

- afficher leurs bannières ;
- proposer des habillages pour des événements ou des opérations spéciales ;
- consacrer un encart à leur marque dans votre newsletter ;
- relayer leur newsletter sur votre base d'opt-ins ;
- mettre en place une marque blanche[1] ;
- diffuser du contenu sponsorisé ;
- ou insérer des liens vers leurs produits ou services dans vos articles.

En recherchant activement des partenaires de vente ou de services aux thématiques connexes ou aux audiences compatibles avec les vôtres et en continuant de développer votre trafic, vous devriez rapidement faire décoller le chiffre d'affaires de votre site. À vous, ensuite, de savoir identifier les besoins de vos potentiels annonceurs pour mettre en avant les arguments gagnants.

---

1. Marque blanche : insertion d'un module boutique ou d'une partie d'un site de génération de leads dans un autre site, en respectant sa charte graphique lors de l'insertion.

Négocier en tant qu'annonceur

En tant que webmarchand ou prestataire de services, vous recevez plusieurs fois par mois des mails de sites vous sollicitant pour mettre en place un partenariat. Ces sites vous sont souvent totalement inconnus. Il est donc difficile de savoir si vous souhaitez ou non vous associer avec eux. Dans un premier temps, il vous faut répondre à un certain nombre de questions :

- Ce site nuirait-il à mon **image de marque** si mon entreprise devait s'y associer ?

- L'**audience** de ce site correspond-elle à une ou plusieurs de mes cibles ?

- Les **sources de trafic ou produits proposés** par ce site sont-ils en adéquation avec mes besoins ?

En faisant l'impasse sur le volume de trafic pour le moment, si vous êtes capable de répondre sans aucun doute aux trois précédentes questions, des négociations portant sur la valeur d'un éventuel partenariat pourront alors être engagées. Mais, parmi tous les éléments de leur proposition, qu'est-ce qui correspond vraiment à vos besoins ?

Objectif	Branding	Conversion	SEO
Bannière	X		
Habillage et Interstitiel	X		
Encart dans leur newsletter	x	X	
Envoi de votre newsletter sur leur base d'opt-ins	x	X	
Marque blanche		X	
Contenu sponsorisé	X		
Liens vers vos produits dans leurs articles de contenu			X

Les anciens formats de **bannières** demeurent les plus répandus et, on l'a vu précédemment, ne sont pas ceux qui bénéficient de la meilleure visibilité. Si l'éditeur vous propose un placement ATF (Above the Fold) et qu'il s'agit de l'unique publicité sur cette page, pourquoi ne pas l'envisager ? Mais ne placez pas toutes vos espérances dans cet élément du partenariat.

Attention aux **habillages et interstitiels**, ils présentent des CTR (taux de clic) plus élevés que les autres formats display, mais ces clics sont souvent involontaires. C'est certainement deux des formats les plus mal perçus par les internautes. Ils créeront des pics de trafic qui perturberont potentiellement l'affichage ou les temps de chargement de votre site et, par ricochet, augmenteront le taux de rebond moyen de votre site.

Les **marques blanches** seront utiles pour de nombreux sites de conversion. Un module discret de boutique en ligne de vélos haut de gamme sur un site éditorial traitant de cette thématique serait pertinent et génèrerait des ventes. En dehors des sites marchands, elles apporteront aussi beaucoup à ceux qui souhaitent obtenir des leads. Beaucoup d'assureurs ou d'organismes de crédit utilisent les marques blanches comme source de leads. Les sites de comparaison, tous secteurs confondus, insèrent leur module de comparaison sur des sites éditoriaux. De nombreux comparateurs sont présents en marque blanche sur les sites de grands quotidiens depuis des années, sans que vous ne vous en rendiez compte.

L'inconvénient d'une marque blanche, c'est qu'il faut disposer d'une ressource technique en interne ou en externe pour collaborer à sa mise en place, afin que, *in fine*, les leads ou les commandes arrivent automatiquement dans votre back-office. Ainsi, ils s'intégreront parfaitement à votre gestion habituelle.

Il est aussi courant d'inclure dans un contrat l'insertion de liens sur des expressions-clés pour le référencement de votre site pointant vers des pages stratégiques de votre site (voir « Référencement naturel » p. 127).

Si l'éditeur vous propose un partenariat intéressant, reste encore à mettre un prix dessus… et c'est souvent là que les choses se corsent.

Évaluer la valeur d'un partenariat

Dans le meilleur des mondes, le plus simple serait de mettre en place une période test sans échange monétaire afin d'évaluer l'apport de ce partenariat. Un mois ou deux suffiraient à vous donner un aperçu de cet apport en termes de trafic, de conversions ou de leads. Vous pourrez aussi obtenir le nombre de visites ou le chiffre d'affaires provenant de ce site *via* votre outil d'analytics (voir p. 253).

Tous les partenaires n'acceptent pas d'entamer un partenariat gratuit le temps d'en évaluer sa valeur. Dans ce cas, vous pourrez négocier un prix de départ et une période rémunérée certes, mais sans engagement. L'équivalent d'une période d'essai pour un employé... Surtout, ne signez rien de ferme à l'année. Vous risqueriez de vous retrouver coincé avec un contrat non rentable pour un an, cela bloquerait aussi une partie de votre budget webmarketing et vous empêcherait de signer de nouveaux partenariats ou de réallouer ce budget à des leviers plus lucratifs.

J'ai vu de mes yeux des cas de partenariats regrettables, dont la valeur avait été largement surévaluée. Un cas, notamment, me restera longtemps en mémoire. Il s'agit d'un site de vente qui avait conclu pour un an un partenariat avec un site de contenu pour un ensemble d'éléments pour la somme de 2 500 €/mois. Le site de contenu possédait une audience pertinente pour ce partenariat, les éléments graphiques n'étaient pas optimisés au mieux, mais ils généraient un trafic important. Ce trafic avait néanmoins un taux de conversion très faible, une partie significative de ce trafic provenait des habillages qui engendraient une augmentation du taux de rebond de l'annonceur sans générer de ventes. Ce partenariat avait permis de n'engranger que 9 000 € sur ses six premiers mois. Après déduction, le site marchand perdait 1 000 € par mois, alors que l'objectif de l'entreprise était initialement d'augmenter son chiffre d'affaires. L'entreprise a dû honorer son contrat et continuer de perdre de l'argent jusqu'au terme de ce dernier.

Dans tous les cas de figure, il est essentiel de tracker tous les éléments de ses partenariats. Vous devez avoir la possibilité d'accéder facilement aux statistiques de chaque format de bannière, de chaque newsletter, de chaque habillage, de chaque module de vente. Ainsi, vous renégocierez à souhait et preuve à l'appui les termes de votre contrat après la période de test.

COMMENT PRÉSENTER MON OFFRE ÉDITEUR ?

Faites une présentation au format PDF en prenant exemple sur les présentations d'inventaires produites par les grandes régies publicitaires, disponibles sur le site du SRI précédemment évoqué.

COMMENT SAVOIR SI MES POTENTIELS PARTENAIRES DISENT LA VÉRITÉ ?

Quelques outils pour vous mesurer à eux... Des sites comme Alexa.com, SEMruch.com ou Compete.com vous permettent d'obtenir des informations sur un potentiel partenaire et de les comparer à d'autres. Mais, d'une part, ces chiffres ne sont jamais très fiables et, d'autre part, ils ne sont pas toujours disponibles lorsqu'il s'agit de petits sites. Malheureusement, il n'existe que des estimations des statistiques de vos partenaires (sauf pour les acteurs majeurs). Pour avoir moi-même confronté ces estimations à des données réelles, seul l'outil d'analytics du site concerné renferme des données exactes.

Mesurez leur popularité. Avec des outils dédiés au référencement naturel tels que la toolbar SEOquake ou la toolbar MOZ, vous pourrez en savoir plus sur leur présence sur le Web et la qualité de leur référencement (voir « Référencement naturel » p. 127).

6

Mettre à profit les comparateurs et les marketplaces

Pour beaucoup, la différence entre un comparateur et une marketplace n'est pas toujours évidente. Leurs business models sont pourtant aux antipodes l'un de l'autre. Certes, ils recensent tous deux le catalogue produits de nombreux marchands, mais ils ne se rémunèrent pas de la même manière. Un comparateur se rémunérera sur le clic sortant qui redirigera l'internaute vers votre site, tandis qu'une marketplace, en français « place de marché », tirera son chiffre d'affaires des commissions prises sur les ventes faites sur son site faisant partie de votre catalogue. Reformulé autrement, lorsque l'on travaille avec un comparateur, il vous renvoie du trafic que vous payez au clic, au CPC. Alors qu'en collaborant avec une marketplace, l'internaute finalisera sa commande sur le site de la marketplace, laquelle vous reversera ensuite le chiffre d'affaires des ventes après déduction de la commission que vous aurez négociée. C'est donc un échange au coût par achat, au CPA.

La question que l'on peut naturellement se poser est : pourquoi ne pas faire chapitre à part ? Vous verrez que, bien qu'ils soient sensiblement différents, il est judicieux de gérer ces leviers conjointement.

Comparateurs, après la tempête Panda

Les premiers comparateurs ont vu le jour à l'aube du XXIe siècle. Parmi ceux de la première heure, on peut citer **Shopzilla** (1996), **LeGuide** (1998) ou **Kelkoo** (2000), suivis de près en 2002 par la première version du comparateur gratuit de Google baptisé à l'époque **Froogle**. **Cherchons** (2004) et **Twenga** (2006) ont aussi connu l'ère des dix glorieuses des comparateurs.

Ces belles années furent interrompues par la célèbre mise à jour de l'algorithme du moteur de recherche Google, j'ai nommé **Google Panda**. Cette mise à jour, dont le nom sympathique et inoffensif semble tout droit sorti d'un dessin animé, porte le nom de l'ingénieur qui l'a créée. Introduite en février 2011 aux USA, Google Panda atteint les côtes françaises en août de la même année. Dégradant la position des comparateurs dans les résultats de recherche du moteur Google, elle a coûté très cher aux comparateurs. Searchmetrics France avait fait une estimation à l'époque des pertes de trafic subies. Initialement et officiellement, elle devait viser uniquement les fermes de liens, mais on s'est très vite rendu compte qu'elle avait touché de nombreux comparateurs comme LeGuide (– 34,4 %), Idealo (– 39,1 %), Twenga (– 46,7 %) ou Shopping.com (– 48,5 %).

Avec une telle hécatombe en guise de dommages collatéraux, on a fini par se demander si cette mise à jour n'avait pas aussi les comparateurs dans son viseur. D'autant plus que **Google Shopping**, dans sa nouvelle version, était sorti cinq mois avant et est devenu payant l'année qui a suivi. Beaucoup y ont vu un coup de balai préliminaire. Au-delà de cette installation fracassante, Google a dû faire un peu de rangement dans sa page de résultats afin de trouver un peu de place en vitrine pour ce qu'il appelle ses **Product Listing Ads (PLA)**. Les PLAs sont les résultats de son comparateur de prix directement liés à votre requête. Ils s'affichent parfois au travers des résultats en partie centrale et très souvent dans le bloc droit (voir ci-après), habituellement réservé aux liens sponsorisés AdWords.

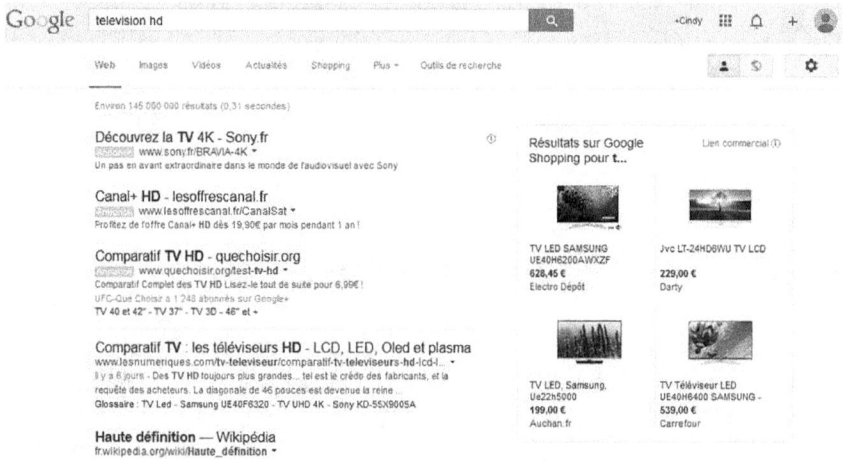

Cet affichage quelque peu sauvage fait d'ailleurs bondir les experts SEA et les agences qui voient leurs annonces relayées en dessous de la ligne de flottaison et leur CTR (Click-Through Rate/taux de clic) plonger lentement. En tant que marchand, nul besoin d'épiloguer après une telle illustration ; votre présence sur Google Shopping n'est pas négociable.

Les événements de 2011-2012 n'ont heureusement pas effacé les autres comparateurs du paysage numérique. Ils facturent désormais tous au CPC. Twenga avait bien tenté une offre au CPA, faisant trembler quelque temps la concurrence, mais a fini par se plier à la norme.

Cherchons fait figure d'exception. Il propose à la fois un référencement comparateur et un référencement marketplace. Dans son comparateur, la facturation est à 17 cents du clic sortant dans toutes les catégories. Or, il est d'usage d'appliquer un CPC par catégorie de produits. Tandis que dans sa version marketplace, un CPA de 8 % est en vigueur.

LeGuide groupe, grâce à ses différents sites, est celui qui génère le plus de trafic. Il propose deux offres, dont une gratuite, pour apparaître sur deux de ses sites. Mais l'offre payante reste plus avantageuse ; sans contrainte, vous bénéficiez d'un account manager et d'une exposition plus importante.

Concernant les autres principaux comparateurs, leurs conditions tarifaires et d'intégration sont assez variées. La plupart n'imposent **pas de durée d'engagement minimum**, ce qui vous permet de tester ce levier sans risque. Le seul risque serait d'avoir un volume de clics trop important durant cette **période de test**. Choisissez un comparateur qui vous garantira un système de **plafonnement des dépenses** avec un budget journalier ou mensuel ; ainsi, à partir d'un montant défini, vous ne recevrez plus de trafic. Certains disposent aussi d'un **système d'alerte par mail**, qui vous prévient dès que certains paliers de dépenses de votre budget mensuel sont atteints. C'est le cas chez LeGuide. Un système de versement sur compte d'un solde, comme celui instauré par Cherchons, vous évitera quelques surprises. D'expérience, je sais que des petits marchands se sont déjà retrouvés avec un flot de commandes auquel ils ne pouvaient faire face, accompagné d'une facture plus que salée. Prenez vos précautions afin de voir venir ; une ressource devra garder un œil dans le mois sur les dépenses en cours.

Comparateurs	LeGuide	Cherchons	Kelkoo Kelpack	Kelkoo Premium	Twenga	Shopzilla
Durée du contrat	Sans engagement	Sans engagement	3 mois minimum	1 mois minimum	Sans engagement	NC
Budget	Libre	Libre	de 100 à 999€	> 1000€	NC	NC
Account Manager	Oui	Oui	Oui	Oui	Assistance par mail et téléphone	Oui
CPC fixes	Oui	0,17 cts par Clic	Oui	Non	Oui	Non
CPC aux enchères	Non	Non	Non	Oui	Non	Oui
Frais divers	Aucun	300€ de pré-facturation	50€/an + 3% sur le montant facturé	500€/an + 3% sur montant facturé	Aucun	100€ de pré-facturation

Ne vous sont présentés ici que les principaux comparateurs génériques, mais il existe toutes sortes de comparateurs sur le marché. Des comparateurs spécifiques à leur secteur d'activité : voyage et hôtellerie, assurances, finance, automobile, etc.

CONSEIL

Ne soumettez à la comparaison que ce qui peut l'être... Un webmarchand est censé avoir établi une stratégie produit préalablement à la réalisation d'un plan marketing. Inutile de mettre sur les comparateurs des produits dont les prix sont, dans tous les cas, largement au-dessus des autres. Même chose pour les produits posant des problèmes de stock, occasionnant des frais de transport ou des complications logistiques importantes. Ne mettez qu'une partie de vos produits, inutile de mettre tout votre catalogue.

Pour intégrer votre catalogue, deux étapes suffiront :
- fournir un catalogue produits aux formats demandés (très souvent un flux XML[1]) ;
- et mapper votre catalogue afin que vos produits s'affichent dans les catégories pertinentes du comparateur.

Lors de cette intégration, il existe des outils de vérification de flux (exemple : Kelkoo Feed Validator) et, généralement, une ressource technique vous accompagne au lancement.

MES PRODUITS SONT PLUS CHERS QUE CEUX DE MES CONCURRENTS, QUE DOIS-JE FAIRE ?

La comparaison est désormais une étape à part entière du processus d'achat des internautes. Comparateurs ou pas, vos prix et vos services seront examinés à la loupe. Oui, on se focalise souvent sur les prix, mais l'offre de services est aussi un facteur déterminant dans la décision d'achat. Et votre prix, dans la tête d'un internaute, c'est le prix de votre produit, certes, mais c'est aussi celui de vos frais de livraison.

---

1. Flux catalogue XML : c'est un fichier au format XML qui liste l'intégralité de vos produits ainsi que leurs caractéristiques (description, nom, prix, disponibilité, taille, couleur...). Il est accessible depuis une URL sur votre site et créé en dynamique. Sa mise à jour est automatique et permet aux partenaires d'afficher votre catalogue produits à jour sur leur site.

Vous ne pouvez pas gagner la guerre des prix sur tous les produits face à vos concurrents, d'autant plus si vous êtes un click and mortar face à des pure players (voir « Cross-canal » p. 293). Certes, si certaines marges vous l'autorisent, vous pourrez jouer au jeu du centime, en étant toujours un peu moins cher. Mais c'est aussi votre qualité de service qui fera la différence.

Comment surveiller l'évolution des prix de la concurrence ?

Quelques outils pour monitorer les prix...

Vous remarquez une subite baisse des ventes dans votre catégorie phare ? Quatre explications sont envisageables :

- un concurrent a baissé ses prix ;

- un concurrent fait une offre en lot ;

- un concurrent a baissé ses frais de livraison ;

- votre produit phare est en rupture de stock et vous n'avez pas de système d'optimisation des ruptures de stock.

Dans le premier cas, il existe des outils comme Spy Commerce et Pricing Assistant qui vous aident à monitorer l'évolution des prix de la concurrence. La principale différence entre les deux tient au fait que Pricing Assistant propose une association des produits de votre catalogue à ceux de vos concurrents par algorithme ou manuelle et que le nombre de concurrents à surveiller ne joue pas sur le coût mensuel. Seuls le nombre de produits, le type d'offre et son niveau de service impactent la tarification. Tandis qu'avec Spy Commerce, cette association est uniquement manuelle. Elle est, certes, plus précise et fiable, mais plus fastidieuse. La société propose une offre unique dont le prix est déterminé par le nombre de concurrents à surveiller, ainsi que par le volume de produits que vous souhaitez suivre.

Notez tout de même que Pricing Assistant vous offre la possibilité de tester la solution pendant dix jours sur cinq produits. Si vous avez des difficultés à choisir entre l'un et l'autre, choisissez en fonction des ressources disponibles en interne. L'association manuelle est préférable, mais si vous n'avez pas de ressources pour faire ce matching, testez dans un premier temps la solution Pricing Assistant et son algorithme de mapping.

Pourquoi apparaître sur une marketplace et laisser vendre mes produits en cédant une commission ?

C'est une excellente question ! D'autant plus que ces mêmes marketplaces vont venir vous faire concurrence avec votre propre catalogue sur les moteurs de recherche, sur les comparateurs et autres leviers, et qu'elles possèdent des capacités budgétaires plus importantes. Mais les marketplaces sont comme des détaillants multiproduits ; elles vont vous donner l'opportunité de développer votre volume de ventes et votre notoriété grâce au trafic important qu'elles drainent. Elles généreront des ventes par ricochet grâce à des visiteurs qui n'étaient pas initialement venus pour vos produits, à l'instar d'une galerie marchande. C'est d'ailleurs le positionnement adopté par la place de marché Rue du Commerce.

Amazon et les marketplaces

Parmi les marketplaces, c'est une réalité : il y a **Amazon** et le reste des marketplaces. Les autres ne sont pas dans une si mauvaise situation pour autant. À y regarder de plus près, en termes d'audience, **Ebay**, **Cdiscount**, la **Fnac**, **PriceMinister**, **Rue du Commerce** et **La Redoute** représentent au total sept marketplaces qui viennent se classer dans le top 15 des e-commerçants. Mais l'écart entre Amazon et ses concurrents est énorme ; un peu moins de 6,2 millions de visiteurs uniques mensuels le séparent de son plus proche concurrent Cdiscount[1].

Avec les marketplaces, on sous-traite une partie du processus de vente. Il n'est pas toujours évident de savoir où commence la prise en charge de la marketplace et où s'arrête la gestion de la relation client. Passons en revue les offres des principales marketplaces et leur fonctionnement.

Les marketplaces

Cdiscount, appartenant au groupe Casino, a aussi une activité de marketplace qui porte le nom de « C le Marché ». Pour exposer vos produits à leurs 10 millions de visiteurs uniques, il vous suffira de souscrire un abonnement mensuel de 35 € HT. La marketplace prendra ensuite une commission variant de 4 à 12,5 % selon la catégorie de l'article vendu.

Juste après Amazon et Cdiscount, la **Fnac** n'a pas à rougir de sa fréquentation mensuelle avec un peu plus de 10 millions de VU. D'autant plus qu'elle bénéficie d'un avantage sur ses concurrentes. En tant que click and mortar, la Fnac vous donne **accès au trafic de ses 170 points de vente**. En effet, si un client demande un produit en magasin et qu'il n'y est pas disponible,

---

1. Classement des 15 sites de e-commerce les plus visités, publié par la Fevad et Médiamétrie, T1 2014.

les vendeurs peuvent passer commande afin que votre boutique expédie sa commande au client. C'est donc une source de revenus en plus pour votre boutique. Le prix de l'abonnement mensuel pour insérer vos produits s'élève à 39,90 € HT, plus une commission par vente. Pour un produit culturel (livres, CDs...), il existe trois paliers selon le prix de la commande. Jusqu'à 50 €, 12 % de commission sont prélevés. De 50,01 à 200 € on descend à 10 %, puis au-delà de 200 € s'applique une commission de 8 %. Ces 8 % de commission sont aussi valables pour tous les autres produits non culturels, indépendamment du montant de la commande. Ces pourcentages de commission ne s'appliquent pas aux produits de la catégorie « Maison & Décoration », pour lesquels 15 % seront prélevés.

Ebay propose une offre « boutique A la Une » et une offre « Boutique Premium ». En dehors d'un tarif mensuel multiplié par plus de dix, l'unique différence entre ces deux solutions est la vente à l'international de manière un peu plus poussée (Royaume-Uni, Suisse, Pologne, Irlande, Allemagne et Autriche en plus). L'offre « boutique A la Une » est accessible avec un abonnement mensuel de 26,04 € HT. Un CPA sous forme de commission de 3,9 à 6,5 % du prix de vente de l'article selon sa catégorie sera aussi appliqué. Si vous optez pour une insertion avec un système d'enchères, d'autres frais viendront s'ajouter à ces montants.

PriceMinister a un système assez particulier puisqu'il facture ses commissions en fonction de la formule pro mensuelle que vous choisissez. La ProClassic est à 39 € HT, ProAdvanced à 99 € HT, ProPremium à 299 € HT et la ProAbsolute vous coûtera 499 € HT.

Catégorie de produit	ProAbsolute	ProPremium	ProAdvanced	ProClassic
Informatique, Electronique, Téléphonie, Image et Son, Electroménager (hors accessoires) et Instruments de musique	4,50%	5,50%	9%	11%
Musique, Vidéo, Jeux vidéo, Matériel de sport, Mode et Beauté, Décoration, Activité de loisirs, Jouets, Puériculture, Vins et Gastronomie, Bricolage, Jardin et Maison	7%	8%	11,50%	13,50%
Livres, Logiciels, Papeterie et Partitions	8,50%	9,50%	13%	15%
Consommables informatique, Airsoft - paintball, Accessoires (audio, vidéo, mobiles, électroménager, jeux vidéo, téléphonie, auto/cyclo)	9,50%	10,50%	14%	16%
Figurines, Cadres de jeux, Bijoux, Plantes, Loisirs créatifs, Sextoys, Peintures, Revues	12,50%	13,50%	17%	19%

Amazon

Amazon, au départ une librairie en ligne peu rentable, ne s'est développée qu'après le krach de la bulle Internet. Ce n'est que bien plus tard qu'elle a débuté son activité de marketplace en proposant d'intégrer le catalogue de marchands sur son site. Aujourd'hui, la société a pris tellement d'ampleur qu'elle vient concurrencer Google. Son défi : que les internautes zappent la case Google lorsqu'ils recherchent un produit et passent directement par son site. Grâce à son abonnement Amazon Premium, c'est une première attaque réussie. Puisqu'en proposant un abonnement de frais de livraison à l'année, beaucoup d'internautes se rendent désormais directement sur Amazon pour faire leurs achats afin de rentabiliser leur abonnement.

Si vous êtes marchand, Amazon propose une offre dédiée aux vendeurs professionnels afin qu'ils mettent en ligne leurs produits, seule l'expédition reste à votre charge. Pour ce faire, il faudra vous acquitter de 39 € HT de frais d'abonnement mensuels (trois mois offerts au lancement). S'ajouteront ensuite des frais de vente allant de 5 % (ordinateurs, périphériques PC et téléviseurs) à 20 % (bijoux), voire 35 % (accessoires Kindle) selon la catégorie des articles vendus. Sachant que les frais de vente ne s'appliquent pas aux articles média (livres, musique, vidéos et DVDs), des frais de gestion leur sont appliqués de 0,45 € pour la France à 3,47 € pour le reste du monde.

Calcul pour un vendeur avec numéro de TVA/ Vente Montre	
Prix de vente (TTC)	300,00 €
Expédition standard	5,99 €
Crédit total sur la vente	305,99 €
Frais Amazon	
Frais de vente	-45,90 €
Frais de gestion	-
Total	-45,90 €
TVA	-
Crédit sur votre compte	260,09 €

« **Expédié par Amazon** » est une option supplémentaire offrant aux marchands l'opportunité de déléguer, de sous-traiter en quelque sorte, la logistique des ventes faites sur Amazon. Il vous suffit de stocker vos produits dans les entrepôts d'Amazon, où ils sont ensuite emballés et envoyés aux clients. En vous appuyant sur le réseau logistique d'Amazon, vous avez ainsi la possibilité de vendre sur le territoire comme à l'international avec des coûts de transport réduits. C'est d'autant plus avantageux que l'entreprise prend en charge pour vous le SAV et les retours. La tarification de cette option est complexe, elle comprend les frais de préparation et d'emballage, les frais d'expédition ainsi que les frais de stockage mensuels en fonction des dimensions et du poids du colis. Bien qu'il s'agisse de cas par cas, l'exemple ci-après sera un plus parlant.

Calcul pour un vendeur avec numéro de TVA/ Vente Appareil photo 20x16x18cm (0,00576m3) - 800g + emballage = 950g	
Préparation & Emballage	1,25 €
Expédition	3,45 €
Stockage (0,00576m3 x 18€)	0,10 €
Crédit sur votre compte	**4,80 €**

Notons qu'il existe aussi des marketplaces spécialisées par secteurs. Certaines ne sont pas très connues, mais pourraient vous apporter des ventes grâce à leur trafic qualifié. Les sociétés spécialisées dans l'agrégation de flux seront à même de vous présenter les marketplaces et comparateurs adaptés à votre activité et à votre catalogue produits.

CONSEIL

Vendeur sans numéro de TVA. Si, pour x raisons, vous n'avez pas de numéro de TVA, prévoyez une déduction de 15 % forfaitaire qui sera prise par la marketplace sur votre chiffre d'affaires en plus des commissions. Car, sans numéro de TVA, la société aura un manque à gagner.

Zoom sur les agrégateurs de flux

Lorsque l'on envisage d'apparaître sur les sites des comparateurs ou des marketplaces, la question du flux catalogue se pose rapidement. Chacun d'entre eux vous demandera de faire le nécessaire pour que vos produits apparaissent sur leur site, et dire que c'est parfois la croix et la bannière est un euphémisme. Sachant que l'on propose habituellement ses produits sur plusieurs comparateurs et marketplaces, cela peut vite devenir fastidieux et chronophage.

C'est là qu'entrent en jeu les agrégateurs de flux tels que **Lengow**, **Shopping Flux**, **Iziflux** ou encore **BeezUp**. Leur rôle est de faciliter la mise en ligne de votre catalogue : un intermédiaire entre vous et vos multiples interlocuteurs.

CONSEIL

En avoir pour son argent... Ne vous laissez pas séduire par la solution gratuite de BeezUp. Elle ne comprend pas de tracking, et acheter sans tracker n'est pas envisageable.

Certes, ils facilitent la mise en ligne. Mais si vous vous contentez d'afficher vos produits et attendez patiemment vos factures, vous risquez d'être déçu. Ce serait omettre une étape essentielle à la rentabilité de ce levier : l'**optimisation**. Des outils vous sont fournis grâce aux solutions d'agrégation de flux, notamment *via* la mise en place de règles de gestion automatiques. Elles mettront automatiquement hors ligne les produits non rentables de votre catalogue. Ces solutions simplifient la gestion de ce levier. Les solutions Lengow et Shopping Flux vous offrent aussi l'opportunité de créer une boutique Facebook.

Il n'y a aucune standardisation des offres pour le moment. Tout dépendra donc de la nature de vos produits et des comparateurs et marketplaces visés. Le nombre de produits que vous souhaitez mettre en ligne influera sur le prix final.

Chez **Lengow**, le nombre de flux (un comparateur ou une marketplace = un flux) entrera dans la composition du prix. Ce que l'on retrouve un peu chez **Shopping Flux**, qui fait varier la tarification en fonction du nombre de marketplaces, mais pas du nombre de comparateurs. D'autres préfèrent jouer la carte de l'illimité, comme **Iziflux**, et font varier les services.

Ils vous donnent presque tous la possibilité de tester leur solution gratuitement pendant un mois, mais la mise en place prend du temps. Donc, prenez le temps de choisir et de poser les bonnes questions. Ils offrent des niveaux de **service client** très variés. Certains, comme Shopping Flux, se posent en éditeur de logiciel et minimisent l'assistance client en préférant vous former. Tandis que d'autres, comme Lengow, mettent l'accent sur l'assistance en vous attribuant un account manager.

Toujours le même conseil, en fonction des ressources techniques et fonctionnelles, et de leurs compétences. Si vous n'avez jamais travaillé avec ce type de prestataires, jamais utilisé ce levier, prenez une solution qui vous apportera le plus de soutien possible. La largeur du catalogue que vous souhaitez mettre en ligne donnera son avis, le nombre de comparateurs et marketplaces envisagé prendra part au débat, mais c'est votre budget qui tranchera.

Solution	Lengow	Iziflux	Shopping Flux	Beezup
Nb de Comparateurs	Augmente le prix	Illimité	Illimité	Facturation au clic tracké
Nb de Marketplaces	Augmente le prix	Illimité	Selon la formule	Facturation au clic tracké
Prix	A partir de 99€ HT	A partir de 49€ HT	A partir du 79€ HT	A partir de 44,99€ HT
Durée d'engagement	Sans engagement	Sans engagement	Sans engagement	12 mois
Assistance	Account manager	Selon la formule	Hotline	Selon la formule
Règles de gestion	Oui	Selon la formule	Oui	Selon la formule
Choix des produits référencés	Oui	Oui	Oui	Selon la formule

CONSEIL

Trop d'informations tue l'information. Si vous optez pour une solution de monitoring de prix, avoir une ressource en interne dédiée est incontournable. Je ne dis pas que cela devrait être son unique tâche, à moins que vous ne surveilliez vraiment beaucoup de produits et entreprises à la fois. Mais, dans tous les cas, prenez le temps de la réflexion, testez dans un premier temps un petit nombre de produits stratégiques. Cela vous permettra de prendre en main la solution et d'évaluer la charge de travail nécessaire. L'erreur serait de vouloir tout savoir sur tout, cela équivaudrait à un nombre incalculable d'alertes e-mail de modification de prix, que vous seriez dans l'incapacité de traiter.

7

Référencement naturel : optimiser mon site et son contenu pour séduire Google

Remarque : les rubriques conseils et réponses aux questions fournis dans ce chapitre ont été rédigés par Frédéric Gaye[1].

Le référencement naturel, appelé aussi SEO (Search Engine Optimization), ressemble parfois à un jeu de séduction. Les référenceurs rusent d'ingéniosité et de curiosité pour référencer artificiellement leurs sites, tandis que les moteurs de recherche, lassés, passent leur temps à modifier les règles du jeu. Et encore, en voyant la part de marché de Google en France (+ de 94 % selon ComScore) et dans le monde, il serait plus correct de dire « entre les référenceurs et Google », tant la part de marché des autres moteurs est anecdotique. Revenons sur les tenants et les aboutissants de cette chasse à l'indexation et la place du référencement dans les différentes étapes de la vie de votre site.

Le rôle du moteur de recherche Google

À l'image de notre univers, la Toile est en expansion continue et le défi de nos chers moteurs de recherche est de rendre accessibles toutes les pages pertinentes à nos recherches en fonction des mots clés que nous renseignons. Pour obtenir des pages de résultats, ou **SERPs**[2] pour les intimes, ils

---

1. Frédéric Gaye (http://fr.linkedin.com/in/fredericgaye/fr) est consultant en référencement naturel depuis plus de dix ans. Certifié Google Analytics Individual Qualification, il accompagne de nombreuses entreprises dans leurs problématiques de référencement naturel sur le marché français ou à l'international – http://www.lereferencementnaturel.org/.
2. SERPs : cet acronyme, pour l'anglais Search Engine Results Page, signifie « page de résultats dans le moteur de recherche ».

opèrent en deux temps : ils indexent, puis ils classent. Pour cette phase d'indexation, Google envoie ses robots appelés Googlebots, connus aussi sous le nom de crawlers ou de spiders, parcourir un nombre incalculable de pages chaque jour. Une fois cette tâche accomplie, vient le temps du classement (*ranking* en anglais). Et c'est là, à l'instar des plus grands chefs se refusant à partager leur recette fétiche, que Google organise le flou algorithmique. Il nous livre bien quelques ingrédients de temps à autre, mais leur dosage reste secret. Son **algorithme** a le droit de vie ou de mort sur tous les sites. Un jour vous êtes au sommet des résultats, le lendemain vous disparaissez en page 15.

Telle une marque de haute couture, avec ses **critères de pondération** changeants qui composent son algorithme, il dicte la mode, tandis que les sites suivent religieusement. Chaque nouvelle collection est attendue avec crainte et admiration. Les **modifications de son algorithme** de ces quinze dernières années sont nombreuses, environ 1,4 modification par jour : un défi quotidien pour les référenceurs. Leurs noms semblent pourtant innocents à première vue : Pingouin, Panda, Colibri... Certains sites n'y ont pourtant pas résisté et n'ont pu se remettre de leur passage.

Afin d'être bien vus et d'atteindre le fameux **triangle d'or**, constitué par les trois premiers résultats de la première page, qui concentrent toute l'attention des internautes de passage, les sites opèrent un difficile travail de fond. Un travail qui consiste à respecter les bonnes pratiques et qui, sur le long terme, a pour vocation de satisfaire le roi Google.

Chaque site porte une note qui reflète nos efforts de popularité : le **PageRank (PR)**[1]. Le PR est une note de 0 à 10 qui entre dans la composition de l'arbitrage du ranking. Entre 0 et 2, votre note est considérée comme mauvaise. De 3 à 5, vous vous situez dans la moyenne et, au-delà, vous aurez un bon PR. Mais Google tend vers plus d'opacité et ne semble pas mettre à jour régulièrement cet indice. Vous vous demandez certainement : mais pourquoi autant de mystères ? Petite précision. Qualifier le jeu de séduction entre référenceurs et moteurs de recherche de jeu du chat et de la souris serait plus proche de la vérité. Google souhaite que les résultats qui remontent soient pertinents, tandis que les référenceurs sont en quête permanente d'artifices pour mieux positionner leurs sites. Avec moins de

---

1. PageRank (PR) : note de 0 à 10 établie par Google pour évaluer le respect des bonnes pratiques et la popularité d'un site.

transparence, il espère ainsi contrecarrer leurs actions qui tendent à fausser son classement.

Aujourd'hui, l'importance du référencement naturel n'est plus à démontrer, l'enjeu est ailleurs. En effet, vous avez tous intégré la nécessité d'optimiser votre site pour être mieux classés dans les moteurs de recherche. Malheureusement, dans l'imaginaire collectif, cette optimisation se fait une fois le site Internet mis en ligne, et c'est là où le bât blesse. **Une réflexion stratégique SEO doit être menée en amont de tout projet**, même s'il ne s'agit que de la première étape. Cette réflexion sur ce chantier permanent, vous devez l'avoir en tête **de la naissance d'une idée jusqu'à sa fin virtuelle**. Si l'on devait définir ce chantier, il se décomposerait en quatre grandes étapes accompagnant la vie d'un projet Web (1. la réflexion, 2. la conception, 3. la vie courante du site Web et 4. la migration). La première étant donc la réflexion stratégique.

La réflexion stratégique

Lorsqu'on lance un projet, on pense business plan, plan marketing, SWOT, image de marque... et le référencement naturel, à tort, fait rarement partie du package de lancement. C'est pourtant ces premiers instants, ces premières décisions et choix qui vont sculpter la première image que Google aura de vous. En tant que référenceur, on est souvent sollicité après la première bataille ; comme dit précédemment, nous devrions intervenir en amont d'un projet.

Lorsque vous envisagez la **création d'un site** en travaillant avec une agence, d'expérience je sais qu'une prestation SEO ne fait pas toujours partie du devis. Et quand c'est le cas, cette prestation n'est pas toujours complète car les experts en référencement pratiquent des taux journaliers moyens relativement élevés qui amputent de quelques milliers d'euros les marges des agences. Sur demande, il vous est possible d'exiger qu'une vraie **prestation d'accompagnement à la rédaction du cahier des charges** soit incluse. Vous pouvez aussi, dès cet instant, recruter un expert SEO, s'il s'agit d'un gros projet ou si votre entreprise possède plusieurs sites. Débuter une collaboration avec un free-lance est une option qui s'offre aussi à vous. Que ce soit pour le recrutement ou pour la collaboration, trouver un bon référenceur n'est pas toujours mission aisée (voir « Fiches métiers » p. 307).

Ce référenceur aura donc pour tâche de vous conseiller sur les nombreux éléments de votre projet à déterminer lors de la conceptualisation : nom de domaine, choix techniques, arborescence...

Choix du nom de domaine

Dans cette phase de réflexion, un expert SEO vous conseillera d'abord sur le choix de votre nom de domaine. Certes, on sait que le poids des mots clés dans un nom de domaine n'a plus l'impact qu'il avait auparavant, mais la question de l'**Exact Match Domain (EMD)**[1] se pose toujours. En tant qu'e-commerçant multimarques, dois-je m'appeler talons.com, La Halle aux chaussures, ou choisir un nom tel que Zalando ou Spartoo ? Si un EMD s'impose naturellement à vous, il serait dommage de vous en priver. Néanmoins, il ne faut pas non plus tomber dans la course à l'EMD à tout prix, au détriment d'une stratégie de marque plus efficace. En prenant un nom comme Zalando, vous marquez plus les esprits qu'avec un EMD comme chaussure-pas-cher.com. Vous vous élevez ainsi au-dessus de la mêlée. Car, pour les consommateurs, faire le tri et se rappeler le nom d'un EMD n'est pas toujours évident, ils se ressemblent tellement...

Si vous optez pour un EMD, comme pour tout autre nom de domaine, je vous recommande de bien acheter toutes les extensions et versions avec et sans tiret de votre nom de domaine. Surtout, redirigez-les bien vers un domaine principal qui ne comporte pas plus d'une vingtaine de caractères et de deux mots clés, séparés d'un seul tiret (oubliez les underscores), avec une extension en .fr ou .com.

Comment arbitrer entre le .fr et le .com ? Si vous rédigez exclusivement en français, préférez un .fr qui vous donnera la priorité dans les SERPs pour les requêtes en français. Si vous pensez un jour viser l'international, prévoyez un .com qui vous laissera plus de latitude. Quoi qu'il arrive, dès que votre choix est fait, achetez immédiatement votre nom de domaine. La récence ne paye pas chez Google, les noms de domaine fonctionnent un peu comme les assurances-vie : plus vous les gardez, plus ils vous rapportent. L'**âge de votre nom de domaine** fera donc partie des éléments pris en compte.

---

1. EMD : l'Exact Match Domain est un nom de domaine comportant des mots clés séparés de tirets pour favoriser le référencement du site sur une activité ou une catégorie de produits particulière.

Choix impactant les temps de chargement

Le temps de chargement de vos pages joue un rôle essentiel dans la qualité de l'expérience utilisateur et influe directement sur votre taux de conversion. Google a officiellement annoncé le prendre en compte dans son algorithme. Mais, selon certaines études, l'**impact sur votre référencement serait minime**. Seul le temps de réponse du serveur aurait réellement des effets, contrairement aux annonces de Matt Cutts, le « présentateur des Google News » sur la Toile. Il n'y a pas de journal télévisé Google à proprement parler, mais Monsieur Cutts s'exprimait régulièrement sur l'algorithme de Google *via* sa chaîne YouTube ou son compte Twitter.

Le débat sur cet impact supposé n'en est pas vraiment un. Quoi qu'il arrive, **vos temps de chargement doivent être optimisés** pour ne pas occasionner la fuite d'utilisateurs frustrés de ne pas voir vos pages se charger suffisamment rapidement. Comme vous aurez, en partie, payé ces visites, autant les rentabiliser.

Se faire accompagner dans la phase de réflexion projet, qu'elle soit menée en interne ou qu'elle soit sous-traitée, est incontournable. C'est à ce moment que l'équipe en charge du développement va faire **des choix techniques qui impacteront vos temps de chargement**. Avec une agence, cela affectera bien évidemment votre devis. Rappelons qu'une fois le devis validé, la rédaction du cahier des charges constitue l'étape suivante et que ce document, basé sur le devis, est un document à valeur contractuelle.

Certaines technologies comme l'**iframe**[1] sont à proscrire. Certains sites, pour des raisons techniques, hébergent des contenus sur d'autres domaines ou sous-domaines et font appel à l'iframe pour venir afficher le contenu de ces sites annexes entre le header et le footer de leur site principal. C'est dans l'arbitrage de l'utilisation de ce type de technologies qu'interviendra par exemple votre expert SEO.

Choix impactant la structure : l'arborescence

L'arborescence, ou un début de réflexion stratégique sur cette dernière, est parfois envisagée dès le cahier des charges. Et sa conception se doit d'être tripartite ; elle nécessite la collaboration d'une personne spécialiste de

---

1. Iframe : l'inline frame, abrégée iframe, est une balise HTML permettant d'afficher une page HTML au sein d'une autre page HTML.

votre offre produit, d'un ergonome garant de la fluidité du parcours client et d'un expert SEO gardant à l'esprit les futures optimisations pour référencer les futures rubriques de votre site. De ce travail coopératif naîtront des décisions qui dessineront les contours de l'organisation de votre contenu et de votre future stratégie SEO. L'arborescence de votre site sera ensuite destinée à être crawlée, c'est-à-dire parcourue par les robots de Google afin qu'ils indexent votre site.

Ces petits robots, débordés par les milliers de pages à indexer sur la Toile, laissent souvent de côté les pages profondes des sites Web. En outre, on sait que les sites « poupées russes » comportant de nombreux niveaux d'arborescence ont tendance à avoir un nombre important de pages profondes. Une arborescence de ce type pour une boutique en ligne tend à relayer les pages produits au second plan et à les marginaliser – ce sont pourtant celles que l'on souhaite voir remonter dans les SERPs.

Habituellement, le plus gros du travail sur l'arborescence et le nommage de ses rubriques et sous-rubriques intervient dans la deuxième phase du projet : la phase de conception.

La conception

La phase de conception comprend la réalisation des actions prévues dans le rétroplanning de votre projet : validation des maquettes, développements, phases de tests et correction des bugs avant la mise en ligne du site. Dans cette phase, rares sont ceux qui sont conscients du nombre d'erreurs que l'on passera ensuite à essayer de corriger. C'est grâce aux recommandations de votre expert SEO que vous vous assurerez de la marche de votre projet vers le triangle d'or.

Création du fichier robots.txt

Lorsqu'on lance un chantier précieux, on a souvent pour réflexe de le sécuriser. Il en va de même pour un site Internet. Mais, au-delà des aspects sécuritaires, il faut aussi prendre en compte le passage des Googlebots sur un chantier en cours. Ils risqueraient d'indexer et d'exposer vos pages en cours de développement dans les SERPs à vos futurs prospects... Le rôle de ce fichier « agent de sécurité », le fichier robots.txt, consiste à venir se placer à la racine de votre site et à autoriser ou non l'indexation de certaines pages de votre site.

Il est vital pour votre référencement que les robots des moteurs de recherche n'indexent pas vos versions de tests (version de développement et version de préproduction). Un des combats de Google est de lutter contre le copier-coller de contenu d'un site à l'autre sur la Toile. Afin d'encourager les sites Internet à la production de contenus originaux leur appartenant, et proposer ainsi du contenu à valeur ajoutée aux internautes, Google sanctionne tout ce qu'il qualifie de « duplicate content » : le contenu dupliqué. Sa définition du contenu dupliqué est vaste et s'applique à beaucoup de cas. Elle s'applique notamment dans le cas d'un site qui aurait, dans un premier temps, indexé par erreur ses versions de tests dans les moteurs de recherche et qui aurait, ensuite, mis en ligne son site officiel. Dans ce cas précis, la version officielle, qu'on appelle la version de production, serait alors catégorisée en contenu dupliqué. Ce qui entraînerait la pénalisation du site officiel. Car deux pages identiques avec deux URLs distinctes sur un même domaine rentrent dans la catégorie des contenus dupliqués. Pour empêcher cette situation aussi dommageable que ridicule, il vous suffit de renseigner votre robots.txt en y insérant les répertoires contenant les versions de tests. C'est le genre de guidelines qu'un expert SEO fournit aux équipes techniques.

En plus des versions de tests de votre site, ce fichier devra lister toutes les URLs que vous ne souhaitez pas voir indexées dans les moteurs de recherche. Pensez à y inclure toute la partie administration, comme la page de connexion à votre back-office par exemple, ainsi que vos pages de formulaires de contact.

Notez que pour interdire l'indexation d'une page aux moteurs de recherche, il est aussi possible d'insérer dans l'en-tête de votre page, dans la section head, une balise meta nofollow comme suit : ‹meta name="robots" content="noindex,nofollow" /›.

Création du fichier sitemap

Le sitemap, c'est l'exact opposé du fichier robots.txt. Il s'agit de la carte, du plan de votre site au format XML qui contient toutes les URLs de votre site que vous souhaitez voir indexées dans les moteurs de recherche. Il spécifiera quelques paramètres pris en compte selon le bon vouloir des robots concernant la fréquence de mise à jour, la date de dernière modification et la priorité du contenu à indexer. Ce fichier facilitera l'indexation de votre site dans les moteurs de recherche.

Il existe des outils gratuits en ligne qui facilitent la création d'un sitemap. Pensez à vérifier que chacune de vos URLs figure bien sur ce fichier. D'autant plus que la plupart de ces outils, comme *www.xml-sitemaps.com* ou *www.my-sitemap.com*, imposent des limites en termes de nombre d'URLs maximum par sitemap. Prenez le temps de le créer correctement au début et pensez à mettre en place un système de mise à jour automatique de ce fichier. Vous pouvez aussi créer un sitemap pour vos images, si vous souhaitez les indexer.

CONSEILS

S'assurer de l'accessibilité de vos pages. Assurez-vous que la totalité de vos pages soit toujours accessible aux moteurs de recherche. Pour faire la chasse aux pages d'erreur et aux redirections, réalisez régulièrement une exploration de vos URLs (*via*, par exemple, un outil gratuit comme Xenu).

Favoriser l'affichage de vos vidéos. N'oubliez pas de créer également un fichier sitemap.xml spécifique pour vos vidéos. Ce fichier permettra de transmettre à Google des informations complémentaires (titre, description, durée...) sur vos vidéos afin de favoriser leur prise en compte.

Fournir un plan de votre site. La création d'une page « plan de site » vous permettra d'indiquer à vos utilisateurs, mais aussi aux moteurs de recherche, les différents emplacements de vos contenus. Pensez bien à y mettre les principales rubriques et sous-rubriques de votre site.

Réécriture d'URL

La réécriture d'URL a été adoptée rapidement par la plupart des sites, mais beaucoup possèdent encore des URLs imprononçables. Éviter d'avoir des URLs qui contiennent des suites de chiffres est pourtant plus agréable pour vos utilisateurs. Bien que cet élément ne semble plus être pris en compte par les moteurs de recherche depuis la mise à jour Panda, il est néanmoins préférable de réécrire vos URLs afin qu'elles contiennent des mots clés liés à leur contenu.

Les développeurs ont pris pour habitude de prévoir la réécriture d'URL, même chose pour les Content Management Systems (CMS)[1]. Dans les principaux CMS tels que Joomla, Wordpress ou PrestaShop, la réécriture n'est qu'une simple option à activer.

Arborescence et link juice

Plus vous respectez les bonnes pratiques et alimentez votre site en contenu, plus Google accordera de l'importance à votre nom de domaine et lui donnera du « link juice ». Ce « link juice » fait office de « bons points ». Ces bons points, distribués par Google, sont ensuite à redistribuer stratégiquement entre les pages importantes de votre site pour améliorer leur position dans les SERPs. Et c'est *via* votre arborescence que passe cette redistribution. Le link juice est redistribué à parts égales entre les liens présents sur la page qui le reçoit, et ainsi de suite. Il diminue donc à chaque division. Et une nouvelle division s'effectue à chaque niveau de votre arborescence entre les liens que cette page contient.

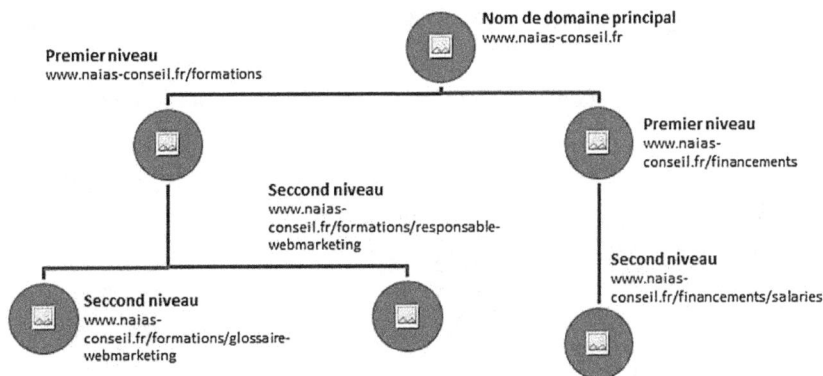

Premier niveau
www.naias-conseil.fr/formations

Nom de domaine principal
www.naias-conseil.fr

Premier niveau
www.naias-conseil.fr/financements

Second niveau
www.naias-conseil.fr/formations/responsable-webmarketing

Second niveau
www.naias-conseil.fr/financements/salaries

Seccond niveau
www.naias-conseil.fr/formations/glossaire-webmarketing

Exemple du link juice ci-dessus

On a ici une première division par deux (en imaginant que ce soit les deux seuls liens du nom de domaine principal), puis une seconde division par deux au second niveau. La page du glossaire webmarketing ne reçoit donc qu'un quart du link juice de départ.

---

1. Content Management System : les CMS, en français « systèmes de gestion de contenu », sont des interfaces développées pour automatiser la création et l'organisation de contenu. Ils permettent, par exemple, de créer un site Internet sans avoir à le développer de A à Z.

Ainsi, il faut répartir ce link juice sur les pages stratégiques de votre site et ne pas le gaspiller vers des pages 404 – des pages d'erreur. Accordez donc une attention toute particulière, lors de la recette de votre site, c'est-à-dire la phase de test, à tous les liens présents sur vos pages lors du lancement du site.

Par ailleurs, il doit y avoir une réelle stratégie de mots clés qui doit transpirer à chaque niveau de votre arborescence. Et plus on va en profondeur dans votre arborescence, plus les mots clés doivent devenir spécifiques (voir « Mots clés » p. 143).

Les balises head

Cette répartition du link juice ne suffit pas à bien positionner vos pages. Une analyse des balises qu'elles contiennent jouera un rôle majeur dans leur ranking. Pour rappel, toutes les pages HTML de votre site sont composées de deux sections :

- le **head** : il s'agit de l'en-tête de votre page. Cet en-tête est, en quelque sorte, la carte d'identité de votre page. Elle sera donc unique pour chaque page ;
- le **body** : il s'agit du corps de la page. Il contient généralement tout ce qui sera visible sur le site.

Le décor étant planté, intéressons-nous de plus près à cette carte d'identité, car une partie importante des informations contenues dans le head de votre page est destinée aux moteurs de recherche. Ces informations sont contenues dans des balises meta, certaines d'entre elles sont d'anciennes stars du SEO, tandis que d'autres, moins médiatisées, gagnent à être connues.

La balise title

La balise **meta title**, comme son nom l'indique, doit contenir le titre de votre page. Elle fait partie des balises meta, des balises qui viennent décrire votre page. C'est une balise essentielle car, comme la balise meta description, elle apparaît dans les SERPs de Google. Elle détermine donc votre premier contact avec l'internaute. Elle doit être alimentée de mots clés pertinents en fonction du contenu de votre page. Elle influencera le taux de clic lors de vos apparitions dans les pages de résultats. Le copier-coller de balises menant tout droit vers la balise unique est évidemment à proscrire.

Notez aussi que, selon sa taille, Google ne l'affichera pas toujours intégralement dans ses SERPs. On connaît approximativement la limite d'affichage qui, suite à une étude menée par la société MOZ, semble se situer entre 55 et 60 caractères. Pourquoi donner une fourchette ? Les « i » et les « w » n'occupent pas un espace identique, tout comme les majuscules, les minuscules ou les mots en gras. En fonction des lettres utilisées, une partie de votre titre risque tout simplement de ne pas s'afficher.

Si vous souhaitez vous amuser à faire des tests, la société MOZ a mis à disposition un petit outil de prévisualisation de titre, le **title preview tool**[1], pour vérifier si vos titres seront coupés dans les SERPs en fonction des requêtes tapées par les utilisateurs.

Les balises description et keywords

La balise meta description sert à venir donner un complément d'information sur le contenu de votre page aux utilisateurs. Auparavant l'inclusion de mots clés dans cette balise permettait de mettre en exergue ces mots *via* une mise en gras, mais depuis novembre 2014, ce n'est plus le cas.

La fenêtre d'affichage de la meta description se situe entre 156 et 158 caractères. Je ne vous précise pas ces spécifications pour que vous les appliquiez à la lettre, mais plutôt pour que vous les ayez en tête en rédigeant ces balises. Ainsi, vous veillerez à mettre dès le début les expressions-clés et travaillerez l'art du compromis afin de présenter votre page avec concision aux Googlebots.

La balise meta keywords est certainement la balise dont l'utilité, ou l'inutilité devrais-je dire, a fait le plus de bruit au cours des dernières années. Jadis, elle eut son heure de gloire. Aujourd'hui, dans le doute, elle ne devrait pas disparaître de vos « to-do lists » (liste de tâches), mais y figurer en bonne dernière, tant son rôle est insignifiant dans votre référencement. D'autant

---

1. Title preview tool : *http://moz.com/blog/new-title-tag-guidelines-preview-tool.*

plus qu'ajouter des mots différents pour chaque page est relativement chronophage.

La balise canonique

La balise canonique, contrairement aux précédentes, n'est pas une balise descriptive. Vous vous rappelez la notion de contenu dupliqué ? La pénalisation des pages au contenu similaire au sein d'un même site, sachant qu'un bloc de contenu en commun suffit, a alors dû retenir toute votre attention. Si vous êtes dans cette situation pour cause de contraintes techniques, le rôle de cette balise est d'informer Google et de montrer patte blanche. Mais, attention, cette balise ne s'applique que dans un cas bien précis : lorsque vous avez deux pages identiques avec deux URLs différentes. Elle ne résoudra pas vos problèmes de blocs de contenu similaire, le retour au clavier s'imposera.

Cette balise est à prendre avec des pincettes. Elle consiste à suggérer à Google quelle page préférer pour l'indexation et quelle page ignorer, puisque similaire à celle à préférer. Oui, j'ai bien dit « suggérer » car, certes, vous éviterez une pénalité en l'utilisant, mais Google restera, quoi qu'il arrive, maître de l'indexation des pages que ses robots parcourent. On insérera donc la balise canonique sur la page non prioritaire en faisant référence à la page que l'on préfère voir indexée.

Exemple d'utilisation de la balise canonique

Si votre site utilise la multicatégorisation, il arrive souvent que ce soit pertinent de mettre un même article dans plusieurs catégories, mais que vous ne soyez pas capable de garantir une unique URL pour ce même produit dans chacune de ses catégories. Il vous faudra alors passer par l'utilisation de balises canoniques renvoyant vers l'URL, la page figurant dans ce que l'on pourrait considérer être sa catégorie principale.

```
<!DOCTYPE html>
<!-- Code de la page non prioritaire -->
<html>
<head>
  <meta charset="utf-8" />
  <link rel="canonical" href="pageaindexer.html" />
  <title> Page non prioritaire</title>
</head>
</html>
```

Attention, cette balise est très souvent mal employée. Google a d'ailleurs dressé **le top 5 des erreurs d'utilisation de la balise canonique**. On y retrouve les erreurs suivantes :

- **utiliser la balise canonique pour du contenu paginé** (un article en plusieurs pages). Si le contenu de chaque page est différent, aucune raison d'utiliser cette balise ;
- **ne pas respecter la syntaxe de la balise** au niveau de l'URL. Soit vous indiquez le chemin entier *http://votresite.com/votrepage.html*, soit vous ne renseignez que la page */votrepage.html* ;
- **avoir involontairement deux balises canoniques** sur une même page. Dans ce cas, elles s'annuleront mutuellement et aucune ne sera prise en compte ;
- **l'utiliser pour un bloc de contenu**, alors que les pages doivent bien être toutes deux indexées. Sur la page d'accueil d'un site, on a souvent des mises en avant d'articles du site reprenant le début de ces articles. Mais les deux pages sont bien à indexer.

CONSEIL

Afficher le domaine associé à la langue de l'internaute. Vous ciblez une audience internationale ? N'oubliez pas d'utiliser la balise hreflang sur chacune des pages de vos différents domaines pour permettre à Google de bien associer vos différentes versions linguistiques à la langue de vos utilisateurs. (Voir ce bel exemple : *http://www.apple.com/fr/sitemap/*.)

Les balises body

Situées dans la section « body » de votre page HTML, ces balises ont pour but de hiérarchiser les données qu'elle contient. Dans cette catégorie figureront notamment les balises H et les balises strong et em.

Les balises H

Les balises H sont des balises structurantes. Elles vont de H1 à H6 en indiquant ainsi à Google les parties importantes et le thème principal de ces parties. Veillez donc à les travailler pour qu'elles reflètent, sous forme de mots clés (si possible ceux sur lesquels vous souhaitez vous référencer), le contenu de la partie de votre page concernée.

La balise H1 correspondra au titre visible de la page, c'est la balise la plus importante. Toutes les pages Web sont censées comporter une balise H1. Les balises suivantes sont utilisées en fonction de la nature de votre contenu et de l'importance de vos intertitres. Elles s'utiliseront de manière croissante (de H2 jusqu'à H6) vers des intertitres de moins en moins importants, ou sous forme de niveaux s'ils ont tous la même importance. Il est donc possible d'avoir une balise H1 et, si les autres parties sont d'égale importance, elles comporteront chacune un titre placé dans une balise H2.

Même s'il semblerait que les balises H2 à H6 aient une importance mineure, j'insiste néanmoins sur le fait que l'ordre doit être respecté ; ne passez pas de 1 à 3 par exemple. Car une mauvaise structure sera, en revanche, pénalisante.

Il n'est pas toujours évident de repasser à la ligne tout son code pour s'en assurer. Rassurez-vous, divers outils vérifient pour vous que des balises H non désirées ne viennent pas faire chavirer votre structure. Le site yakaferci.com[1] en propose un par exemple.

Les balises strong et em

La balise strong comme la balise em ont pour but d'attirer l'attention des moteurs de recherche sur des expressions-clés de votre page. Et, contrairement aux croyances populaires, la balise strong ne consiste pas en une simple mise en gras, il ne faut pas la confondre avec la balise bold. Certes, les navigateurs les interprètent comme une mise en gras, mais elles sont bel et bien destinées aux moteurs de recherche. Elles ne doivent donc pas être utilisées pour toute une phrase ou tout un paragraphe. Saupoudrez vos pages de ces balises de façon stratégique, ou cela se retournera potentiellement contre vous.

Les balises alt

Ne faites pas l'impasse sur l'attribut alt de vos images ou le nom de leur fichier, il semblerait que Google y soit particulièrement attentif. Ajoutez-y une petite expression-clé, mais toujours pertinente ! N'allez pas jusqu'à nommer « solutions ERP » une image qui représenterait une orange... Changez plutôt d'image pour qu'elle soit davantage en adéquation avec la page et son contenu. D'autant plus que l'attribut alt des images est utile, bien au-delà du référencement naturel (voir « Accessibilité » p. 301).

---

1. Outil de vérification de balises H : *http://www.yakaferci.com/outil-seo/*.

Depuis le début de la lecture de ce chapitre, vous pourriez me demander : mais que reste-t-il pour référencer un site puisque vous parlez quasiment uniquement d'éléments qui ne sont plus pris en compte ? Si nous devions résumer et explorer votre site comme Google, en dehors des balises title et description que nous afficherions dans les SERPs, nous ne prêterions attention qu'aux balises H1 et strong ou em. Google a, en effet, diminué le poids de nombreux éléments pour laisser trôner l'élément majeur de votre page : votre contenu.

Le contenu

Le « king », chez Google, ne vous y trompez pas : c'est bien le contenu. D'où la célèbre maxime qui a encore plus d'écho aujourd'hui qu'il y a vingt ans : « Content is king ! » Le contenu ? Ce sont vos lignes de texte faites maison, soigneusement rédigées, serties de toutes les expressions-clés que vos utilisateurs seraient à même d'utiliser pour effectuer leurs recherches dans votre domaine d'activité. Il doit apporter une réelle valeur ajoutée à la navigation de l'internaute, tout en étant relié à d'autres pages de votre site, mais aussi à d'autres sites.

Taille et répartition du contenu

Quelle dose de contenu mettre dans une page ? Le débat sur la taille minimum d'un contenu est loin d'être clos. Certains parlent de 250-300 mots minimums par page, d'autres vont jusqu'à 1 000 mots. Sans tomber dans la surenchère spéculative, essayez de dépasser les 250 mots et écrivez tout ce qui peut être pertinent sur chacune de vos pages.

On évoque aussi une répartition du contenu *versus* le reste des éléments de votre page... Ne vous attardez pas sur tous ces concepts. Le contenu est important, mais personne ne détient de barème, de pourcentage-clé de texte ou de nombre de mots. Encore une fois, donnez un maximum d'informations sur vos produits, vos services et votre entreprise.

FAUT-IL FAIRE CONFIANCE À UN PRESTATAIRE QUI GARANTIT LA PREMIÈRE PAGE DE RÉSULTATS DE GOOGLE ?

La réponse de Google est très claire à ce sujet : *« **Personne ne peut garantir la première position dans les résultats de recherche Google.** »*

Le processus de classement des sites dans les pages de résultats naturels est un processus complexe qui repose sur plus de 200 critères. Dans ce contexte, le succès de votre prestation de référencement passera par l'expérience de votre prestataire, les outils dont il dispose et la méthodologie rigoureuse qu'il compte employer.

Sur ce point, assurez-vous que votre prestataire est transparent quant aux actions qu'il propose de mettre en place sur votre site ou en dehors de votre site. Une bonne méthodologie devrait s'appuyer sur les aspects techniques et éditoriaux, mais également sur le maillage de votre site ; sans oublier, bien sûr, la mise en place d'une solution, par exemple Google Analytics, pour mesurer l'impact de votre prestation sur votre audience et vos conversions.

Ces différentes actions, si elles sont bien menées, nécessitent du temps. Votre prestataire devra donc être également très clair sur la répartition du budget lié à la prestation. Soyez vigilant sur le choix de votre prestataire ; un mauvais choix peut avoir des conséquences négatives importantes sur la visibilité de votre site dans les moteurs de recherche.

EST-CE UTILE DE M'INSCRIRE SUR GOOGLE MY BUSINESS POUR MON RÉFÉRENCEMENT NATUREL ?

Oui, sans aucun doute. **Google My Business** (http://www.google.fr/business/) est une plateforme centralisée et gratuite permettant aux entreprises de créer une visibilité supplémentaire dans les pages de résultats naturels de Google, Google Local et Google +.

Google My Business vous permet, tout d'abord, de créer une fiche entreprise qui pourra s'afficher lors de recherches locales (97 % des internautes utilisent la recherche en ligne pour trouver des établissements à proximité). Par exemple, la fiche de la boutique d'un fleuriste parisien pourra s'afficher, dans un encart dédié, lors d'une recherche sur « fleuriste paris ». Le principal avantage, pour le commerçant, est de pouvoir présenter des informations utiles (horaires, adresse, téléphone, plan) qui permettront aux utilisateurs d'entrer rapidement en contact avec lui.

Google My Business vous permet également de présenter votre marque *via* la création d'une page de marque Google +. Lors d'une recherche sur votre marque, la page de résultats de recherche de Google affichera, dans un encart dédié, des informations sur votre marque, comme votre logo et votre dernier article publié sur Google +. C'est donc un moyen de diffuser du contenu complémentaire (dernières promotions, articles pratiques…). Le principal avantage réside surtout dans la présence d'un bouton « S'abonner » qui permettra aux utilisateurs abonnés à votre page d'avoir des résultats de recherche personnalisés qui mettent en avant votre site. En un mot, plus vous aurez d'abonnés, plus vous serez visible pour eux sur la première page.

Attention à ne surtout pas vous faire pandaliser. Non, ce n'est pas une coquille, cela signifie : vous faire pénaliser par Google Panda pour contenu dupliqué. Pour cela, ne copiez-collez aucun contenu d'autres sites ; rédigez un contenu unique pour chaque page.

> **Exemples de contenu dupliqué**
>
> Utiliser des blocs de contenu similaires car vous avez une page produit pour chaque couleur d'une même référence.
> Reprendre telle quelle la description produit d'un fournisseur et mettre en ligne la même description que des milliers d'autres revendeurs.

Mots clés

Le meilleur moyen de ne rien oublier dans l'étape « mots clés », c'est de fonctionner comme si vous deviez aller faire vos courses : faites une liste ! Je ne vous dis pas d'aller jusqu'à l'accrocher sur votre frigo, mais soyez méticuleux. Une fois la liste de toutes les expressions qui pourraient être tapées pour trouver votre activité établie, déclinez-les en synonymes, en verbes, en tout ce qui existe et fait sens. Puis allez voir sur les sites concurrents s'il n'y aurait pas d'autres expressions proches, que vous auriez oubliées, sur lesquelles vous pourriez vous positionner. Et ceci vaut pour votre site, mais c'est à faire page par page, produit par produit. Rappelons au passage qu'un mot clé est une expression qui se compose d'un ou de plusieurs termes.

On doit ensuite retrouver ces mots clés dans votre arborescence, dans vos balises, dans le nom de vos images et, je vous le donne en mille, dans votre contenu !

Il existe trois catégories de mots clés qui proviennent d'un concept désormais vulgarisé : celui de **longue traîne** (*long tail* en anglais).

Les mots clés génériques sont les plus utilisés pour les recherches, et souvent en début de navigation. Ils comportent un à deux termes. Ce sont normalement les termes que l'on retrouve au premier niveau de votre arborescence. Au deuxième niveau, on rencontrera des mots intermédiaires un peu plus précis que les mots génériques. Tandis que les mots clés spécifiques, les mots clés longue traîne, comportant beaucoup plus de mots, sont généralement tapés par des utilisateurs qui savent ce qu'ils veulent. Ils viendront se placer dans vos pages produits ou dans les pages les plus profondes de votre site.

Volume de requêtes

Mots-clés génériques

Mots-clés spécifiques

Longue traîne

Nombre de mots-clés

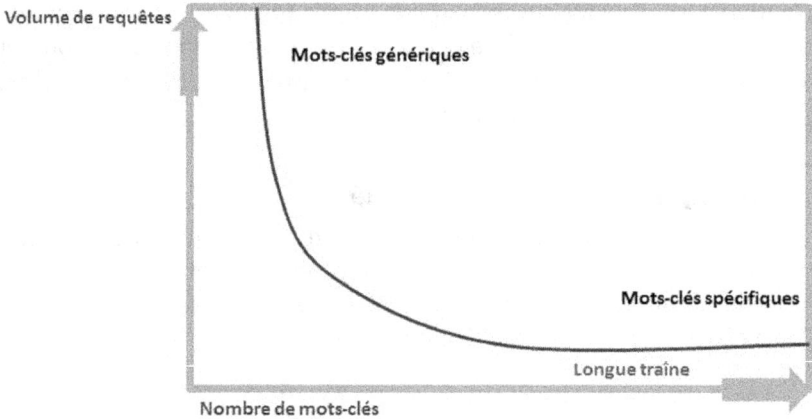

Exemple d'utilisation des mots clés

- Premier niveau/Mot clé générique = Téléviseur.
- Deuxième niveau/Mot clé intermédiaire = Téléviseur LED.
- Troisième niveau page produit/Mot clé spécifique = Téléviseur LED VIERA TX-60AS800E.

Dans votre contenu, grâce à la liste établie au départ, vous allez jouer sur la **variance des mots** que vous insérerez dans chacune de vos pages. J'insiste sur le fait que l'insertion de ces mots clés doit toujours rester pertinente et variée. Inutile de mettre dix variantes d'un même mot sur une page courte, 3 ou 4 suffiront. Sur une page plus longue, une ou deux variantes supplémentaires seront tolérées. Prenez garde à ne pas en abuser ; vous seriez alors sanctionné pour suroptimisation. Ce serait vraiment dommage... après tant d'efforts. En effet, en poussant le vice un peu loin, certains sites en ont abusé et ont donné naissance à une mauvaise pratique appelée le « **keyword stuffing** », qui revient à bourrer votre page de mots clés dans des phrases n'ayant plus grand sens ni intérêt pour les utilisateurs. On comprend mieux l'origine des mesures prises par Google pour limiter ce genre de pratique.

CONSEIL

Choisir judicieusement ses mots clés. Ne cherchez pas à être premier sur tous les mots clés. L'objectif est surtout d'identifier les requêtes qui génèrent le plus de trafic avec une concurrence raisonnable, et d'être bien placé (dans les trois premières positions) sur ces requêtes avec du potentiel.

Ancres de lien et maillage interne

Ancres ou maillage, quoi qu'il arrive, il est question de liens. Représentez-vous votre site comme un pull à tricoter dont il faudrait relier toutes les mailles entre elles. Il s'agit de relier vos pages les unes aux autres. Les aides à la navigation telles que le **fil d'Ariane**[1] ou la barre de navigation comportant votre menu contribuent au maillage interne. Mais ce n'est pas suffisant. En insérant des liens dans le corps de votre page, dans votre contenu, vous vous assurez une meilleure indexation. Car n'oubliez pas qu'un robot va de page en page, en suivant les liens des pages qu'il indexe, tout en notant les ancres de lien utilisées par ces liens.

Qu'est-ce qu'une ancre de lien ? Un lien hypertexte se compose de deux éléments : l'URL de destination du lien et son texte. Lorsque l'on parle d'ancre de lien, on fait référence au texte du lien. Ces petits mots, que vous sèmerez avec soin dans votre site, pointant directement vers d'autres pages de votre site, devront être stratégiquement choisis. Ils viendront alimenter l'identité sémantique de la page pointée.

Attention aux liens sortants : tout lien qui pointe vers l'extérieur se veut vital. Car un lien sortant = link juice sortant. Réfléchissez bien : ce site en vaut-il vraiment la peine ? Quoi qu'il arrive, une page devra toujours comporter plus de liens internes que de liens externes. Une fois votre coin de Toile tissé, votre site pourra enfin prendre vie.

La vie courante d'un site Web

Les sites Web sont un peu comme nos enfants ; c'est quand on pense en avoir fini qu'un tout autre chantier commence. Une fois votre site mis en ligne, il aura besoin d'attention, de nouveauté, de reconnaissance, de liens avec l'extérieur, mais aussi d'être accompagné lors des phases de changements importants.

---

1. Fil d'Ariane : suite de liens représentant le chemin de navigation de l'internaute. Il est habituellement situé en corps de page, juste en dessous de la barre des menus.

Création de vos comptes Google Universal Analytics et Webmaster Tools

Préalablement à la mise en ligne de tout site Web, il est incontournable de créer un compte **Google Universal Analytics** afin d'installer un tag de suivi pour l'analyse de votre audience. Nous y reviendrons dans la partie sur la mesure de la performance (voir p. 243). Je vous conseille ensuite de créer un compte **Google Webmaster Tools**. Une authentification sera exigée, la faire *via* votre compte Analytics restera l'option la plus rapide.

Google Webmaster Tools, ou GTO dans sa version abrégée, est un outil qui vous accompagnera tout au long de la vie de votre site Web. Il vous permettra de voir votre site tel que l'explore Google, de vérifier la mise en place de vos balises. Il vous indiquera les erreurs d'exploration, la densité de vos mots clés, la prise en compte de votre sitemap, ou encore l'état de votre indexation. Il sera très utile, notamment pour signifier à Google qu'une extension de liens (sitelinks, ici entourés) choisie pour vous représenter dans les SERPs ne vous correspond pas.

Pour prendre un peu de recul par rapport à vos mots clés et analyser ceux qui ressortent le plus pour les moteurs de recherche, n'hésitez pas à vous rendre sur votre compte Google Webmaster Tools ou sur l'outil de yaka-ferci.com, qui va d'ailleurs un peu plus loin dans le détail et l'analyse de la densité de vos mots clés.

Encore une chose. Le jour fatidique de la mise en ligne, n'hésitez pas à vous faire recenser. Rien n'est garanti, mais ça ne mange pas de pain de **soumettre une URL à Bing et Google**. Ils en ont déjà beaucoup à visiter, mais autant faire la queue : l'attente est gratuite !

CONSEIL

Accélérez la prise en compte de vos pages. Une fois votre contenu publié sur votre site Internet, pensez à aller dans Google Webmaster Tools (menu Explorer comme Google) afin de demander l'exploration de votre nouveau contenu pour pouvoir, ensuite, cliquer sur « Envoyer pour indexation » et accélérer sa prise en compte.

Query Deserves Freshness & context !

Maintenant que vos outils de veille statistique et technique sont mis en place, sachez que les premiers jours qui suivent la mise en ligne sont déterminants. Google passera fréquemment pour dresser votre profil de mise à jour. Faites-le vivre, et ajoutez régulièrement des pages de contenu pendant ces premières semaines pour qu'il vous inscrive dans sa liste de sites à crawler régulièrement. Si vous monétisez votre audience, n'alourdissez pas vos pages de trop nombreuses publicités au-dessus de votre ligne de flottaison. Mais votre effort ne s'arrêtera pas là, il vous faudra donner de la récence et du contexte à votre contenu.

La récence du contenu

Intéressons-nous de plus près à l'expression « Query Deserves Freshness ». Traduite littéralement, cela veut dire que la requête mérite de la fraîcheur. Google donne donc priorité aux sites qui ajoutent régulièrement du nouveau contenu. Ceci est suffisamment explicite. Prenez le temps, ou engagez une personne ou une société pour alimenter régulièrement votre site en contenu. Des sociétés se sont spécialisées dans la rédaction de contenu optimisé pour le référencement. C'est l'expertise qu'ont notamment développée les sociétés **Edit Place** et **TextBroker**.

Le Web sémantique et les microdonnées

J'ai ajouté « context » à l'expression car, depuis 2011, Google, Yahoo et Bing se sont entendus pour promouvoir le **Web sémantique,** ou plutôt pour vous inciter à donner du contexte à votre contenu. Pour instaurer ces nouvelles (futures) normes, ils ont créé Schema.org, un site qui recense tous les petits bouts de code à ajouter à vos pages pour chaque élément. On les appelle les **données enrichies ou** *rich snippets* en anglais.

> **Exemple de microdonnées apparaissant dans les SERPs :**
> • apparition du prix du produit ;
> • apparition d'une miniature de vidéo ;
> • apparition des dates de début/fin, adresse et horaires.

La liste d'exemples s'étend sans fin, il y en a pour tous les goûts. Au-delà de l'intérêt évident de surligner votre présence dans les résultats de recherche et d'améliorer votre CTR (taux de clic), cela permet une meilleure indexation. En étant mieux indexé, cela fait entrevoir un trafic plus qualifié, et donc un meilleur taux de conversion du trafic provenant du SEO. Les microdonnées sont de plus en plus utilisées et semblent représenter l'avenir du référencement naturel.

Attention aux backlinks

Les backlinks sont aussi des portes d'entrée vers votre site pour les robots. Un backlink, aussi appelé lien retour ou lien entrant, est un lien placé sur un site externe pointant vers une page de votre site. Google part du principe que le nombre de backlinks de vos pages reflète votre popularité, et donc votre crédibilité. Pour établir la valeur d'un backlink, Google applique un barème au dosage secret, composé du **Page Authority ou PA** (autorité de la page), du **Linking Root Domains ou LRD** (nombre de liens pointant vers le domaine) et du **Total Links ou TL** (nombre de liens au total) de la page sur laquelle se trouve le backlink. Il existe deux manières d'obtenir des backlinks. En vérité, il en existe trois, mais la troisième relève du piratage, je ne saurais donc vous la conseiller.

Link baiting

Développer une stratégie de **link baiting**[1], c'est partir plus ou moins à la pêche aux liens avec un contenu viral. Bien qu'il s'agisse aussi d'une stratégie éditoriale de content marketing, il n'est pas question ici de payer pour sa diffusion. Pour Google, **rien ne vaut un vrai backlink naturel et mérité**, et cela passera par votre contenu et sa pertinence. Mais comment attirer naturellement des backlinks ? En écrivant un article de qualité et complet sur des sujets qui intéressent, en proposant des informations utiles sur des sujets inexplorés. Les éléments visuels comme les infographies, les sondages ou les études fonctionnent très bien aussi. Vous devez informer sans servir de somnifère. Maintenez des structures de phrases simples, soyez clair, direct et concis. Pensez, dès la mise en ligne de votre site, à mettre en place des boutons de partage pour les réseaux sociaux afin de rendre votre contenu viral. Les backlinks vous transmettent le link juice d'autres sites, y accorder un peu de temps en vaut donc la peine. Vous avez une boutique en ligne et vous vous demandez en quoi cette partie vous concerne ? Rares sont les produits sur lesquels les utilisateurs ne souhaiteraient pas avoir un peu plus d'informations, que ce soit sous la forme d'un guide d'achat ou de conseils d'utilisation qui ne ressemblent pas à une notice.

Netlinking

On a bien connu l'ère des échanges de liens, du **netlinking**, où chacun dégainait son PR (PageRank) en guise d'argument de valeur pour le troc, mais chaque nouvelle modification de l'algorithme tend à nous en éloigner. Ce genre de partenariats est vu comme du référencement artificiel. Si vous abusez de ce genre d'échanges, vous risquez plus d'être pénalisé que récompensé. Dès lors que Google identifie une quantité de backlinks entre deux sites trop importante pour ne pas être commerciale, il ignore complètement ces backlinks.

Certaines petites sociétés comme **RocketLinks** en ont fait un modèle économique, et font office d'intermédiaires (contre une commission de 20 %) entre annonceurs en quête de liens et éditeurs de sites inspirés aux thématiques connexes.

---

1. Link baiting : stratégie de contenu qui consiste à mettre en ligne des pages qui auront vocation à être pointées par des liens entrants et partagées sur les réseaux sociaux.

Vous pourriez aussi être tenté d'aller disséminer vos propres backlinks sur la Toile, en mettant discrètement un petit lien **sur un forum ou un annuaire**. Oubliez les annuaires, et encore plus les packs d'inscription aux annuaires ; la plupart sont blacklistés par Google ou ont vocation à l'être et risque-raient de vous pénaliser.

Laisser quelques petits **commentaires sur des articles de contenu** de manière PERTINENTE et intéressante sans en abuser est envisageable. N'insérez pas directement votre URL dans le commentaire, ce serait immé-diatement pris pour du spam... J'en ai moi-même, jadis, fait les frais. Préférez les sites qui vous demandent par politesse, par formulaire automatique plus exactement, l'URL de votre site. Certains oublient de paramétrer ces champs en ne laissant pas l'instruction « nofollow » (ne pas suivre) pour les robots des moteurs de recherche. Profitez-en, si le site en question a une thématique connexe et une bonne notoriété, vous avez tout à y gagner !

L'analyse des liens de vos concurrents vous donnera aussi de l'inspiration pour votre stratégie de link building. Petite astuce : n'hésitez pas à faire la **promotion d'autres sites *via* un article**. Cet article attirera à coup sûr un petit backlink, si cela est fait intelligemment.

Les réseaux sociaux

Concernant l'influence des signaux sociaux, partages, retweets, likes and co, il y a la théorie et la pratique, la version A et la version B. En mai 2010, Matt Cutts annonçait que Google ne prenait pas en compte les signaux sociaux, pour se rétracter en décembre 2010 en expliquant que, depuis, ces critères avaient été ajoutés à l'algorithme. Histoire de simplifier les choses, il est ensuite revenu sur le sujet en janvier 2014, en disant que les pages des réseaux sociaux Twitter et Facebook étaient crawlées au même titre que les autres pages, mais que les likes et autres indicateurs sociaux n'étaient pas pris en compte puisqu'ils reflétaient un instant T. Et cette instantanéité des signaux sociaux, caractérisés par une fiabilité volatile, impacterait négative-ment les SERPs s'ils étaient pris en compte.

Donc, dans la théorie, non, les signaux sociaux ne sont pas pris en compte. Sauf que, dans la pratique, des spécialistes du référencement ont fait des tests et se fendent d'articles affirmant le contraire. La société MOZ avait fait des tests sur l'influence des + 1 du réseau Google +, et avait constaté une corrélation significative entre les + 1 et le ranking de la page concer-née. D'autres tests démontraient l'influence des URLs tweetées sur leur positionnement. S'il y a une chose dont on est certain à l'heure actuelle, c'est que les liens partagés sur les réseaux sociaux sont, par défaut, indiqués en nofollow pour les robots. Concernant la prise en compte d'autres éléments provenant des réseaux sociaux ? Personne ne peut vraiment vous garantir quoi que ce soit.

À part nous faire danser et vaciller, toutes ces théories ne génèrent que plus d'incertitudes, mais il s'agit, là encore, d'un faux débat. La question n'est pas de savoir si cela influe ou pas sur le SEO, mais de savoir s'il est nécessaire pour une société d'être présente sur les réseaux sociaux et la réponse est clairement oui, sans aucun doute (voir « Réseaux sociaux » p. 269).

Gestion des changements

Un site, ça vit, ça évolue. Votre arborescence aussi peut être amenée à évoluer en fonction de votre stratégie. On oublie parfois qu'une URL, c'est comme une adresse ; lorsque l'on déménage, on prévient tout le monde et on prend soin de mettre en place un suivi de courrier. Lorsque vous modifiez une URL, même s'il ne s'agit que d'une lettre modifiée ou d'une page que vous mettez hors ligne, pensez à mettre en place une redirection. Que ce soit en passant par votre CMS ou par votre fichier .htaccess, prenez pour habitude de **mettre en place des redirections permanentes** (redirection 301).

Cela servira à ne pas laisser vos fidèles clients ou lecteurs errants sur la Toile, impuissants et hagards de voir leur page favorite se transformer en une triste page 404. Vous retrouverez d'ailleurs la liste de ces pages déprimées par l'attente dans votre compte Webmaster Tools. N'attendez pas : redirigez-les !

Si vous n'êtes toujours pas convaincu de l'utilité des redirections, faites-le au nom du link juice. N'en perdez pas une goutte, emportez-le avec vous vers votre nouvelle page. Bon, il s'agit tout de même d'un liquide instable, on sait que l'on en perd entre 5 et 10 % en chemin, mais c'est toujours ça de conservé !

La migration

On parlait de petites modifications, mais l'on peut parfois être contraint d'envisager la fin de vie virtuelle d'un site. De s'orienter vers une nouvelle aventure, un nouveau site, un nouveau nom de domaine, une nouvelle marque. Parfois, il ne s'agit que d'une « simple » migration technique, occasionnée par un changement de prestataire ou de solution technique, de CMS, et cela engendre la modification de vos URLs, ou plus. Dans tous les cas précités, afin que votre nouveau site ne soit pas pénalisé pour duplicate content et afin de conserver votre link juice, il vous faudra respecter un processus rigoureux en trois étapes pour tirer votre épingle SEO du jeu.

État des lieux

Listez rigoureusement toutes les URLs de votre site, oui j'ai bien dit toutes. Normalement, si vous avez correctement mis votre sitemap à jour, l'opération n'est pas censée être trop chronophage.

Une fois cette opération réalisée, scindez en deux catégories vos URLs. D'une part, celles qui auront vocation à vous suivre dans votre nouvelle aventure et, d'autre part, toutes celles dont vous comptez vous séparer.

Redirigez ensuite toutes vos URLs fraîchement licenciées vers l'URL de votre nouveau domaine (*www.mondomaine.com*).

Mapping des URLs

Prenez ensuite la liste de toutes les URLs avec lesquelles vous comptez continuer l'aventure. Établissez la liste de toutes vos nouvelles URLs. Maintenant, il ne reste plus qu'à matcher. Une à une, vous devez matcher vos anciennes URLs avec vos nouvelles URLs. C'est la partie qui requiert à la fois temps et minutie.

Redirection permanente

Tout comme pour les changements mineurs, vous devrez vous rendre dans le fichier .htaccess de votre ancien site pour indiquer la nouvelle adresse de chacune des URLs de vos anciennes pages selon le mapping que vous aurez préparé dans l'étape précédente. Inutile de préciser que vous ne mettez en place ces redirections qu'une fois votre nouveau site en ligne. Les robots apprécieront moyennement d'être redirigés vers des pages 404...

L'avenir du SEO en questions

Entre désoptimisation et place grandissante donnée au contenu avec les mises à jour successives de l'algorithme, certains s'interrogent sur l'avenir du SEO.

La ruée vers la désoptimisation des contenus ?

Depuis la mise à jour Pingouin de l'algorithme de Google, la menace de sanction pour suroptimisation plane et plusieurs courants se forment. Certains courent vers une désoptimisation totale pour se consacrer à la religion du contenu et du link baiting. C'est honorable, mais si l'on devait prendre à la lettre toutes les annonces de Google, le métier de référenceur n'existerait plus. Ce qui serait fort dommage, car d'autres perpétuent la tradition du jeu du chat et de la souris, et optent pour une désoptimisation stratégique. Cette désoptimisation porte surtout sur les ancres de liens pointant vers votre site, les backlinks, qui résulteraient de manière trop évidente d'un partenariat. Pour simuler un vrai mariage, évitez de faire pointer trop de liens du site partenaire vers votre site dans la même page. Les ancres, le texte de vos liens, devront aussi ne pas être trop parfaites ou trop imparfaites. Trop imparfaites ? Elles le sont quand vous reprenez les fautes d'orthographe des requêtes les plus courantes ou quand vous omettez les accents, par exemple. Une petite dose de liens en nofollow tout comme quelques liens vers d'autres sites rendront aussi votre mariage blanc plus crédible.

Les experts SEO, tous remplacés par des CMOs ?

Avec la place croissante attribuée au contenu au fil des années et la naissance du content marketing, certains pourraient être tentés d'engager un spécialiste du CMO (Content Marketing Optimization), dédié à la stratégie de marketing de contenu, à la place d'un SEO. Mouais, pourquoi pas... Néanmoins, ce serait comme faire l'économie d'un architecte pour votre maison et faire tout reposer sur un contenu non optimisé en vous privant de toutes les autres techniques de référencement... Pourquoi faire les choses à moitié ? Vous avez autant besoin de contenu de qualité que de l'expertise d'un référenceur. N'en déplaise à certains, le SEO est très loin d'être mort ou remplacé par le content marketing.

Que reste-t-il de l'authorship ?

En 2011, l'**authorship** et l'**author rank** furent accueillis par de nombreux SEO comme la reconnaissance et la récompense de leur travail par Google. Enfin une porte ouverte qu'ils n'auraient pas à crocheter pour atteindre le triangle d'or. Petit flash-back. L'authorship permettait à un auteur de signer son contenu en le liant à son profil Google +. Pour faire simple, cela se traduisait au début par l'apparition de données supplémentaires sur les pages signées dans les SERPs. Étaient visibles : la photo de l'auteur ou encore le nombre de cercles dans lesquels il était présent. Ainsi, cette crédibilité affichée occupait un espace améliorant le CTR de leurs résultats. Précisons tout de même que cet élément était plus une stratégie manquée de Google pour imposer son réseau social aux internautes (voir « Google + » p. 270). Aujourd'hui, force est de constater que tout a disparu. Les images, les cercles, grignotés morceau par morceau. La disparition de l'authorship est devenue officielle depuis l'été 2014. La relation entre Google et l'authorship n'aura donc pas dépassé le fameux cap des trois ans... Pour ce qui est de l'author rank, qui venait récompenser la qualité des écrits et leur popularité, seul l'avenir nous dira si les balises de paternité des contenus se maintiendront sur site et si l'algorithme de Google y prêtera attention. La seule certitude, à l'heure actuelle est que la priorité des posts Google + dans les résultats personnalisés demeure. Si l'un de vos abonnés est connecté à Google + et qu'il fait une requête sur Google en lien avec un de vos posts, le contenu de votre post remontera en première page.

Après ces quelques pages, on se rend compte à quel point le SEO est aussi instable qu'indispensable, et que sa capacité à embrasser le changement est une réponse à ceux qui voudraient en annoncer la fin. Il apparaît aussi plus qu'évident que Google souhaite pousser les sites à fournir du contenu à valeur ajoutée et à améliorer l'expérience de leurs utilisateurs. Mis à part le contenu, l'accessibilité et la dimension locale des recherches font aussi partie de ces nouvelles tendances. Votre site devra donc être optimisé pour tous les supports, et plus particulièrement pour le mobile. Dès juin 2013, Google annonçait qu'il pénaliserait les sites mal configurés pour les utilisateurs mobiles. Ce souci de l'expérience utilisateur **cross-device**[1] transparaît aussi dans les dernières évolutions apportées à l'outil de référencement payant du géant de Mountain View : Google AdWords.

CONSEIL

Associer référencement naturel et référencement payant. L'association d'une campagne de liens sponsorisés à une campagne de référencement naturel est un bon moyen de générer des clics complémentaires. Une étude Google, publiée en 2012, a d'ailleurs montré qu'un site en première position naturelle pouvait générer 50 % de clics supplémentaires.

---

1. Cross-device : expression utilisée pour évoquer la capacité d'un élément à être viable sur tous les appareils (ordinateur, tablette et mobile).

8

Référencement payant : acheter des mots clés pour un trafic qualifié

Le référencement payant a la particularité de porter autant d'étiquettes (liens sponsorisés, achat de mots clés, PPC[1]), qu'il inspire de préjugés. D'ailleurs, certains utiliseront encore à tort le terme SEM (Search Engine Marketing), qui regroupe le SEO et le SEA (référencement gratuit et payant) plutôt que d'employer le terme correct SEA[2]. L'importation de mots anglais a parfois ses ratés. Il y a de cela quelques années, les annonceurs ne connaissaient que le SEM pour évoquer le référencement payant. N'hésitez pas à demander des précisions à vos interlocuteurs sur ce qu'ils entendent par « SEM » : incluent-ils le référencement naturel (SEO), ou uniquement le référencement payant (SEA) ? Redoublez de vigilance dans vos entretiens sur les termes que vous emploierez (voir Dictionnaire du Web p. 317).

Le présenter comme un levier mal-aimé serait pourtant injuste. Certes, dans les cercles des TPE-PME, c'est souvent le cas, mais dans le budget des annonceurs aguerris il occupe une place de choix. Pourquoi un tel désamour des TPE-PME ? Google a entrepris la démocratisation de l'utilisation de son interface Google AdWords à coups de bons de découverte de 75 € il y a quelques années. Et cela, avant de faire passer ces nouveaux annonceurs par la case formation, ce qui était pourtant indispensable. Beaucoup s'y sont brûlé les ailes et ont vu leurs espoirs douchés par un ROI plus que décevant. C'est ainsi qu'est né le mythe de la désillusion AdWords : un budget filant sans retour sur investissement.

On se plaint parfois de l'ergonomie de certaines interfaces, ou de certains logiciels trop compliqués, celle-ci souffre plutôt de son apparente simplicité. En effet, de prime abord, même un enfant serait capable de créer sa

---

1. Pay Per Click : PPC, acronyme pour évoquer la publicité payée par clic.
2. Search Engine Advertising : achat de mots clés *via* un système d'enchères qui permet de faire apparaître des liens sponsorisés sur les moteurs de recherche. Ces achats de mots clés peuvent, par exemple, être faits sur la plateforme Google AdWords pour Google, ou encore sur Bing Ads pour Bing et Yahoo.

campagne, d'écrire son annonce et de choisir un mot clé. Malheureusement, entre création, paramétrage et optimisation, c'est loin d'être aussi simple.

Fonctionnement de Google AdWords pour le search

L'interface AdWords peut servir à la création d'annonces vidéo ou graphiques. Dans cette partie, nous nous intéresserons uniquement au search. Pour le search, AdWords possède l'avantage de pouvoir créer des annonces ciblées à souhait, les gérer et les optimiser grâce aux rapports en ligne. Son avantage premier, contrairement à l'image répandue, c'est la maîtrise des dépenses. À la différence d'autres leviers facturés à l'affichage, vous ne payez que lorsqu'un internaute clique sur votre annonce ; la facturation se fait au CPC.

Comment Google classe-t-il les annonces ?

Le classement, aussi appelé l'*ad ranking* en anglais, fait appel à un algorithme secret qui prend en compte l'enchère au CPC maximum de votre mot clé et son **Quality Score**[1]. Cet algorithme attribue ensuite une position d'affichage à votre annonce parmi les onze positions disponibles pour les annonces AdWords sur une page de résultats de recherche. Bien que les places soient nombreuses, puisque l'affichage des annonces se poursuit au-delà de la première page, seules les trois premières sont considérées comme premium, car offrant plus de visibilité.

Quels sont les déterminants du Quality Score (QS) ?

Les notions reines du référencement payant sont la pertinence et l'expérience utilisateur. Il s'agit d'**une note de 1 à 10 attribuée à chaque mot clé** en temps réel en fonction de sa pertinence dans le cadre d'une requête unique. Même si l'on ignore leur pondération dans l'algorithme, les déterminants du Quality Score sont bien connus des annonceurs. Afin d'avoir un bon QS, il vous faudra avoir :

---

1. Quality Score : note de 1 à 10 sur Google AdWords, attribuée à un mot clé. On parle de « niveau de qualité » en français, mais l'expression anglaise est plus couramment utilisée.

- un mot clé de qualité et bien ciblé ;
- une annonce pertinente ;
- un bon CTR (taux de clic) ;
- une page de destination pertinente ;
- et un bon historique.

Cette chaîne de bonnes pratiques permet, selon Google, d'instaurer un cercle vertueux. Mon annonce s'affiche sur la bonne requête, le message est pertinent et redirige vers une page avec un contenu adéquat, donc Google me récompense en réduisant mes coûts. En effet, entre deux annonceurs ayant la même enchère, ou dans le cas d'un concurrent qui miserait plus que vous, c'est celui qui aura le meilleur QS qui se hissera devant l'autre. Cette notion est donc importante, puisque cela signifie qu'avec de meilleures campagnes, on obtient une bien meilleure rentabilité.

Quelles sont les conditions d'une campagne réussie ?

Je le répète une fois de plus : inutile de vous lancer dans l'acquisition sans vous être assuré de la viabilité de votre site. Il doit être viable d'un point de vue commercial et technique.

En effet, les conditions préalables à la réussite de votre campagne doivent être réunies, et cela passe par **une offre de services ou de produits compétitive** en termes de largeur de gamme, de prix et de services additionnels. Cette offre doit, bien évidemment, répondre à une demande existante ou potentielle.

Afin de garantir l'efficacité des campagnes, l'**ergonomie de votre site devra être optimum**, et cela passe souvent par un audit ergonomique préalable (voir p. 195). Une veille technique et statistique accompagnera votre site pour identifier les axes d'amélioration *via* la mesure des performances de votre site page à page.

Vous devez également avoir fixé **des objectifs clairs** avant d'élaborer vos campagnes pour chacun de vos produits ou services, notamment par la définition de votre coût par acquisition maximum. Combien êtes-vous en mesure d'investir pour obtenir une vente ou un lead ? Est-ce pour du branding ou de la conversion ?

Il vous faudra avoir un expert SEA dans vos équipes, collaborer avec un prestataire ou former une de vos ressources afin de disposer de l'**expertise** nécessaire à la réalisation de campagnes AdWords. La création et la gestion de campagnes ne s'improvisent pas du jour au lendemain.

Au-delà de l'expertise, **une vraie stratégie** devra être mise sur pied afin de sélectionner les produits concernés par vos futures campagnes, d'affiner le ciblage de vos audiences et de répartir le budget en segmentant efficacement ces campagnes.

Création des campagnes et paramétrage

À partir de la stratégie et des objectifs établis en amont, débute un travail de fourmi pour **accomplir les cinq travaux d'AdWords** que sont la résolution du casse-tête de l'arborescence de compte, le défi de la minutie nécessaire au paramétrage des campagnes, l'épreuve de la patience dans la quête des milliers de mots clés, le challenge de l'adresse verbale à la recherche du mot juste pour la création d'annonces et, enfin, le choix ultime de la page de destination.

Arborescence de compte

Lorsque l'on parle d'arborescence de compte, il faut avoir en tête l'organisation des différents niveaux d'un compte AdWords. Le compte n'est que le premier niveau, un très gros annonceur a parfois plusieurs comptes. Dans un compte siègent les campagnes, ces campagnes sont secondées par des groupes d'annonces ou *ad groups* en anglais, et dans ces ad groups fourmillent vos mots clés, représentés par leurs fidèles annonces.

L'organisation et la segmentation des campagnes sont propres à chaque site, il n'existe pas de modèle magique à reproduire. Il est possible de segmenter par :

- type de produits ou services (voir exemple ci-après) ;
- objectif (branding ou conversion) ;
- lieu (villes, régions, pays...) ;
- langue ;
- saisonnalité (opérations spéciales, soldes, Noël, fête des mères, salons...) ;
- phase du cycle d'achat (comparaison, prêt à acheter...).

CONSEILS

Un ciblage = un groupe d'annonces. Si vous faites du multiciblage en achetant un même mot clé avec 2 ou 3 ciblages différents, il est préférable de créer un ad group par ciblage.

Acheter le mot clé « comparer ». En achetant un mot clé qui comprend le verbe « comparer », vous ciblez un stade qui précède l'achat. Soyez sûr de vous en vous engageant dans cette voie habituellement réservée aux comparateurs.

Pour des raisons évidentes, la plupart des sites ont recours à la multisegmentation. L'important est de parvenir, *via* cette organisation, à l'affichage d'annonces ciblées en fonction des mots clés et à une optimisation cohérente selon la nature de la campagne et son paramétrage. À cette étape, vous devez avoir dressé, sur Excel ou sur un autre support, l'intégralité de vos campagnes et ad groups.

Exemple de segmentation de campagnes par services

La granularité et le niveau de détail de votre arborescence de compte seront les garants d'un bon QS et d'une meilleure rentabilité. Et, puisque l'historique compte, autant s'en préoccuper sérieusement avant le lancement pour minimiser les grandes refontes d'organisation des campagnes ultérieures. Ces campagnes contiennent des ad groups qui représenteront une sous-division chargée d'héberger les mots clés, essayez d'être le plus précis possible.

Exemple d'un revendeur de chaussures

Si je vends des chaussures pour femme (ballerines, bottes, escarpins, tropéziennes...), j'ai tout intérêt à ne pas créer une campagne chaussures puis des ad groups chaussures pour femme, chaussures pour homme et chaussures pour enfant. Car, en ce cas, je serais contrainte d'afficher une annonce très générique, compatible avec toutes les chaussures pour femme. Imaginons qu'une internaute cherche des ballerines. Entre mon annonce générique et l'annonce spécifiquement dédiée aux ballerines de mon concurrent, son choix sera vite fait... Mes campagnes ne seront donc pas performantes. Il est préférable de créer plusieurs campagnes dédiées aux chaussures pour femme et, ensuite, d'avoir des ad groups précis pour chaque type ou matière de chaussures, afin d'être capable de proposer une annonce plus pertinente aux prospects.

En outre, ce n'est pas que la pertinence des annonces qui est impactée avec une mauvaise organisation et un niveau de granularité trop faible. En effet, le budget journalier et le paramétrage se font au niveau de la campagne, cela aura donc des conséquences lourdes sur l'optimisation également.

CONSEILS

Arborescence de compte douteuse. Si vous avez des doutes, je vous conseille de travailler d'abord sur la stratégie (objectifs et produits), puis de vous faire accompagner afin de partir sur des bases saines. Cela prend souvent plus de temps de traiter un compte AdWords malade, accablé par des mots clés poubelle, que de bâtir une arborescence *ex nihilo*.

Petit budget, petite arborescence de compte. Inutile de construire une énorme arborescence pour un tout petit budget. Et j'irai plus loin, inutile de conjuguer les mots clés par milliers ; préférez des petits groupes ne dépassant pas la vingtaine.

Paramétrage des campagnes et budget

Une fois le casse-tête de l'arborescence de compte résolu, en piste pour le ciblage ! Il commence dès la création de votre campagne ; prenez la mauvaise entrée du labyrinthe et vous serez rapidement perdu dans le dédale du paramétrage des campagnes AdWords.

Choisir mon type de campagne

Dans un premier temps, Google va vous demander de choisir entre les quatre types de campagnes AdWords suivants.

Réseau de recherche avec display sélectif

Ce type de campagne est un combo pour faire du display et du SEA afin d'apparaître sur le GDN (voir p. 65), dont font partie les sites Google (YouTube, Gmail, Blogger, Google Finance), sous forme d'annonces ciblées par mot clé, mais aussi sur les résultats de recherche payants classiques du moteur de recherche. Ce type de campagne très budgétivore est intéressant pour faire du branding, mais pas dans le cadre d'un objectif de conversion.

Réseau de recherche uniquement

Avec ces campagnes, vous ferez du SEA sur Google et son réseau de partenaires de search. C'est le type de campagne qui nous intéressera dans cette partie, il est plus orienté conversion.

Réseau display uniquement

Vos publicités n'apparaîtront que sur les sites du GDN. Ce sera parfait pour développer votre visibilité.

Shopping

Il s'agit d'annonces Google Shopping (voir p. 116) pour lesquelles il faut préalablement avoir mis en place un compte Google Merchant Center, puis avoir associé ces deux comptes.

Dans cette première étape, choisissez une campagne pour le réseau de recherche uniquement proposant toutes les fonctionnalités, sans oublier de **décocher le réseau de partenaires de recherche** de Google juste après. Cette astuce limite les fuites de budget non rentabilisé.

En sélectionnant une campagne de search standard, vous pourriez regretter de ne pas avoir accès à certaines fonctionnalités comme les options de calendrier et de mode de diffusion des annonces, les options de situation géographique avancées, les extensions d'application mobile, la correspondance des mots clés avancée, ou encore l'exclusion d'adresses IP.

Si vous souhaitez orienter vos utilisateurs vers le téléchargement d'une application mobile, optez pour « Installations d'application mobile ».

En revanche, je ne vous recommande pas l'utilisation des **annonces dynamiques du réseau de recherche** ; cette version de campagnes pour annonceurs débordés et/ou feignants crée automatiquement vos campagnes en fonction du contenu et des URLs de votre site. Il n'y a pas de meilleure solution que l'huile de coude. Personnellement, je ne crois pas aux miracles. Il y a bien une dimension mathématique que les outils algorithmiques sont capables de prendre en charge, mais la dimension sémantique, à ce jour, nécessite toujours la main et le regard de l'homme. Pour de bonnes campagnes, merci de ne pas emprunter cette issue de facilité.

Sachez aussi qu'il vous est possible de faire de l'AdWords sur le réseau de recherche sans mots clés. Non, ce n'est pas une blague. Je vous parle du **Remarketing Lists for Search Ads (RLSA)**. Cela consiste à créer des listes (dans la bibliothèque partagée) pour recibler des utilisateurs en fonction de leur comportement et de leur historique de navigation. Ainsi, on pourra présenter des annonces différentes ou des enchères plus élevées pour notre clientèle, pour des personnes ayant déjà visité notre site, pour des inconnus (en excluant nos clients et visiteurs), ou encore pour des personnes ayant abandonné leur panier d'achat.

Choisir ma zone géographique

Dans la partie « Zones » du paramétrage des campagnes, vous avez toute latitude pour trouver département, pays ou rayon à votre pied. Du standard ciblé France au sur-mesure, tout est possible. Bon, l'option « tous les pays et territoires » pourrait faire écho à certains rêves de grandeur et de conquête. Soyons donc réalistes, cette option ne correspondra à aucune campagne sensée.

Certaines de vos campagnes pourront viser l'Hexagone dans son ensemble, mais je vous invite à dupliquer vos campagnes en testant un ciblage unique par région stratégique. En créant, par exemple, une campagne pour la région francilienne et une campagne France qui exclurait cette région afin de ne pas vous autoconcurrencer. Ainsi, il vous serait possible de tester si une optimisation par région ou zone économique est nécessaire.

La dimension locale est essentielle dans AdWords. N'hésitez pas à être ultra-précis sans être trop exclusif – vous risqueriez de voir votre audience se réduire comme peau de chagrin. En cliquant sur « Recherche avancée », le monde du ciblage se révélera à vous. Rechercher une localité perdue, cibler par rayon (exemple : rayon de 30 km autour de Paris), ce qui est souvent plus efficace que de se limiter au carcan des tracés administratifs, cibler un ou plusieurs groupes de zones géographiques : à vos patchworks !

Ne vous laissez pas pour autant distraire par toutes ces possibilités et gardez bien à l'esprit que l'objectif est, derrière, de pouvoir proposer une annonce ciblée.

Exemple d'annonce ciblée *versus* annonce générique

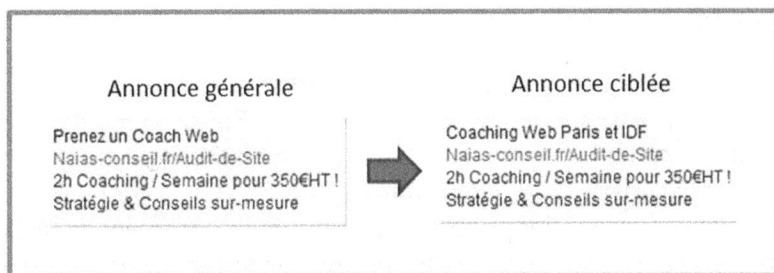

Annonce générale

Prenez un Coach Web
Naias-conseil.fr/Audit-de-Site
2h Coaching / Semaine pour 350€HT !
Stratégie & Conseils sur-mesure

Annonce ciblée

Coaching Web Paris et IDF
Naias-conseil.fr/Audit-de-Site
2h Coaching / Semaine pour 350€HT !
Stratégie & Conseils sur-mesure

Le ciblage des zones géographiques ne s'arrête pas à l'ajout de zones pour chaque campagne. Il se poursuit dans l'exclusion de certaines zones stratégiques. Imaginons un commerçant qui livre tout un département, à l'exception d'une ville trop éloignée ; l'exclusion de cette ville sera alors pertinente.

Avec les options avancées associées à ces zones, vous pouvez pousser un cran plus loin la granularité.

Exemple de paramétrage géographique

Imaginons un hôtel qui souhaite toucher la zone de Montpellier à l'exception des Parisiens (exclusion Paris). Imaginons les résultats de cette lubie en ayant acheté le mot clé « hôtel ». Quelques précisions :
- **ciblage large** = personnes situées dans une zone ciblée, ou qui recherchent ou consultent des pages relatives à cette zone ;
- **ciblage zone** = personnes situées dans une zone ciblée ;
- **ciblage recherche** = personnes qui recherchent ou consultent des pages relatives à cette zone ;
- **exclusion large** = personnes situées dans une zone exclue, ou qui recherchent ou consultent des pages relatives à cette zone ;
- **exclusion zone** = personnes situées dans une zone exclue.

Zone de l'internaute	Requête	Ciblage large	Ciblage zone	Ciblage recherche	Exclusion large	Exclusion zone
Montpellier	hôtel	ok	ok	ko	ok	ok
Paris	hôtel Montpellier	ok	ko	ok	ko	ko
Montpellier	hôtel pour Marseille	ok	ok	ko	ok	ok
Montpellier	hôtel Paris	ok	ok	ko	ko	ok
Londres	hôtel Montpellier	ok	ko	ok	ok	ko

Choisir ma langue

Si vous vendez dans plusieurs pays, la création de campagnes pour chaque pays dans la langue autochtone s'imposera. Faites votre shopping linguistique parmi les trente-trois langues au menu. Google tentera ensuite d'identifier la langue de l'internaute par rapport à son **historique** de navigation. Il utilisera aussi les **préférences linguistiques du moteur de recherche** définies par vos soins ou par défaut. Oui, si vous habitez en France et que vous faites des requêtes en chinois, libre à vous de dire à Google que vous préférez des résultats en chinois sur votre Google.fr. Si vous utilisez du coréen, du grec, de l'hébreu, du thaï ou du japonais, il sera même capable (en partie) de détecter automatiquement la langue.

Choisir ma stratégie d'enchères

En cliquant sur les options avancées des stratégies d'enchères, vous risquez d'être frappé de céphalées aiguës. Un conseil pour débuter : choisissez « Priorité aux clics » + « Je définis manuellement mes enchères », et sans activer l'optimiseur de CPC.

Aucune inquiétude, à moins de vous lancer dans une **stratégie d'enchères personnalisée**, ce qui requiert un certain niveau de maîtrise d'AdWords, c'est la seule option qui s'offre à vous. Premièrement, elle conviendra parfaitement, même pour satisfaire un objectif de conversion. Secondement, l'**optimiseur de conversion** n'est disponible qu'à certaines conditions qu'il est impossible de réunir au lancement d'une nouvelle campagne. En effet, pour pouvoir utiliser cet outil, il est nécessaire que la campagne soit en ligne depuis plus d'un mois et qu'elle ait enregistré au moins quinze conversions au cours des trente derniers jours.

Même si vous débutez, gardez la main sur vos enchères au lancement et ne cédez pas à la tentation de laisser à AdWords le soin de définir vos enchères pour obtenir un grand nombre de clics. Vous pourriez avoir des surprises, dans la limite de votre budget journalier, certes, mais peu agréables. Avec cette option, c'est un peu le concept du « clic à tout prix »...

Certaines **stratégies d'enchères personnalisées**, comme la stratégie d'emplacement cible, répondront à des objectifs particuliers. Cette dernière conviendrait tout à fait à une campagne dédiée au branding, où, sur un court laps de temps, vous auriez décidé d'apparaître invariablement en première position sur certaines requêtes cibles. Il sera nécessaire de terminer préalablement la création de votre campagne pour créer des stratégies, ou inversement.

Donc, dans un premier temps, gardez la main en optimisant manuellement vos enchères, puis, lorsque vous aurez réuni les conditions d'accès à l'optimiseur de conversion au CPA, basculez sur cette option. Ce n'est pas le cas de tous les outils à disposition, mais, en prenant les précautions précitées, cet outil apporte des résultats plutôt satisfaisants.

Pensez à **ajuster vos enchères mobiles** au niveau des paramètres de votre campagne, les coûts sont généralement inférieurs sur mobile. Si votre version mobile n'est pas viable, n'hésitez pas à paramétrer un ajustement − 100 %.

Choisir mon budget

Contrairement à l'enchère par défaut, qui se définit au niveau du groupe d'annonces, c'est bien au niveau de la campagne que le budget est fixé. Ce budget est journalier et par campagne. Il est donc nécessaire de partir de votre budget SEA mensuel, puis de le répartir stratégiquement sur chaque campagne en le divisant par 30 jours au préalable. En faisant cette opération, certains revoient leurs ambitions à la baisse. Si vous n'avez pas le budget pour toutes vos campagnes, lancez-les au fur et à mesure. L'ultra minimum, et encore, pour une campagne par jour, serait de 10-15 euros, soit mensuellement, déjà 300 à 450 €. Même avec un tel budget, il est parfois compliqué d'atteindre un volume critique nécessaire à l'optimisation des enchères de mots clés. En prévoyant un budget plus large de départ, pour laisser évoluer plus librement les campagnes, les tester et évaluer leur potentiel, vous aurez une meilleure idée par la suite du budget nécessaire à leur plein épanouissement.

CONSEIL

Budget journalier et budget mensuel. Attention à ne pas renseigner le montant de votre budget mensuel dans le budget journalier de chacune de vos campagnes, vous risqueriez de le voir s'évaporer en une journée !

La réticence de beaucoup d'annonceurs concernant AdWords se cristallise autour des coûts. Si 100 € vous en rapportent 350 €, sans faire d'AdWords, vous perdriez alors 250 €. Ne vous focalisez pas sur la mise de départ. Si toutes les conditions d'une campagne réussie sont réunies, vous avez tout à y gagner. Encore une fois, si votre site n'est pas optimisé, et vos campagnes mal paramétrées et sous-optimisées, n'espérez pas autre chose que des pertes sèches. Ce serait comme tenter de pêcher avec une épuisette sans filet.

Choisir mon planning de diffusion

Dans la famille des paramètres avancés, le planning de diffusion est un outil très important puisqu'il s'adaptera à votre activité. Si l'on prend l'exemple d'un taxi, il n'a aucun intérêt à être présent dans les annonces en dehors de ses heures de travail. Si, en revanche, vous réalisez que la concurrence s'épuise en fin de journée, peut-être serait-il judicieux d'en faire votre heure de gloire, quitte à abandonner quelques créneaux moins rentables.

Mis à part quelques activités à horaires particuliers, il est recommandé, dans un premier temps, de :

• ne pas limiter la diffusion des annonces *via* le calendrier ;
• bien laisser le mode de diffusion avancé des annonces sur une diffusion à intervalles réguliers.

Ainsi, vous aurez un volume statistique exploitable pour définir les créneaux les plus rentables en termes de jour et d'heure.

Même si elles vous sont proposées dès maintenant, laissons de côté, pour le moment, les options qui concernent les mots clés, les annonces ou les URLs, et poursuivez en enregistrant ces paramètres vers l'étape suivante. Dès que vous aurez créé une campagne, annulez chaque fois la création du groupe d'annonces et revenez sur l'onglet campagne afin de répéter l'opération pour toutes vos autres campagnes.

Création des ad groups et AdWords Editor

Si vous avez suivi les précédentes étapes, vous avez donc, en premier lieu, dressé la liste de vos campagnes et ad groups segmentés stratégiquement. Puis vous avez créé l'intégralité des campagnes dans l'interface en ligne AdWords.

AdWords Editor

Pour l'étape suivante, si vous ne disposez pas d'autres outils, je vous invite à découvrir l'interface offline de Google AdWords : **AdWords Editor**. Cet outil gratuit vous permet de travailler hors connexion, puis de synchroniser les données afin de les rendre disponibles en ligne. Il offre des fonctionnalités que l'on ne retrouve pas dans la version online pour la gestion en masse de vos campagnes. Avec Editor, vous avez une meilleure vue d'ensemble de vos campagnes.

Les sept avantages d'AdWords Editor sont :

- le **copier-coller** d'une ou de plusieurs campagnes (paramétrage et contenu intégral inclus), d'ad groups, d'annonces et d'ensembles de mots clés. Si vous avez des campagnes avec un paramétrage identique, plutôt que de répéter cette opération chronophage de paramétrage, il vous suffira de les copier-coller ;

- le **drag and drop** (déplacement à la souris) illimité d'éléments de votre campagne (ad groups, mots clés, annonces) à travers tout le compte ;

- l'**ajout/modification/suppression en masse** de tous les éléments sur des critères ultra-précis *via* l'incontournable **recherche avancée** (en haut à droite de votre interface) ;

- la **modification avancée des enchères**, qui, couplée à l'historique statistique des campagnes téléchargées, est redoutable pour l'optimisation ;

- le **remplacement de texte** fait gagner un temps fou en copiant-collant un ad group connexe pour en modifier une petite partie ensuite, ou pour corriger certaines coquilles à grande échelle ;

- l'**ajout de texte** avant ou après n'importe quel élément au champ près ;

- la **fenêtre de modification** (ci-après en encadré), qui permet d'avoir une vue globale pendant la création ou la modification.

Exemples d'utilisation des avantages

- Vous réalisez que vous avez fait une énorme faute d'orthographe qu'on qualifiera, sur un malentendu, de coquille ? Grâce à « **Remplacer le texte** », recherchez le mot avec ladite « coquille », puis indiquez l'orthographe correcte dans le champ juste en dessous.
- Vous copiez-collez un5 ad group de « ballerines en cuir » et vous faites un « Remplacer le texte » sur tous les mots clés de l'ad group copié afin de le remplacer par « ballerines en toile ». Une façon alternative, à prendre avec des doubles pincettes, de créer un nouvel ad group…
- Vous vouliez ajouter le mot clé « call center à Cork » et, dans un instant d'égarement, vous avez oublié de préciser la ville de Cork dans votre ad group ? Faites une recherche sur call center, sélectionnez tous les mots clés du résultat de cette recherche et cliquez sur « **Ajouter du texte** ». Vérifiez bien que l'option après le texte soit sélectionnée, renseignez « Cork », puis validez cet ajout. Tous vos mots clés seront alors rectifiés.

L'intérêt de ces fonctionnalités réside dans la modification granulaire qu'elles proposent. Vous êtes libre de n'altérer qu'un champ (mot clé, URL, ligne de description des annonces, toutes les zones textuelles). Couplées à la recherche avancée préalable, toutes vos modifications sont d'une précision chirurgicale.

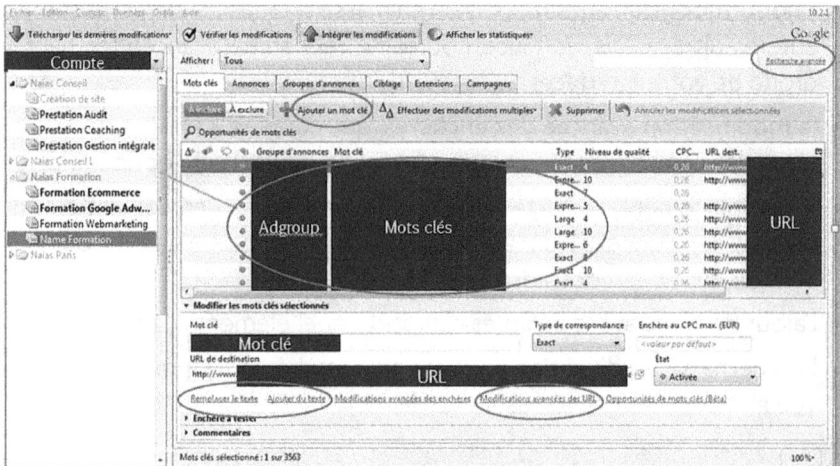

Il s'agit d'un très bon outil, mais notez qu'il se prête mieux à la phase de création. L'interface en ligne propose plus de fluidité pour le paramétrage des campagnes et l'analyse des KPIs et enchères de vos mots clés et groupes d'annonces.

CONSEILS

À plusieurs sur AdWords Editor. Si une autre personne que vous travaille sur ce compte, veillez à toujours télécharger les dernières modifications avant de travailler et, surtout, préalablement à la synchronisation.

AdWords Editor et les CTR + Z. Pensez à poster ou synchroniser, si vous préférez, votre travail régulièrement dans la journée. Editor est allergique au CTR + Z sur des éléments non synchronisés. Tout malheureux CTR + Z est définitif. Il m'est déjà arrivé de le faire par réflexe et de perdre le travail d'une journée entière par inadvertance.

Sensible à la casse... Attention, « Remplacer le texte par » est une fonctionnalité très utile, mais très sensible à la casse si vous sélectionnez cette option. En laissant une partie des erreurs non corrigée, vous pourriez rapidement vous retrouver avec des campagnes poubelle.

Choisir l'enchère par défaut de mon groupe d'annonces

Concernant votre **enchère par défaut**, pour le moment, renseignez 50 cents. Vous reviendrez dessus après. Car cette enchère s'appliquera par défaut à votre premier groupe d'annonces, mais pour la création de chaque groupe d'annonces une étude du CPC moyen des mots clés qu'il contient sera à réaliser *via* l'**outil de planification des mots clés**.

Cet outil se trouve dans le premier niveau de votre interface en ligne (Outils > Outil de planification des mots clés). Personnellement, je ne suis pas très fan des enchères (toujours incompréhensibles) suggérées, mais cela vous donnera une idée de la concurrence sur certaines requêtes.

L'enchère que vous aurez fixée s'appliquera par défaut à tous vos mots clés dans un premier temps. Pour obtenir un bon QS (Quality Score), fixer une enchère de départ élevée (mais raisonnable) contribuera à constituer un bon historique. Ce n'est que lorsque vous optimiserez ces mots clés que vous modifierez leur enchère au cas par cas. À ce moment-là, les enchères définies au niveau de chaque mot clé supplanteront celle par défaut du groupe d'annonces. Les mots clés pour lesquels vous n'avez pas touché l'enchère continueront d'hériter de l'enchère par défaut du groupe d'annonces.

> ### Exemple de fonctionnement d'enchères pour un vendeur spécialisé en jardinage
>
> Vous définissez une enchère par défaut de 0,50 cent pour votre groupe d'annonces « Rhododendrons » appartenant à la campagne « Semis ». Au fil des jours, le mot clé « graines de rhododendrons » génère de nombreuses conversions, il vous reste de la marge par rapport au CPA maximum établi pour cet article et la position moyenne de l'annonce est 5. En augmentant le CPC maximum de ce mot clé uniquement à 0,75 cent, vous souhaitez tester s'il est toujours aussi rentable et si ce mot clé parvient à générer plus de ventes. Ainsi, tous les autres mots clés continueront d'utiliser l'enchère par défaut du groupe d'annonces, tandis que votre mot clé performant utilisera l'enchère définie au niveau du mot clé à 0,75 cent.

Recherche et ajout des mots clés

Tout ce qui touche au search, aux moteurs de recherche, se nourrit de mots clés. En référencement naturel, on avait évoqué la nécessité de mener une réflexion sémantique stratégique en listant les mots clés sur lesquels il est judicieux et réaliste d'être référencé. Sur le même principe, en SEA il faudra mener cette réflexion, mais à plus grande échelle.

Où se cachent vos futurs mots clés ?

À cette étape, groupe d'annonces par groupe d'annonces, vous devrez énumérer toutes les expressions qu'un internaute taperait potentiellement dans son moteur de recherche pour atteindre votre produit ou votre service.

Pour ce faire, usez de toutes les ressources à votre disposition telles que...

Votre propre site Internet et son contenu

Regardez bien, vous les voyez tous les jours. Ils sont là, tapis dans vos pages produits, vos descriptions de services, vos titres et intertitres.

Le contenu de votre voisin

Endossez votre costume d'espion (que vous enfilez habituellement pour vos benchmarks) et notez tout ce à quoi vous n'aviez pas pensé.

La suite d'outils Google

Un petit coup de main de **Google Analytics** afin de lister les mots utilisés pour rejoindre vos pages et de l'**outil de planification des mots clés** de Google AdWords, avec une petite dose d'évaluation de volume *via* **Google Trends**, et bientôt, plus aucun mot clé ne manquera à l'appel.

Des outils tiers

Entière liberté sur l'outil tiers : gratuit, payant, version de test... Tous les remèdes sont bons pour soigner le syndrome de la feuille blanche lors de la recherche de mots clés. Il en existe beaucoup. **SEMrush**, par exemple, sera en partie utile.

Parmi les propositions de l'outil de Google AdWords, attendez-vous à devoir trier à la truelle. Certes, les propositions sont faites sur la base de l'historique des recherches autour de votre requête, mais tout n'est pas bon à prendre. Même chose pour les enchères suggérées évoquées précédemment, qui sont tirées d'anciennes campagnes menées par des annonceurs concurrents. Elles ne reflètent pas la réalité des coûts et présentent des CPC exorbitants.

Vous déclinerez ensuite autour de ces mots clés et de leurs synonymes (rappelons qu'un mot clé se compose d'un ou de plusieurs mots), en ajoutant des adverbes, des adjectifs, des verbes. La recherche des mots clés est très chronophage, mais vous donnera accès à des ciblages de meilleure qualité par la suite.

Comment cibler ses mots clés ?

Il existe deux types de mots clés : les mots clés à ajouter et ceux à exclure. Pour les mots clés à ajouter, **quatre ciblages** s'offrent à vous, en allant du plus large au plus strict :

- Le **ciblage large** (ou *broad* en anglais) pour un mot clé affichera vos annonces en prenant en compte les variantes proches de ce mot clé telles que :
  - les fautes d'orthographe et les accents ;
  - les abréviations et les acronymes ;
  - les variations de genre et de nombre (les pluriels) ;
  - les mots de racine commune ;
  - les synonymes ;

- ainsi que les recherches associées (exemple : fleur = tulipes).

Le ciblage large est d'ailleurs le ciblage d'ajout de mot clés par défaut dans AdWords Editor. Dans l'interface AdWords en ligne, il ne s'entoure d'aucune ponctuation.

- **Le + ciblage large modifié** est aussi appelé « modificateur de requête large ». Il s'agit d'une variante du ciblage large classique, qui a la particularité de ne pas prendre en compte les synonymes et les recherches associées. Pour exclure les synonymes et les recherches associées, il suffira d'ajouter un « + » devant chaque mot concerné par ce ciblage modifié.

- **Le ciblage « expression exacte »** (ou *phrase* en anglais) prend toujours en compte les variantes proches pour la diffusion de vos annonces, mais exclut toute requête qui ne comprendrait pas tel quel votre mot clé. Ce ciblage tolérera donc des mots avant et après votre mot clé, mais pas entre les mots qui le composent. En le plaçant entre guillemets, vous indiquerez à l'interface en ligne de Google qu'il s'agit d'un ciblage « expression exacte ».

- **Le ciblage « mot clé exact »** (ou *exact* en anglais) est le ciblage le plus strict. Contrairement au ciblage « expression exacte », il ne tolère aucun autre mot avant ou après. Il ne supporte que les variantes proches.

> **Exemple de ciblage « expression exacte » et « mot clé exact »**
>
> Avec un ciblage « expression exacte » pour le mot clé « acheter nabuchodonosor », la requête « acheter nabuchodonosor Paris » déclenchera la diffusion de votre annonce, mais les requêtes « acheter Paris nabuchodonosor » ou « nabuchodonosor Paris » ne déclencheront pas l'affichage de votre annonce.
>
> Imaginons maintenant, toujours avec le même mot clé « acheter nabuchodonosor », un ciblage « mot clé exact ». Si un internaute tape « acheter nabuchodonosor Paris », votre annonce ne s'affichera pas.

Quelques précisions utiles :

- inutile de vous encombrer avec la syntaxe des ciblages dans AdWords Editor (à l'exception du modificateur de requête large) ;

- inutile aussi d'ajouter des mots clés avec des fautes d'orthographe, des pluriels, des acronymes, des abréviations, des accents, ou encore d'un même radical (plombier et plomberie, constitution et anticonstitution-nellement). Si vous avez déjà ajouté la forme officielle de ce mot clé, ils seront couverts par les variantes proches ;

- à moins qu'il y ait une pénurie d'annonceurs, c'est le mot clé acheté le plus proche de la requête qui sera prioritaire, donc il n'y a aucune raison, a priori, de craindre les variables proches ;

- rien à craindre des variables proches, si vous avez complété la dernière étape de la création de mots clés : l'ajout de mots clés négatifs.

CONSEILS

Requêtes et fautes d'orthographe. 7 % des requêtes sur les moteurs de recherche comportent une faute d'orthographe.

Les marques et vos campagnes. Google vous autorise à acheter le mot clé de la marque de vos concurrents, mais vous interdit de tromper les visiteurs en leur laissant penser que vous êtes le marchand qu'ils cherchent. Le nom de la marque sera donc refusé dans l'annonce.

Ajouter vos mots clés à exclure

Dernier exercice de gymnastique intellectuelle sur les mots clés, tentez maintenant à partir des mots clés ajoutés d'imaginer pour chaque ad group toutes les requêtes sur lesquelles vous ne voulez pas que vos annonces s'affichent.

Exemples de mots clés à exclure

- Vous êtes un traiteur grec haut de gamme et vous ne souhaitez surtout pas apparaître sur la requête « sandwich kebab ». Il serait donc intéressant d'ajouter « kebab » dans vos mots clés à exclure et, si vous ne commercialisez pas de sandwich, d'ajouter également le terme « sandwich » à cette liste.
- Vous êtes un spécialiste du béret vert. Il serait opportun de bloquer toutes les autres couleurs.
- Vous vendez du haut de gamme, vos campagnes se passeront bien de l'expression « pas cher ».

Vous l'aurez compris, ils servent à délimiter la zone sémantique d'affichage de vos annonces non seulement pour encadrer les variantes proches, mais surtout pour garantir la survie de votre rentabilité. En effet, grâce aux mots clés à exclure, on obtient des impressions plus pertinentes, on a donc des coûts inférieurs, un taux de conversion plus élevé et du coup un meilleur ROI. Plus discrets, ils sont souvent les laissés-pour-compte des campagnes des annonceurs AdWords du dimanche.

CONSEIL

Exclure juste le mot concerné. N'excluez que le minimum. Nombre de campagnes restent à l'abandon pour cause d'exclusion trop sévère. Vous risqueriez, par erreur, d'exclure du trafic désiré.

Importer vos mots clés sur AdWords Editor

Surtout, ne vous lancez pas dans l'opération titanesque d'ajouter manuellement un à un vos mots clés. D'autant plus qu'après un travail approfondi, vous devriez en avoir un nombre conséquent qui se prête plus à la gestion en masse.

Ayez pour réflexe de travailler sur Excel, le partenaire incontournable du SEA. Vous êtes allergique à Excel ? Surmontez votre répulsion pour redécouvrir quelques formules qui vous changeront la vie. Je ne m'étendrai pas sur ces formules, car ça n'est pas le sujet, mais toute bonne formation pratique AdWords devrait aider à vous rafraîchir la mémoire ou à mieux appréhender cet outil. Au préalable, vous aurez donc choisi votre nouveau support préféré, Excel, pour lister vos mots clés.

Pour les ajouter *via* AdWords Editor, après avoir vérifié que vous êtes bien dans l'onglet « Mot clé », cliquez sur « Effectuer des modifications multiples », puis « Ajouter/Mettre à jour plusieurs mots clés ». Vous devriez avoir l'écran suivant :

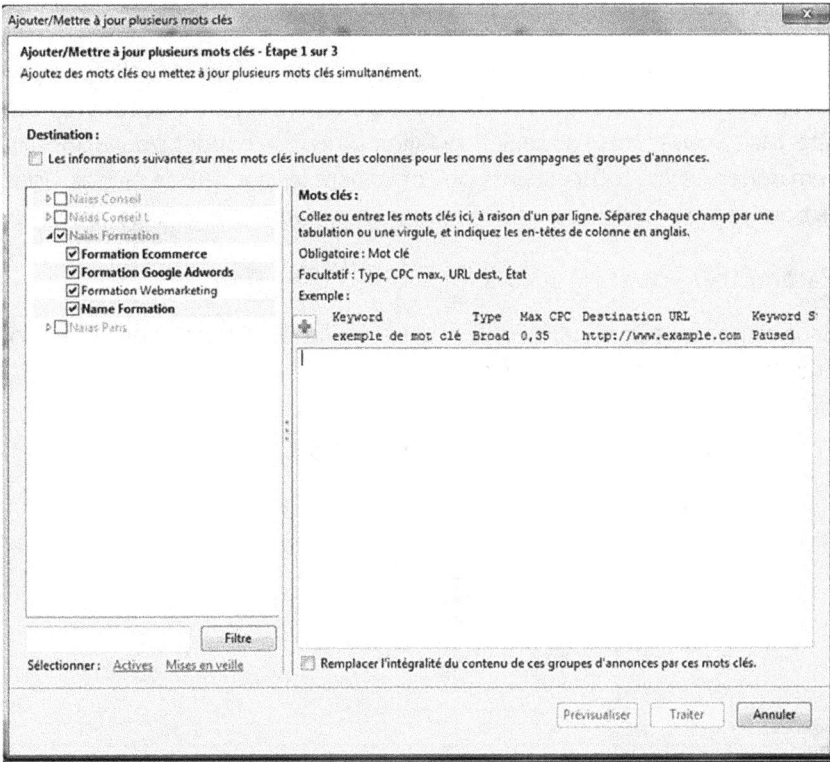

Avant toute chose, vérifiez que vous êtes en train de les ajouter dans le bon ad group – sélectionnez le bon ad group dans la partie gauche de la fenêtre. Et collez vos mots clés dans le carré vide principal, puis cliquez sur « Traiter ». Il risquera de vous faire quelques petites réflexions et suggestions avant de les accepter, ou vous indiquera les avoir intégrés partiellement en cas de doublon déjà présent dans l'ad group concerné. Cliquez sur « Terminer » pour clore le processus d'ajout et il ne restera plus qu'à « Intégrer les modifications » pour synchroniser vos nouveaux mots clés afin qu'ils soient disponibles sur votre compte online.

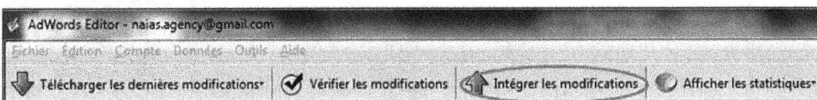

Nos chers mots clés seraient bien inutiles et tristes sans le clou final, la façade de tout ce travail de fourmi : l'annonce.

Création des annonces optimisées

L'annonce, en vrai agent commercial, conduit les prospects telle une passerelle en un clic vers la visite. L'instant-clé où l'internaute découvre votre site. Mais vous n'êtes pas seul. Il va falloir jouer des coudes pour vous faire remarquer de vos futurs clients ou convaincre les anciens de ne pas visiter la boutique du voisin. Commençons par la première étape : le paramétrage.

Paramétrer vos annonces

Sauf campagnes particulières, je vous conseille de maintenir une diffusion standard avec une diffusion à intervalles réguliers pour être présent le plus tard possible dans la journée.

Pour la rotation de vos annonces, quatre options s'offrent à vous :

Par réflexe, Google favorisera l'annonce au plus fort CTR. Mais libre à vous de lui forcer la main, si votre objectif est que vos annonces soient toutes vues. Si vous souhaitez générer du trafic, laissez sur l'option sélectionnée par défaut « Optimiser pour les clics ».

Si vous cherchez à obtenir un maximum de conversions, optez pour la deuxième « Optimiser pour les conversions ». Tout en sachant qu'à défaut et jusqu'à obtention de statistiques suffisantes pour viser les conversions, la rotation privilégiera les clics.

Si vous ne comptez pas lui faire confiance immédiatement, prenez l'option « Alterner de manière régulière », c'est ce qui sera fait durant 90 jours, avant de revenir au premier paramétrage pour les clics.

Enfin, la dernière option n'est pas réellement souhaitable pour une campagne. Il faudrait vraiment que cette dernière soit très particulière pour que cette option lui corresponde.

Une fois votre annonce paramétrée, à vos touches de clavier pour la rédaction !

La check-list d'une annonce efficace

L'exercice de chorégraphie verbale de la création d'annonces est très cadré et réglementé.

Cadré, car chaque ligne a un nombre de caractères maximum autorisé. C'est l'occasion de passer en revue **les différents éléments d'une annonce** :

- titre de l'annonce en 25 caractères ;
- ligne 1 de description en 35 caractères ;
- ligne 2 de description en 35 caractères ;
- URL à afficher en 35 caractères ;
- URL de destination.

Les deux lignes descriptives sont susceptibles de s'afficher sur une ligne unique selon le positionnement de votre annonce dans la page du moteur de recherche (positions premiums). L'enjeu est donc de les écrire en gardant les deux possibilités à l'esprit. Elles doivent pouvoir briller seules ou cohabiter dans une même phrase.

Le défi, avec ces limites, est à la fois de ne pas les dépasser tout en tentant de s'en approcher au maximum afin d'occuper l'espace et d'optimiser la visibilité de l'annonce. Donc, reprenons du début la liste de toutes les composantes de l'annonce tape-à-l'œil :

- occuper **un maximum d'espace** avec le texte ;
- utiliser des **mots clés** présents dans votre ad group afin qu'ils ressortent en gras ;
- insérer des **incitations à l'action** (profitez-en ! à saisir ! jusqu'à minuit ! offre limitée) ;
- semer des **majuscules** au début de chaque mot important ;
- jouer la carte des **avantages, promotions et services** (livraison gratuite ou dans l'heure, retour gratuit, 24 heures/24, en exclusivité, jusqu'à -50 %) ;

- placer sur une des lignes de description un **point d'exclamation ou d'interrogation** pour appuyer votre propos.

En respectant ces consignes, vous obtiendrez un bon CTR et un bon QS (Quality Score), donc plus de trafic à moindre prix. Créez 3 ou 4 variantes d'annonces par ad group afin de mettre en compétition à l'épreuve des clics vos meilleurs arguments. L'interface vous permettra de visualiser l'annonce en cours de création.

Au début du paragraphe, j'ai aussi mentionné le caractère réglementé des annonces. Vos annonces rencontreront de nombreuses barrières sur le chemin de la publication. La liste est longue, je m'arrêterai donc aux cas les plus fréquents. Parmi les grands classiques de refus :

- citer un mot potentiellement associable au domaine **pharmaceutique** (exemple : tablette) ;
- user d'une **ponctuation agressive** (son usage est très limité) ;
- ou utiliser une **marque protégée** et répertoriée par Google.

Parfois, le refus n'est pas immédat. Contrôlez bien la mise en ligne de vos annonces dans les heures qui suivent ou le lendemain pour éviter d'avoir de mauvaises surprises. S'il s'agit d'un malentendu, il suffira de l'indiquer dans l'interface et de resoumettre l'annonce.

Même en respectant l'intégralité de ces règles et conseils, se faire remarquer ou obtenir l'action attendue sur chaque appareil n'est pas chose facile. Heureusement, Google a plus d'un outil dans son interface pour vous donner un petit coup de pouce.

Les extensions d'annonces et la balise keywords

La balise keywords rapproche votre annonce de la requête de l'utilisateur, tandis que les extensions contribuent à gagner en visibilité et en pertinence, en ajoutant des informations et des fonctionnalités à vos annonces. La customisation de vos annonces avec ces éléments n'influant pas sur vos CPC, autant ne pas vous en priver !

L'extension de liens annexes, couramment appelée sitelinks, est certainement l'extension la plus utilisée. Grâce à elle, des liens choisis par vos soins viennent proposer aux internautes d'autres points d'entrée stratégiques vers votre site. Contrairement au SEO, où vous n'avez pas la main et ne pouvez qu'exclure ce qui ne vous convient pas, leur définition est entièrement libre. Tant qu'il s'agit d'un lien vers le même domaine, vous avez entière latitude pour lui donner le titre et l'URL de destination de votre choix. Votre annonce comportera jusqu'à dix sitelinks. Attention, néanmoins, à ne pas noyer ces liens stratégiques dans un trop grand nombre de sitelinks, au nom d'un peu plus de visibilité. Il vous faudra trouver un juste équilibre.

Certaines extensions sont très pratiques et répondent très bien au contexte de recherche en mobilité. Je pense notamment à l'**extension d'appel**, qui rend possible l'affichage d'un bouton d'appel sur mobile ou d'un simple numéro de téléphone sur ordinateur. Selon Google, elles génèrent entre 6 et 8 % de clics en plus sur vos annonces. Pour les prendre en compte dans votre optimisation, il est possible de les comptabiliser comme conversion selon votre activité.

Dans le même esprit, l'**extension de lieu** génère l'affichage d'une adresse cliquable afin d'obtenir un plan ou un itinéraire. Vos internautes peuvent ainsi localiser votre point de vente le plus proche ou votre bureau. Les modalités de mise en place de ces extensions sont en cours de modification. À l'avenir, il faudra passer par la création d'un compte Google My Business et configurer vos adresses *via* ce compte. Toujours selon Google, elles apporteraient jusqu'à 10 % de clics supplémentaires.

Quand on sait que la plupart des recherches sur mobile ont pour but de trouver les coordonnées téléphoniques ou physiques d'un point de vente, on mesure l'importance de telles extensions.

Une nouveauté parmi les **extensions d'annonces** avec l'**extension d'accroche**, qui offre la possibilité de faire figurer vos arguments et services dans l'annonce directement, en indiquant, par exemple, « Livraison gratuite » ou « Service client 24 heures/24 ».

Encore une petite dernière au rayon des nouveautés, l'extension d'avis est désormais disponible depuis mai 2014. Paraphrasé ou cité au mot près, libre à vous de citer votre plus gros client ou une source média connue, tout en respectant les quelques exigences de Google. Cette extension viendra se placer, pendant la durée que vous aurez préalablement définie dans son calendrier personnel, au-dessus de vos extensions de lien classiques en 67 caractères maximum, qu'elle devra partager avec sa source. De quoi occuper toujours plus d'espace pour améliorer le CTR de vos annonces. Quant à son efficacité, les retours sont insuffisants avec aussi peu de recul. Je vous conseille de l'essayer en faisant du split testing pour réellement en mesurer les effets.

Nouvel avis   ✕

Mettre en évidence dans mes annonces les avis positifs émanant de tiers grâce aux extensions d'avis 🔲

Format 🔲 ⦿ Paraphrasé   ◎ Citation exacte

Texte 🔲 [   ]
                                                           67
Source 🔲 [   ]

URL source 🔲 [http:// ⬍] [   ]

⊟ Dates de début/fin, planification

Dates de début/fin 🔲 [   ] – [   ]

Planification 🔲 **Afficher cet avis en continu**
                 + Créer un calendrier de diffusion personnalisé

[Enregistrer] [Annuler]

Attention, ce n'est pas parce que votre annonce comprend des extensions qu'elles vont s'afficher. Selon l'emplacement d'affichage, une partie ou l'ensemble de vos extensions restera sur le banc de touche.

Certaines annotations sociales ou relevant de l'historique de navigation accompagneront parfois automatiquement vos annonces si vous possédez une page Google + reliée à votre site ou un compte Google My Business. Avec des mentions sur le nombre de visites et la date de la dernière visite sur votre site ou encore en affichant le nombre de vos abonnés Google +. Si elles ne vous paraissent pas pertinentes, libre à vous de contacter Google pour qu'il les supprime.

La balise keywords, aussi baptisée « outil d'insertion de mots clés » par Google, n'a rien à voir avec les extensions. Il s'agit d'un petit bout de code dans le texte de votre annonce. Il servira à activer l'affichage dynamique. Le mot clé ayant déclenché la diffusion de l'annonce viendra remplacer le texte par défaut indiqué. Voici la syntaxe à suivre pour cette balise {keyword:texte par défaut}. Il ne vous restera plus qu'à remplacer « Texte par défaut » par un texte pertinent, ce texte s'affichera chaque fois que l'affichage dynamique du mot clé déclencheur sera indisponible. C'est notamment le cas si votre mot clé dépasse la limite de caractères.

Exemple de balise keywords

Titre : {keyword:Louez une Voiture 5portes}
Ligne de description 1 : Location de Voiture 30 €/jour à Lyon

Ligne de description 2 : Jusqu'au 31/03/15 chez Loueztout !

URL à afficher : Example.com/Location-Voiture-Lyon

Dans cet exemple, si un utilisateur tape « **voiture de location 5 portes Lyon** » et que vous avez acheté le mot clé « **location 5 portes à Lyon** » qui déclenche l'affichage de votre annonce ci-dessus, l'utilisateur verra l'annonce s'afficher comme suit :

Annonce latérale

Location 5 portes à Lyon
example.com/Location-Voiture-Lyon
Location de Voiture 30€/jour à Lyon
Jusqu'au 31/03/15 chez Loueztout !

Annonce diffusée en haut de la page

Location 5 portes à Lyon
example.com/Location-Voiture-Lyon
Location de Voiture 30€/jour à Lyon Jusqu'au 31/03/15 chez Loueztout !

Si le mot clé qui a déclenché la diffusion avait été « **Louer une voiture 5 portes à Lyon** », ce mot clé, dépassant la limite des 25 caractères du titre de l'annonce, aurait forcé l'affichage du texte par défaut de la balise keywords. L'annonce affichée aurait été la suivante :

Annonce latérale

Louez une Voiture 5Portes
example.com/Location-Voiture-Lyon
Location de Voiture 30€/jour à Lyon
Jusqu'au 31/03/15 chez Loueztout !

Annonce diffusée en haut de la page

Louez une Voiture 5Portes
example.com/Location-Voiture-Lyon
Location de Voiture 30€/jour à Lyon Jusqu'au 31/03/15 chez Loueztout !

Cette balise est insérable dans toutes les lignes de l'annonce. Je vous recommanderai néanmoins d'en limiter l'usage au titre de l'annonce afin de maîtriser au mieux la cohérence de votre annonce.

Cette balise est paramétrable simplement en jouant avec la syntaxe afin de mettre tout ou partie du mot clé affiché dynamiquement en majuscules. Même si le « tout-majuscule » est à proscrire, il est intéressant d'afficher en majuscule la première lettre des mots qui composent le mot clé. Pour ce faire, il suffira de remplacer {keyword:texte par défaut} par {KeyWord:texte par défaut}.

Pour plus d'informations sur les différentes syntaxes, je vous invite à visiter le centre d'aide AdWords qui offre des ressources sur toutes les problématiques, de la création à l'optimisation, en plus du détail de l'ensemble des paramétrages disponibles.

Vous disposez à présent de toutes les armes pour mettre en avant votre annonce, mais rappelez-vous que ce n'est qu'une passerelle vers la landing page.

Page de destination

Le défi du clic n'est qu'une première étape, le réel enjeu se trouve sur votre site. L'annonce n'est que la vitrine, à vous de définir ensuite avec soin la première chose que l'utilisateur verra de votre entreprise ou marque. La première impression compte au même titre que le temps de chargement qui sera pris en considération pour le calcul de votre QS. Évitez les pages intermédiaires en allant à l'essentiel : que cherche l'utilisateur ? Que s'attend-il à trouver après avoir cliqué sur votre annonce avec cette requête ? Certainement pas une page d'accueil ! Si vous avez pris le temps de créer de belles campagnes, avec une arborescence de compte pleine de finesse, vous devriez être en mesure de proposer une page profonde à votre utilisateur. Bien évidemment pas une page philosophique mais une page produit, une page de service, ou encore un formulaire d'inscription ou de demande d'information s'il s'agissait de la promesse de départ. Si votre annonce faisait la promotion d'une super offre, ne la dissimulez pas quelques pages plus loin. Pour Google, ce sera toujours trop loin. Il scanne vos pages pour vérifier qu'elles contiennent les mots clés et les offres en question. Tout doit être accessible en moins de deux clics. Gardez à l'esprit que moins vous contribuez à la propagation de la tendinite de l'index sur la souris, plus vous serez récompensé. Par Google, en payant moins cher, et par vos prospects et clients.

Notez que l'URL de la page de destination peut être renseignée à deux niveaux distincts dans une campagne. Elle peut être placée sur une annonce, elle s'appliquera alors à tous les mots clés du groupe d'annonces, ou au niveau du mot clé et ne concernera que ce mot clé.

Tant que faire se peut, la bonne pratique consiste à renseigner une URL de destination qui correspond bien à l'ensemble des mots clés présents dans le groupe d'annonces. Si vous n'y parvenez pas, ce sera certainement l'occasion de revoir votre arborescence de compte avant le lancement.

Pour ensuite, s'il existe une URL de destination plus précise et encore plus en adéquation avec le mot clé, ajouter à chacun des mots clés sa propre URL. Si, par exemple, vous avez plusieurs références au sein d'un même groupe de mots clés, n'hésitez pas à attribuer à chacun la page produit lui correspondant.

Activer le suivi de conversion

AdWords est l'outil par excellence de conversion sur mesure du webmarketing. Sachant qu'après la création vient le temps de l'optimisation, il est impossible d'envisager l'étape suivante sans un suivi de conversion.

Pour l'activer, rendez-vous dans l'interface en ligne AdWords dans la rubrique « Outils », puis « Conversions ». Si vous aviez déjà créé des objectifs dans votre compte Google Analytics et qu'il est associé à votre compte AdWords, vous devriez retrouver les objectifs de conversion dans la rubrique « Conversions ».

Activer le suivi de conversion passe par la création d'une conversion en cliquant sur le bouton (ci-après en bas à gauche).

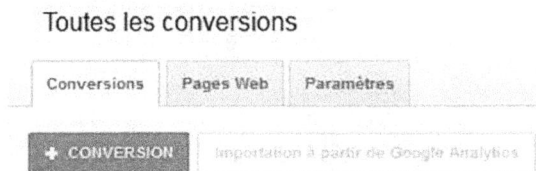

Toutes les conversions

Conversions	Pages Web	Paramètres

+ CONVERSION   Importation à partir de Google Analytics

En fonction de votre activité, vous définirez s'il s'agit d'une page Web, soit l'URL de destination de la page de remerciement suite à un lead. L'option « Page Web » conviendra aussi aux e-commerçants. Pour enregistrer les autres contacts qualifiés obtenus directement par téléphone, il vous sera possible de tracker un appel provenant d'un clic sur une extension d'appel ou sur un numéro affiché sur votre site. Le but n'est pas de lister toutes les options, mais de mettre en relief certaines possibilités.

Ensuite, vous attribuerez une valeur de conversion. Si vous êtes un e-commerçant optez pour une valeur variable car chaque commande aura un montant différent. Si, en revanche, vous êtes un prestataire qui collectionne les leads, définissez une valeur moyenne qui sera considérée comme standard pour l'optimisation des campagnes.

Pour le « nombre » et la fenêtre de suivi de conversion, il y a autant de paramétrages que de clients. Néanmoins un e-commerce enregistrera logiquement toutes les conversions/transactions de son site. Même chose si vous revendez vos leads à des tiers. Si vous convertissez vos leads pour générer du chiffre d'affaires *via* une force commerciale par exemple, il est préférable d'opter pour des « conversions uniques ». Si vous avez des données suffisantes, il serait intéressant de consulter vos données sur le nombre de visites préalables à une conversion, informations également disponibles sur votre compte Analytics.

Il ne restera plus, ensuite, qu'à ajouter le code fourni par Google sur la page concernée par l'action attendue et d'en vérifier le contenu *via* une vente, un lead ou un téléchargement test.

Si vous avez l'impression de marcher sur des œufs en paramétrant vos suivis de conversion, je ne vous apprends rien en vous disant qu'ils sont indispensables à une campagne efficace et rentable. Il sera alors judicieux de consulter un spécialiste pour vérifier vos campagnes dans leur ensemble avant leur lancement.

Comment afficher la note et le nombre de mes avis clients dans mes annonces AdWords ?

Solutions d'avis clients. Attention, il n'est pas question ici de citer un avis dans vos annonces. Dissipons tout malentendu, il s'agit des cinq petites étoiles représentant votre note de marchand et du nombre de personnes qui ont laissé un avis sur votre boutique. Première chose à savoir, Google n'affiche que les avis gérés par une source tierce. Il vous faudra donc souscrire un abonnement auprès d'une société spécialisée comme eKomi, Trustpilot ou Avis Vérifiés. Pour en savoir plus sur ces solutions, je vous invite à lire la partie sur l'ergonomie d'une bonne page produit (voir « Ergonomie » p. 221).

Quels outils puis-je utiliser pour gagner du temps sur la création des campagnes ?

On a déjà vu AdWords Editor, l'interface offline qui facilite la gestion en masse et la modification. Cet outil est gratuit, mais il existe quelques solutions payantes comme **Kamp'n**, commercialisée par la société Adsonwall, qui utilisent votre flux produit pour générer dynamiquement vos campagnes. Exemple : j'emploie l'outil de création avec cette instruction « acheter [produit] pas cher » dans un ad group. L'outil créera alors tous les mots clés en allant chercher le nom du produit dans le flux automatiquement.

QUEL BUDGET POUR DÉMARRER AVEC ADWORDS ?

Il y en a pour toutes les bourses, mais par campagne un minimum de 10 € par jour, soit 300 € par mois, est à prévoir. Ceci est un minimum quasi viable. Il est préférable, si possible, de prévoir un budget supérieur. Notez que le calcul d'un budget SEA n'est pas censé être un pourcentage de votre chiffre d'affaires, il sera propre à votre activité et au nombre de produits ou services dont vous souhaiterez faire la promotion.

QUELLE EST LA DIFFÉRENCE ENTRE CPC MAXIMUM, CPC MOYEN ET CPC RÉEL ?

Le CPC maximum correspond à l'enchère que vous avez définie comme montant à ne pas dépasser pour chaque clic. Le CPC moyen est un indicateur de performance qui reflète le coût d'un clic en moyenne pour un mot clé, un ad group ou une campagne. Tandis que le CPC réel est le CPC effectivement payé pour un clic, car si vos concurrents sont bien en deçà de votre enchère, vous ne paierez qu'un centime au-dessus de celui le plus proche mais vous n'aurez jamais à débourser le montant de votre enchère maximum.

Optimisation des campagnes

Si vous pensiez que la gestion de campagnes AdWords s'arrêtait à la création, vous étiez loin du compte. La différence entre le référencement naturel (SEO) et le référencement payant (SEA) est justement la fréquence d'optimisation et le délai nécessaire à l'obtention de résultats. Là où le SEO requiert de répondre présent à des moments-clés, le SEA nécessite une rigueur d'optimisation journalière. Là où le SEO produit des effets significatifs à long terme, le SEA est un levier instantané. Cette instantanéité exige un monitoring que je compare souvent à la surveillance du lait sur le feu, notamment au lancement d'une toute nouvelle campagne.

Le premier mois est une étape psychologique qui décourage de nombreux annonceurs débutants. Il s'agit du mois de tous les ajustements ; on teste des mots clés et des ciblages larges avant d'affiner, et le ROI n'est pas immédiatement au rendez-vous. Pas de panique, ce qui serait néanmoins inquiétant, ce serait d'en être exactement au même point 3 ou 4 mois après.

Optimisation des enchères

La première chose à surveiller dans l'heure, ce sont vos coûts. Vérifiez dans l'interface en ligne la liste de tous vos mots clés, toutes campagnes confondues. En cliquant sur la colonne « Coût », vous les classerez par ordre décroissant pour identifier rapidement vos mots clés budgétivores.

À partir de dix clics, on considère avoir atteint un volume pertinent, prompt à l'optimisation de l'enchère. Si, dans ces dix clics, vous n'avez obtenu aucune conversion, deux cas sont possibles :

- le coût de ce mot clé est très loin du CPA maximum que vous vous êtes fixé. Laissez alors encore quelques clics venir avant de diminuer l'enchère de votre mot clé ;
- le coût de votre mot clé a atteint ou dépassé votre CPA maximum. Diminuez alors légèrement votre enchère.

Si ces dix clics vous amènent une conversion, deux cas sont possibles :

- le coût de ce mot clé est très loin du CPA maximum que vous vous êtes fixé. Attendez plus de données et une conversion supplémentaire afin de confirmer l'efficacité de ce mot clé et de l'augmenter ;
- le coût de votre mot clé a atteint ou dépassé votre CPA maximum. Diminuez légèrement votre enchère.

Selon l'importance de votre volume, une optimisation journalière des enchères CPC sera nécessaire... ou une fois tous les trois jours suffira. **La fréquence est vraiment à définir au cas par cas.** Quoi qu'il arrive, sauf dans certains cas rares de pertes continues et importantes sur des enchères élevées, il est déconseillé de modifier une enchère chaque jour. On part du principe qu'un nouvel échantillon statistique viable doit être disponible pour une **réoptimisation**. Ainsi, vous prendrez les données des trois jours qui ont suivi la modification d'une enchère afin d'arbitrer de son sort.

Il est aussi nécessaire de **faire des coupes larges dans votre analyse statistique** car certains mots clés mangent lentement, mais sûrement, votre budget. Ce sont ces mots pour lesquels trois mois de données sont nécessaires avant optimisation, tant leur volume de trafic est faible. Ils sont nombreux, ne les oubliez pas et faites un grand ménage trimestriel ou mensuel selon votre trafic pour les débusquer et les ajuster.

Depuis mars 2014, vous avez la possibilité de vous aider des **nouvelles colonnes statistiques du simulateur d'enchères** pour simuler les clics que vous auriez obtenus si vous aviez enchéri différemment :

- 50 % sous votre enchère de base ;
- 50 % au-dessus de votre enchère de base ;
- 300 % au-dessus de votre enchère de base ;
- ou selon une estimation d'enchère « haut de page ».

Voilà pour la théorie, sauf que dans la pratique de nombreux autres éléments viennent compléter cette décision. À commencer par la position moyenne de l'annonce que ce mot clé déclenche. Si la **position moyenne** est à 1 et que votre objectif est la conversion, il serait judicieux de diminuer votre enchère car c'est rarement la position visée. Les positions les plus rentables sont souvent la deuxième ou la troisième position. Viser la première correspondrait davantage à une stratégie de développement de notoriété qui ne serait pas « drivée » dans un but ROIste. N'oublions pas non plus le ciblage du mot clé, qui jouera aussi un rôle déterminant dans l'optimisation de vos campagnes.

Une notion essentielle permet de statuer mathématiquement quand l'oscillation d'une enchère, à quelques centimes près, empêche de parvenir à la juste enchère. On utilise alors le calcul du coût par clic incrémental, en anglais **ICC (Incremental Cost per Click)**. Pour effectuer ce calcul, vous devez avoir deux informations en votre possession : le taux de conversion de votre site (Conversions/Visites) et votre CPA maximum (Prix de vente – Coûts). Afin de convertir votre CPA maximum en CPC maximum, il faudra réaliser le calcul suivant : calcul de la valeur par clic = CPA max × Taux de conversion.

> ### Exemple de calcul du CPC maximum/Valeur d'un clic
> Je vends des séjours de vacances à 2 500 € pour Bali. Mes coûts s'élèvent à 2 300 € et j'ai un taux de conversion de 3 %.
> **CPA max** = Chiffre d'affaires – Coûts
> **CPA max** = 2 500 – 2 300 = 200 €
> **CPC max** = CPA max × Taux de conversion
> **CPC max** = 200 × 0,03 = 6 €

Le CPC maximum représente donc l'enchère à ne pas dépasser pour un clic, mais rien ne vous oblige à miser autant. En employant les données (nombre de clics et coûts) récoltées *via* vos anciennes enchères ou en utilisant le simulateur d'enchères disponible au niveau de votre mot clé dans votre interface en ligne (petit carré entouré ci-après, il suffit de cliquer sur ce petit carré pour y accéder), des hypothèses d'enchères naîtront.

C'est le calcul de l'ICC qui vous éclairera sur l'enchère la plus rentable. Reprenons notre exemple.

Exemple de calcul de l'ICC

On observe dans l'exemple ci-après que l'enchère la plus rentable est 5 €. En enchérissant à 4,50 € l'enchère aurait été trop basse, tandis qu'à partir de 5,50 € ou 6 € on aurait tout bonnement gaspillé notre budget.

Enchère	Clics	Coût	CPC moyen	Chiffre d'affaires	Marge
6,00 €	210	945,00 €	4,50 €	1 260,00 €	315,00 €
5,50 €	190	817,00 €	4,30 €	1 140,00 €	323,00 €
5,00 €	155	434,00 €	2,80 €	930,00 €	496,00 €
4,50 €	135	337,50 €	2,50 €	810,00 €	472,50 €

Si vous n'utilisez pas de solution de **bid management**[1] (gestion algorithmique des enchères) et que ces calculs vous semblent obscurs, plusieurs solutions s'offrent à vous.

Les **règles automatiques** vous seront d'une grande aide dans un premier temps, surtout si vous avez un volume de mots clés important à gérer. Vous paramétrerez au millimètre les dépenses de chaque mot clé et groupe d'annonces afin de respecter vos objectifs et votre coût d'acquisition maximum. Une vérification et un reporting journalier accompagneront, bien évidemment, ces mesures de sécurité.

Dans un second temps, dès lors qu'une de vos campagnes aura atteint un volume de conversions stable (même si plus vous avez de recul statistique,

---

1. Bid management : activité d'optimisation des enchères en fonction de la performance des mots clés (ROI, taux de conversion...). Elle peut être manuelle ou automatisée *via* une solution technique qui utilise un algorithme d'optimisation.

mieux c'est), vous accéderez à l'option d'activation de l'**optimiseur de conversion.**

C'est une arme très efficace, vous n'aurez néanmoins pas droit à l'erreur lors de son paramétrage de départ. Votre CPA (coût par acquisition) maximum ne devra pas être exactement celui de votre stratégie. Dans les premières semaines, il faudra laisser de la marge à Google si vous ne souhaitez pas voir votre précieux trafic et ses conversions fondre telle la banquise... Passée cette phase d'adaptation, petit à petit vous ferez évoluer ce CPA maximum vers votre objectif réel tout en gardant un œil sur vos KPIs et votre seuil de rentabilité maximum afin de ne pas aller en deçà.

Optimisation des mots clés

En complément de l'ajustement des enchères, l'optimisation des mots clés sera essentielle à la réussite de vos campagnes. Optimiser ses mots clés est envisageable *via* trois leviers complémentaires : le ciblage, l'ajout de mots clés négatifs et la recherche de nouveaux mots clés.

Modifier le ciblage

Un mot clé qui persistera dans la mauvaise direction en accumulant des pertes, même au CPC le plus bas, méritera une reconversion de ciblage avant d'envisager la mise en veille. Il est conseillé, après avoir joué sur l'enchère, d'opter pour un **ciblage plus strict**. Petit à petit, on passe d'un ciblage large modifié (car je ne saurais vous recommander le large classique) à un ciblage « expression exacte » puis « mot clé exact ».

Ajouter des mots clés négatifs et de nouveaux mots clés

Après quelques jours de vie, vos campagnes recevront l'appui statistique et sémantique de Google. Vous disposerez alors de données utiles dans les rapports proposés par AdWords. **Le rapport des termes de recherche** sera votre meilleur allié dans votre entreprise d'optimisation des mots clés. Il vous informera sur l'historique des requêtes ayant déclenché la diffusion ou le clic de votre annonce. Ce sera une véritable mine d'or avec de nombreux mots à :

- **ajouter.** Il s'agira de mots que vous n'aviez pas dans vos groupes d'annonces, ou avec un ciblage différent. Il sera intéressant de les rajouter s'ils sont pertinents. Attention à ne pas les ajouter automatiquement, mais à le faire manuellement pour vous assurer qu'ils migreront bien vers le bon ad group ;

- **exclure.** On n'imagine jamais exhaustivement les mots farfelus qui occasionnent la diffusion de nos annonces et grignotent absurdement nos budgets ;

- **ignorer.** Tout n'est pas à ajouter ou à exclure. Certains portent la mention verte « Ajouté » et ne nécessitent aucune attention. D'autres devraient porter la mention « Hors sujet ». Ce rapport est automatisé, ne l'oubliez pas en faisant un tri sévère et, tant que faire se peut, objectif.

Une nouvelle idée de mot clé à ajouter ou à exclure ? N'attendez pas la saison du rapport des termes de recherche et passez à l'action immédiatement. Il y a pas mal de turnover dans les premiers mois d'une campagne, recruter des remplaçants pour pallier la mise en veille d'anciens mots clés inefficaces fait partie des bonnes pratiques.

Le QS reflétera l'image que Google se fait de votre chaîne « mot clé/ annonce/landing page ». Cette information se trouve dans la colonne « Niveau de qualité » (changer les colonnes pour l'afficher si vous ne la voyez pas). Pour **plus de détails sur le QS**, cliquez sur la bulle placée à gauche de l'état de votre mot clé (à la gauche de « Éligible » dans la colonne « État »).

Ces indications sur l'évaluation de la qualité de votre CTR, la pertinence de votre annonce et la convivialité de votre page de destination vous aideront à avancer dans votre optimisation.

Au passage, ne supprimez pas d'office vos mots clés qui ont un QS entre 3 et 5. C'est, par défaut, la tranche de note attribuée aux mots clés génériques. Même s'il faudra les surveiller de près, je vous invite à les conserver dans les premières semaines ; ce sont ceux qui génèrent le plus de conversions.

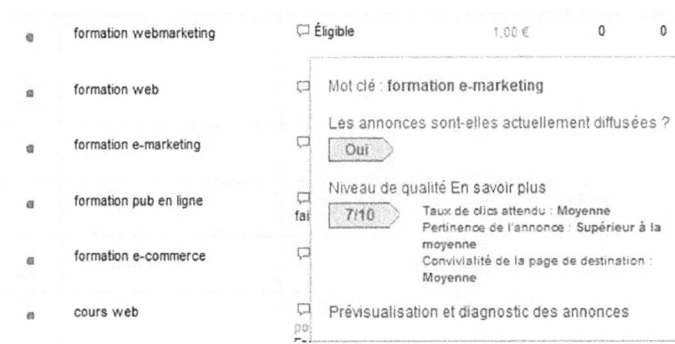

	formation webmarketing	☐ Éligible	1,00 €	0	0
	formation web	☐	Mot clé : formation e-marketing		
	formation e-marketing	☐	Les annonces sont-elles actuellement diffusées ?		
			Oui		
	formation pub en ligne	☐	Niveau de qualité En savoir plus		
		fai	7/10	Taux de clics attendu : Moyenne	
	formation e-commerce	☐		Pertinence de l'annonce : Supérieur à la moyenne	
				Convivialité de la page de destination : Moyenne	
	cours web	☐	Prévisualisation et diagnostic des annonces		

Optimisation des annonces et des pages de destination

Lors de la création des annonces d'un ad group, je vous avais précédemment recommandé de respecter la bonne pratique qui consiste à créer 3 ou 4 annonces par ad group. Avec le recul statistique nécessaire, une fois la phase de test passée, il sera temps de mettre en pause l'annonce la moins pertinente et d'en créer une autre pour explorer d'autres arguments et formulations.

Pourquoi, dès le début, ne pas en créer 5 ou 6 ? Trop d'annonces ne permet pas d'effectuer un split testing efficace. Et, soyons honnêtes, ce n'est pas plus mal car la création d'annonces efficaces est un vrai casse-tête. Autant concentrer vos efforts sur 3 ou 4 et le faire correctement, et quelque temps après revenir sur vos annonces avec un peu plus d'inspiration et de données sur ce qui fonctionne le mieux.

Révisez aussi vos gammes d'URLs de destination, la survie de vos campagnes dépend de leur mise à jour. Leur mise à jour dépend de facteurs classiques à ne pas occulter tels que la modification des URLs de votre site. Organisez des réunions régulières entre les services de votre entreprise, ou entre vos prestataires si vous sous-traitez. Les ruptures de stock pour les boutiques en ligne se révèlent souvent être un gouffre budgétaire pour les e-commerçants. Investissez dans un outil qui mettra en pause automatiquement les éléments de votre campagne qui visent des produits en rupture de stock. Un outil comme **Kamp'n**, commercialisé par la société **Adsonwall**, pourra résoudre ce genre de problématique.

Optimisation des budgets

Une bonne répartition des budgets contribuera à la réussite de votre campagne. Si votre budget est trop modeste et que cela entraîne la perte de clics et clients potentiels, Google l'indiquera dans votre interface en ligne. Rien ne vous oblige pour autant à l'augmenter, à vous de réallouer entre vos différentes campagnes le budget. Certaines campagnes sur des expressions longue traîne ne consomment pas le budget prévu, tandis que d'autres, budgétivores, génèrent des ventes. Enfin, certaines se révèlent être de véritables gouffres et nécessitent d'être mises en veille. La mise en veille se fera néanmoins, dans un premier temps, au niveau de l'ad group. En mettant en veille certains ad groups, cela libérera du budget pour d'autres, plus performants et bridés.

Au niveau de la campagne, il sera aussi intéressant de réserver votre budget pour les créneaux de la semaine ou de la journée les plus rentables. Avec des données suffisantes et constantes, le paramétrage du calendrier de diffusion de vos annonces pourrait s'avérer être un axe d'amélioration pertinent.

Tout cela reste, encore une fois, bien théorique. Seule la pratique de vos campagnes en situation réelle vous apportera toutes les réponses à vos questions.

L'avenir du SEA en questions

On prédit souvent un avenir brumeux aux leviers mal-aimés, qu'en est-il du SEA ? Qu'apportent les nouvelles évolutions à ce levier ?

De moins en moins de personnes cliquent sur les annonces, est-ce un levier en voie de disparition ?

En tant que formatrice et consultante, j'entends régulièrement cet argument. Ma première réponse consiste à citer deux statistiques extraites d'une étude de l'institut Ifop sur l'utilisation des moteurs de recherche en

France et la perception des annonces générées par Google AdWords[1] ; 52 % des utilisateurs du moteur de Google cliqueraient sur les liens AdWords et 36 % seraient incapables de distinguer les annonces payantes des résultats naturels. Tout porte à croire que ces pourcentages ont, depuis, évolué à la hausse. En effet, la mise à jour de 2014, qui a rendu l'affichage des publicités encore plus discret, a aussi signé la fin des traditionnels fonds orangés. Une simple pastille « annonce » couleur orange traduit l'intention assumée de Google d'insérer en « quasi native » ses annonces payantes.

Par ailleurs, j'insiste toujours sur le fait que, moi-même, je clique sur ces liens qui sont, pour la plupart, de bonne qualité. Après avoir mieux compris le fonctionnement et le coût des liens sponsorisés, vous réalisez pourquoi un annonceur a tout intérêt à vous afficher une page de destination pertinente pour votre recherche.

Le DSA : solution miracle ou générateur de frustration dynamique ?

Depuis peu, Google propose les **Dynamic Search Ads**, des campagnes AdWords quasiment autogérées qui délèguent la recherche de vos mots clés aux algorithmes et autres mécanismes automatisés de Google. Je dis non ! Sur le papier, c'est tentant, c'est indéniable, mais dans la réalité il s'agit d'une campagne AdWords au rabais mal optimisée. Car cela n'enlève rien aux tâches récurrentes de l'optimisation, dont la plupart se penseront affranchis en optant pour un tel type de campagne. Ce genre d'outils budgétivores a vocation à ne pas produire des ROI optimums et à fomenter la mauvaise réputation des liens sponsorisés.

Quel avenir pour AdWords Editor ?

On s'est longtemps posé la question de l'avenir réservé à l'interface offline, tant elle accumulait du retard sur l'interface online. On s'attendait à un abandon progressif, mais 2014 a changé la donne avec l'arrivée d'une mise à jour majeure. Certes, il manque encore des fonctionnalités disponibles en ligne, mais reconnaissons ce sérieux pas en avant.

---

1. Étude menée du 12 au 17 juin 2013 auprès d'un échantillon de plus de 1 000 individus, réalisée pour le compte d'Ad's up Consulting, agence spécialisée dans le Search Engine Advertising.

Quelle position adopter sur la solution d'avis clients Google ?

Google semble bien décidé à la déployer à grande échelle. Comme tout ce que fait Google, on se pose toujours la question de suivre ou ne pas suivre. Si vous n'avez pas encore opté pour une solution d'avis clients, je vous invite à tester celle de Google afin que vos meilleurs avis s'affichent automatiquement dans vos annonces AdWords. Néanmoins, je suggère à ceux qui ont déjà une solution telle que **Trustpilot** ou **eKomi**, de surveiller la rapidité d'adoption de ce produit. C'est l'unique moyen de prédire son avenir. Vous monterez en marche si nécessaire pour rattraper le train.

Actuellement, Google collabore avec ces autres solutions, mais rien ne garantit contre un éventuel revirement menant à l'exclusion des avis propulsés par des solutions tierces pour ne conserver que ceux « validés » par Google. En bref, à tester dès que possible et à suivre de très près.

Quel avenir pour le « *travel* » dans le search Google ?

L'univers du voyage est plus que mis à mal sur Google. Historiquement, il s'agissait d'un des secteurs les plus concurrentiels, mais c'était sans compter sur le lancement des nouveaux services Google Flights (moteur de recherche aérien) et Google Hotel Finder, qui grignotent de plus en plus l'espace habituellement réservé aux résultats payants et naturels. Le Knowledge Graph, petit encart avec ou sans photo apparaissant sur certaines destinations ou monuments, occupe aussi l'espace des positions du bloc de droite, relayant quelques centimètres plus bas les annonces AdWords de l'univers du voyage.

Tous ces changements entraînent ainsi de nombreux acteurs à rediriger leurs investissements publicitaires vers d'autres leviers tels que les réseaux sociaux ou la publicité vidéo.

CONSEIL

Ressources vidéo AdWords. Retrouvez de nombreuses ressources vidéo en ligne sur toutes les étapes de la création des campagnes AdWords sur YouTube, abonnez-vous aux chaînes de Google telles que « Conseils et Formations Google pour les Annonceurs ».

PARTIE II

Conversion : comment transformer mes prospects en clients ?

Introduction théorique à l'ergonomie

Avant même d'élaborer votre stratégie digitale, de mettre en place un plan marketing ou de commencer à dépenser votre budget marketing, vous devez vous assurer que votre site est à la hauteur de vos ambitions. On incrimine souvent les agences pour non-respect de promesse, certains leviers sont même quasi blacklistés des plans marketing de certaines sociétés. Mais la première cause de mortalité de la conversion se trouve souvent sur votre site.

L'ergonomie s'applique à tout type de site. Il s'agit simplement d'adapter votre site Internet ou votre application mobile à votre audience. Car c'est bien dans cet ordre que les choses sont ; ce n'est pas à vos visiteurs de s'adapter à votre conception de la navigation.

CONSEIL

L'excès d'« ergocentrisme » est mauvais pour la santé de votre site. Attention, en se pensant et en se prenant pour l'utilisateur de référence, on développe à coup sûr un site parfait pour soi-même, mais peu cohérent pour tous.

Le rôle de l'ergonomie, c'est d'**adapter votre site au plus grand nombre**, ce qui signifie souvent aux moins expérimentés. Tout dépendra, bien sûr, de votre cible... D'ailleurs, sur le Web, l'avenir ce n'est pas la jeunesse, mais bien ce que l'on appelle délicatement la *« silver economy »*. Les baby-boomers qui, contrairement à leurs parents, sont connectés. Ils ont la soixantaine et créeront le papy-boom de notre économie. Un changement démographique qui se traduira naturellement dans l'ergonomie des sites dont ils seront la cible afin de garantir un certain confort de lecture par exemple.

Justement, la **lisibilité** d'un site va bien au-delà de la *silver economy*. Cette problématique nous concerne tous, au même titre d'ailleurs que la **fluidité de la navigation**. Grâce à l'ergonomie, vous structurez et hiérarchisez votre contenu pour mieux orienter votre utilisateur vers l'action attendue. Il s'agit de se mettre à la place de vos utilisateurs pour améliorer leur expérience utilisateur. Dit comme cela, on pourrait rapidement se fourvoyer en s'improvisant **designer UX/UI**[1]. Il s'agit pourtant d'un métier et d'une expertise à part entière.

Bien qu'il s'agisse en grande partie d'une science molle, l'ergonomie repose sur des principes de base empruntés aux sciences psychocognitives. Plutôt que de nous intéresser aux origines, je vous propose de nous concentrer sur les conclusions de ces études et leur impact sur l'ergonomie de votre site.

Les lois de Gestalt et Hick-Hyman

Les lois de Gestalt, aussi appelées les lois de la bonne forme, ont permis, appliquées au Web, de mieux appréhender la perception des utilisateurs concernant les formes, leurs mouvements et leur position. Il a ainsi été observé qu'un regroupement de formes ou un traitement graphique similaire de ces dernières induisait l'association automatique et inconsciente de ces éléments. En d'autres termes, si vous donnez la même taille, la même couleur, le même format à des blocs de votre site et que vous les regroupez, ils seront perçus comme d'égale importance et seront inconsciemment associés.

Cette observation basique a des implications relativement importantes puisqu'en jouant sur la similitude, la proximité ou même la continuité, vous influencerez la perception de vos visiteurs. Et, *a contrario*, il est courant d'observer sur certains sites des associations induites involontairement. Il est donc primordial de s'en servir dans la construction de ses pages pour amener l'internaute à mieux comprendre notre contenu et son organisation. Au même titre qu'il faudra veiller à ne pas générer de malentendus.

De manière générale, votre site doit avoir une forme simple et un design épuré afin d'être facilement compris par vos utilisateurs.

---

1. Designer UX/UI : designer User Experience ou User Interface est une autre appellation du métier d'ergonome. Son rôle est de designer ou, parfois, uniquement de valider les maquettes de projets Web afin d'en garantir l'usabilité *via* le respect des bonnes pratiques de l'ergonomie.

La loi de Hick-Hyman pousse aussi à la simplification des messages et à la réduction du nombre de fonctionnalités sur une même page. En introduction, j'expliquais que le rôle de l'ergonomie était d'orienter l'internaute vers l'action attendue. L'orientation passe justement par la simplification. Cette loi le confirme en établissant un lien direct entre le nombre de choix et le temps de réponse d'un utilisateur. Plus vous proposerez de choix, plus les libellés de ces choix seront longs, plus votre internaute hésitera à prendre une décision. La navigation sur votre site deviendra alors tout sauf fluide.

Le concept d'affordance

La fluidité s'appuie aussi sur les affordances. Le concept d'affordance est un concept phare de l'ergonomie. Les affordances sont un peu les panneaux de signalisation d'un code de la navigation que tout le monde ou presque connaîtrait sans l'avoir étudié. Une affordance est une forme qui induit naturellement un comportement de la part d'un individu. Lorsque vous voyez une poignée de porte, vous la saisissez mais ne la poussez pas. C'est bien la forme de la poignée qui vous amène, par réflexe, à l'ouvrir ainsi.

Lors de votre navigation, de nombreux éléments impliquent un comportement utilisateur. Lorsqu'un texte est souligné, on sait qu'il est cliquable. Lorsqu'un curseur s'affiche dans un champ, on comprend alors qu'il est modifiable et qu'il est possible d'y renseigner du texte. Même chose, dès lors que vous apercevez une petite main au survol d'un élément, vous comprenez alors qu'il est cliquable. La liste de ces choses évidentes pourrait continuer indéfiniment. Mon but n'est pas d'enfoncer des portes ouvertes, mais d'attirer votre attention sur ces codes à double tranchant.

En effet, tout ce qui va vous servir potentiellement à baliser la navigation de vos visiteurs pourra aussi vous porter préjudice. Un manque d'affordances ou la présence de contre-affordances influera sur votre taux de conversion.

Exemple de contre-affordance

Lors des formations que j'anime, nous auditons régulièrement des sites avec mes stagiaires. À l'occasion de l'audit d'un grand opérateur, une grande partie de mes stagiaires est restée 10 minutes à recharger plusieurs fois la page de la rubrique que je leur demandais d'auditer. En passant derrière l'ordinateur de chacun d'eux, je me suis aperçu qu'ils rencontraient tous le même problème. La page était bien chargée, mais la rubrique en cours de consultation n'était pas mise en évidence par une affordance. Traditionnellement, la rubrique en cours de consultation apparaît d'une autre couleur dans la barre de navigation. Pire encore, la couleur différenciante qui servait d'affordance restait invariablement sur la même rubrique, indépendamment de la page consultée.

Une mauvaise expérience de navigation, un mauvais taux de conversion tiennent souvent à des petites contre-affordances dissimulées çà et là au travers de vos pages. Non seulement elles génèrent de la frustration, mais, pire encore, elles entament la confiance de vos visiteurs. Autant vous dire qu'un utilisateur frustré montrera peu de patience à l'égard de votre site, le quittera caddie plein s'il le faut et ne reviendra que s'il est frappé d'amnésie...

CONSEILS

Ne me contre-affordez pas ! Ne surlignez jamais du texte s'il ne s'agit pas d'un hyperlien, vérifiez que tous les champs pour lesquels s'affiche un curseur sont bien modifiables.

L'erreur classique sur une fiche produit : afficher un curseur pour le champ des quantités, laisser le champ modifiable (alors qu'une autre fonctionnalité existe à cet effet) sans que la modification de ce dernier n'ait d'effet sur la quantité.

Bien d'autres événements contrarient tous les jours les internautes lors de leur navigation. Une image que j'ai vue il y a quelques années illustrait parfaitement l'ergonomie et son impact sur la navigation d'un internaute. Il s'agissait d'une analogie avec un robinet que les utilisateurs, matérialisés par l'eau, empruntaient pour aller jusqu'à la conversion. Et entre le point d'entrée et la conversion, des points de fuite intermédiaires étaient marqués par les questions suivantes : Où suis-je ? Que veut dire ce libellé ? Où dois-je cliquer ? En somme, toutes les questions qu'un site user-friendly bien structuré et optimisé ne provoquerait pas. Et, en dessous de chaque question typique d'un utilisateur désorienté, un flux venait alimenter la flaque des utilisateurs frustrés.

Le « où suis-je ? » relève des codes de votre charte graphique, votre identité visuelle, votre logo : l'image de marque ou de votre entreprise, que vous devez faire ressortir jusqu'au bout du **favicon**[1]. Les deux autres questions peuvent être évitées en respectant quelques règles visant à simplifier et à clarifier votre site ou votre application afin d'améliorer votre taux de conversion.

CONSEIL

Oubli de favicon... De nombreux sites soignent leur charte graphique ou passent des heures à choisir un template pour leur CMS et oublient complètement de personnaliser leur favicon. Comble de l'horreur, vous utilisez Joomla, PrestaShop ou un autre, et vous laissez le favicon du CMS. Je vous en conjure, remédiez-y rapidement si cette situation vous concerne.

---

1. Favicon : le favicon est l'icône représentant un site dans l'onglet d'un navigateur.

2

À quoi tient la conversion ?

Vous êtes un marionnettiste garant de la bonne conversion de son site. Cette conversion ne tient pas à un, mais à plusieurs fils ; un seul fil manquant ou défaillant pèsera donc directement sur votre performance.

La conversion tient à une architecture pensée pour vos utilisateurs, à une hiérarchisation et une structuration logique de l'information, au respect des codes et des usages du Web 2.0, à la lisibilité des contenus ainsi qu'à une pollution visuelle maîtrisée.

À l'architecture et à la hiérarchisation

De vieux débats animent encore parfois certaines formations ou discussions autour de l'ergonomie sur le sens de la lecture. Je ne rentrerai pas dans ce genre de débats, je ne nie pas que, naturellement, par réflexe de lecture occidentale, votre œil risque de chercher le coin supérieur gauche d'une page Web. Mais je fais partie de ceux qui pensent que c'est la hiérarchisation et la position des éléments-clés de votre page qui dicteront le sens de la lecture. C'est un peu cliché, mais il y a fort à parier qu'en mettant en concurrence une femme en maillot de bain placée sur la droite et notre triste coin supérieur gauche, la fameuse lecture en Z s'inverserait.

Mais cette logique s'applique dans la limite de l'espace visible, bien évidemment. Il faut garder à l'esprit que les éléments présents sous la ligne de flottaison n'interviendront qu'une fois la page scrollée. Il peut paraître vain de le préciser, mais, lors de la conception, on envisage souvent les gabarits comme s'ils tenaient entièrement dans l'écran de tous les terminaux. Une erreur qui peut coûter cher, notamment sur une landing page destinée à la conversion.

Il est important de passer par quelques étapes afin d'arriver à hiérarchiser correctement l'information. Cette hiérarchisation doit, avant tout, faire sens pour vos utilisateurs.

Satisfaire les besoins de vos utilisateurs

Avant de développer un site ou une application, il est nécessaire de faire une étude de marché et de définir une stratégie marketing pour mieux cibler votre audience. Vos cibles auront souvent plusieurs visages ; ces différents profils d'utilisateurs auront des caractéristiques, des besoins et des attentes qui leur seront propres. En partant de ces profils types, vous aurez la possibilité de créer ce que l'on appelle des personas.

> **Exemples de personas**
>
> Julie, 22 ans, étudiante, va une fois par jour sur l'application mobile de sa banque pour surveiller de près son compte courant. Marc, 45 ans, CSP ++, utilise plusieurs fois par jour l'application mobile pour ses investissements boursiers.

Ces personas auront donc des habitudes, des capacités, des usages et des parcours particuliers. Il est nécessaire de définir ces clients types. Cela vous permet de partir de leurs besoins en concevant votre projet, mais aussi de recetter[1] l'application ou le site en fonction de ces mêmes besoins afin de vous assurer de la cohérence des parcours clients proposés à vos cibles.

Le pourcentage de vos clients représenté par chaque cible influencera vos arbitrages en fonction de vos priorités stratégiques. Grâce à la création de ces clients ou utilisateurs types, vous conceptualiserez les contenus, services, modules et menus à incorporer dans votre site.

Architecture de l'information

L'organisation et la priorisation de vos contenus constituent une étape décisive dans votre projet. Pour obtenir une bonne architecture de site Web, il faut souvent renier une partie de ce qu'on connaît de son point de vente physique ou de son catalogue papier. Essayer d'adapter l'un ou l'autre directement au Web serait une fausse bonne idée. Il est nécessaire de sortir de ses conceptions habituelles.

Reprendre l'organisation des rayons de votre magasin ou la catégorisation des produits de votre fournisseur pour élaborer vos rubriques et vos

---

1. Recetter : recetter ou « faire la recette » consiste à vérifier méthodologiquement que les développements ou les corrections mises en ligne sont conformes et fonctionnels.

sous-rubriques ne serait pas nécessairement logique pour vos utilisateurs. Sur une boutique en ligne, les produits doivent être placés là où les utilisateurs s'attendent à les trouver. Cela requiert parfois d'avoir recours à la multicatégorisation.

Pour être efficaces, **vos menus respecteront les trois règles d'or** d'Amélie Boucher[1] :

- ils devront être **signifiants**. On a pour habitude de dire qu'un menu efficace est un menu dont le contenu est identifiable sans avoir à le parcourir. Le premier niveau se veut donc très générique ;

- ils devront être **exclusifs**. Aucune place n'est censée être laissée au doute ou à l'ambiguïté ;

- ils devront être **complémentaires**. N'abandonnez aucun produit au pied de votre arborescence.

Si vous avez l'impression d'enfreindre une de ces règles, je vous invite à repenser votre organisation et à reprendre le casse-tête du début. Un regard neuf ou une session de brainstorming avec des personnes extérieures à votre activité débloque souvent la situation.

Dès que vous avez le sentiment d'avoir obtenu une architecture viable, mettez-la à l'épreuve des habitudes de vos personas. Si les parcours sont cohérents, vous passerez à l'étape qui précède la mise en production : la rédaction des spécifications fonctionnelles.

Rédaction des spécifications fonctionnelles

De l'expression de besoins naîtront les fonctionnalités constituantes de votre projet. Une fois l'ensemble de ces fonctionnalités priorisé, suivra ensuite l'étape de la traduction du concept en spécifications fonctionnelles.

Les spécifications fonctionnelles détaillent page par page le comportement attendu de chaque élément, c'est certainement la phase la plus fastidieuse. Cette tâche est souvent confiée à un ou plusieurs chefs de projet fonctionnels qui travaillent en collaboration avec l'équipe technique. C'est à partir de ces spécifications fonctionnelles que seront rédigées les spécifications techniques qui serviront à la phase de développement. Pour la validation d'un choix, on précisera par exemple si ce dernier se fera *via* une case à cocher ou un bouton radio.

---

1. Amélie Boucher, *Ergonomie Web*, Eyrolles, 3ᵉ édition parue en 2011.

Design, hiérarchisation et structuration

Contrairement à ce que beaucoup de personnes pensent, même si une première version des gabarits est conçue en amont, un site est avant tout fonctionnel ; le design est l'ultime étape. En matière de design, la tendance actuelle est au « flat design », un concept minimaliste qui réduit le design au strict minimum en laissant de côté effets et textures au profit du contenu. Beaucoup d'entreprises ont fait ce choix, il a notamment dérouté les iPhone addicts en 2013 lorsque Apple a opéré un changement de cap graphique avec la release de l'iOS 7.

Le flat design fait le pari risqué de la simplification, et cela en allégeant les temps de chargement. Si vous optez pour ce type de design moderne, prenez le temps de choisir la police adéquate et n'hésitez pas à jouer sur les contrastes.

Il est essentiel de rappeler que le rôle du design est de venir appuyer la démarche du site, d'expliciter ses fonctionnalités, mais avant tout de traduire visuellement la hiérarchisation de ses éléments. Grâce aux contrastes, aux couleurs, à la taille des éléments, il est en charge de baliser vos pages afin d'accompagner l'utilisateur dans l'identification de l'élément le plus important sur une page. Le design guide l'utilisateur et l'amène jusqu'à l'action attendue.

La structuration, quant à elle, reflète vos priorités commerciales et leur saisonnalité en rendant plus visible une rubrique stratégique de par sa couleur ou sa position dans la barre de navigation. On aura tendance à mettre en début de menu les éléments les plus importants. Cela consiste également à insérer dans votre menu des rubriques éphémères telles que les soldes ou les promotions, les événements tels que la fête des mères ou Noël.

Faire un site stratégiquement optimisé qui met en valeur vos plus beaux atouts, c'est bien. Le faire en respectant les codes du Web 2.0 est incontournable.

Au respect des codes et des usages du Web 2.0

Guider vos utilisateurs vers l'action attendue passe notamment par le respect de certains codes. Avec les affordances évoquées en première partie, on avait introduit pour la première fois cette notion de codes et usages. Certains, trop pressés, s'empresseront de crier au retard numé-rique, en arguant que l'ère du 2.0 a déjà laissé place à celle du 3.0. Oui, il faut être à la pointe et à l'affût des moindres évolutions du Web sur la majorité des thématiques digitales. Néanmoins, lorsqu'il est question d'ergonomie, seules les grandes marques de luxe, et encore, se risquent à innover. Innover en ergonomie, c'est essuyer des pertes que l'on aurait pu s'éviter, comme vouloir à tout prix tester des solutions en **bêta**[1]. Laissez les autres innover sur l'apparence de leur site, leurs icônes, vous n'avez rien à y perdre tandis qu'eux n'ont rien à y gagner. Plus vous respecterez les codes et usages en vigueur, plus l'internaute sera à l'aise et pourra rapidement prendre ses marques en se fiant aux repères habituels de navigation. En respectant les emplacements classiques, l'iconographie et la signalétique des couleurs, vous êtes en partie assuré d'éviter la question fatidique : « Où dois-je cliquer ? »

Respect des emplacements

La première fois que j'ai voulu créer un site Internet, il y a une dizaine d'années, j'imaginais tout révolutionner, développer un site original qui ne respectait, bien sûr, aucun code ; tout déplacer... Ne rigolez pas, certains l'ont vraiment fait. Au moins, mon horrible projet n'est heureusement resté qu'au stade de l'idée. Un site efficace est un site qui respecte l'emplace-ment dédié à chaque élément. Le logo est toujours en haut à gauche, sou-ligné par sa **baseline**[2]. Le fil d'Ariane vient se placer juste en dessous de la barre de navigation (barre des menus) et il est invariablement aligné à gauche. J'insiste sur l'alignement car, sur certaines anciennes versions de PrestaShop, j'observe encore des fils d'Ariane errants, victimes d'un aligne-ment à droite. La connexion au **middle office**[3] et l'accès au panier occupent l'emplacement en haut à droite, au-dessus de la barre de navigation. Le lien de contact peut optionnellement être présent dans cette même zone, mais

---

1. Bêta : cette expression est utilisée pour évoquer une version d'un site ou d'un logi-ciel encore en phase de test, une version souvent instable qui nécessitera corrections et ajustements.
2. Baseline : phrase courte promotionnelle qui souligne l'identité d'une entreprise ou d'une marque. Il s'agit souvent de son slogan.
3. Middle office (abrégé MO) : c'est la partie d'un site Internet à laquelle les utilisateurs accèdent en se connectant *via* leur compte personnel. Le compte client sur une boutique en ligne est un middle office.

il se trouvera obligatoirement rappelé dans la liste des **liens utilitaires**[1] qui siègent au sein du **footer**[2].

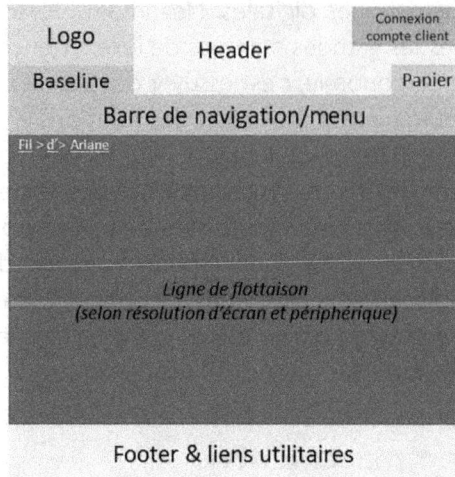

Logo
Connexion compte client
Header
Baseline
Panier
Barre de navigation/menu
Fil > d'> Ariane
Ligne de flottaison
(selon résolution d'écran et périphérique)
Footer & liens utilitaires

Respect de l'iconographie

Mettre chaque élément à sa place est déjà un premier pas vers un site ergonomique. Poursuivons vers l'iconographie. Si je vous parle du pictogramme de la recherche, vous penserez instinctivement à une loupe. Pour l'enregistrement, on utilise une disquette ; un trombone pour les pièces jointes. Si vous tenez à commettre une digression, en innovant un peu sur l'icône de votre panier par exemple, comme beaucoup s'y adonnent depuis un ou deux ans, essayez au moins de prendre une digression déjà utilisée (le sac) ou, du moins, explicite.

En s'aventurant sur des pictogrammes inconnus, il est plus que recommandé de s'armer d'un **libellé**. Pour un panier non conventionnel, n'hésitez pas à ajouter « Panier » en toutes lettres. D'ailleurs, j'insiste sur les choix particuliers, mais les libellés ne font pas de mal de manière générale. Tant qu'ils restent concis, efficaces et ne deviennent pas contre-productifs en générant plus de doutes que de certitudes.

---

1. Liens utilitaires : liens permanents, présents dans le footer ou le header d'un site. Le plan du site, les contacts, la revue de presse et de nombreux autres liens sont considérés comme des liens utilitaires.
2. Footer : partie basse du site Internet, présente sur la majorité des pages du site. Elle contient habituellement les liens utilitaires.

À la recherche du panier perdu. Le panier est un élément que l'on doit trouver les yeux fermés ; signalez-le par défaut. N'attendez pas l'ajout d'un produit pour le faire.

Respect des couleurs

Petite parenthèse, le choix des couleurs de votre charte graphique en dit long sur votre positionnement. Des couleurs vives aux couleurs *flashy*, il n'y a qu'un pas entre image dynamique et positionnement discount.

Attention, les couleurs ne sont pas là uniquement pour décorer votre site ou servir votre charte graphique. Dans un formulaire, par exemple, le rouge signifiera l'erreur, tandis que le vert matérialisera la validation d'un champ. En effet, dès qu'un formulaire n'est pas correctement envoyé, notre premier réflexe est toujours de rechercher les messages d'erreur en rouge. Si le rouge fait partie de votre charte graphique, des exceptions dédiées aux formulaires devront assouplir la règle.

Le respect des codes, de l'iconographie et des couleurs est un minimum. La lisibilité constitue aussi un travail intéressant pour votre conversion.

Alerte rouge ! Aucun texte ou élément de vos pages stratégiques ne doit porter la couleur rouge avant validation. Je pense surtout à votre tunnel de conversion ; un texte en rouge, quelle que soit sa nature, induirait en erreur vos internautes.

Espionner ses voisins... Ce qui dans la vie est un défaut, s'avère être une qualité sur le Web. Espionnez-les avant le lancement et tout au long de la vie de votre site pour voir ce qu'ils font d'intéressant à reprendre ou de plus hasardeux à éviter. Attention, la grandeur de la marque n'empêche en rien l'immensité de certains ratés...

À la lisibilité de votre contenu

Pour être lisible, observer quelques règles simples de sécurité suffira. Ces règles sont souvent remises en cause par excès d'ergocentrisme. Aucune ne souffre pourtant d'une quelconque controverse.

On sait que pour qu'un texte soit lisible, il est préférable de **ne pas multiplier les typographies** au sein d'une page. Avoir une typographie pour votre logo, une pour les titres et les menus et une pour le texte de vos contenus ne pose aucun problème. Au-delà, une bonne lisibilité ne sera pas garantie.

Autant **certaines polices** ne ralentissent pas la lecture sur écran, autant d'autres compliquent la tâche de vos lecteurs. Les polices Verdana ou Arial sont devenues des standards du Web. Si vous souhaitez vous en éloigner, optez pour une police sans **empattements**[1]. Les empattements alourdissent les caractères, s'affichent souvent de manière floue et augmentent le temps de lecture. Titres mis à part, la traditionnelle police Times New Roman (seconde ligne) sera donc à bannir de vos écrits numériques.

Aa Bb Cc Dd

Aa Bb Cc Dd

Calibri *versus* Times New Roman

Même s'il est tentant pour des raisons graphiques de s'en écarter, **préférez les textes foncés sur fond clair.** Il est aussi recommandé d'**utiliser les majuscules et la mise en gras avec parcimonie,** en les réservant pour des éléments pertinents afin d'attirer l'attention sporadiquement. Mettre plus d'une ligne de texte en gras est contre-productif, au même titre que l'est l'usage abusif des majuscules. Dans la même catégorie, l'italique et le texte souligné sont à proscrire. Surtout le texte souligné, puisqu'on a expliqué un peu plus tôt qu'il indiquait un lien hypertexte et que l'utiliser pour un texte simple constituait une contre-affordance.

Autre anomalie numérique à déclarer : sur le Web, **on aligne toujours le texte à gauche.** Oui, vous pouvez dire adieu au traditionnel alignement

---

1. Empattement : petit trait venant marquer la fin d'un caractère des polices appelées sérif.

justifié des supports papier. Plus qu'une lubie, l'alignement justifié génère des espaces variables entre les mots qui éprouvent les yeux de vos lecteurs.

L'optimisation de vos textes joue un rôle primordial dans le confort de lecture de vos contenus. L'environnement de ces textes, la page dans laquelle ils sont insérés, devra aussi viser ce même objectif.

À la réduction de la pollution visuelle

Une page propice à la lecture tend à maîtriser sa charge informationnelle en limitant la pollution visuelle à laquelle les internautes sont exposés. Tous les éléments d'une page, de par leur forme, leur longueur, leur couleur, impactent la charge informationnelle.

Moins de couleurs, moins de publicités

La charte graphique devra être épurée. En l'élaborant, un de vos objectifs premiers sera de **minimiser l'hétérogénéité visuelle** en évitant de multiplier les couleurs et les typographies sur les pages de votre site.

Parmi les principaux soutiens de la pollution visuelle, on retrouve les **images de fond**, la publicité et ses magnifiques **animations**, d'autant plus si ces dernières tournent **en continu et en simultané**. Quoi qu'il arrive, l'internaute doit pouvoir être libre de descendre de manège quand bon lui semble en ayant la **possibilité de mettre fin à l'animation**. Le déclenchement automatique du son des publicités, les formats qui poursuivent jusqu'au bas de la page les utilisateurs et masquent des fonctionnalités essentielles, tout cela est très intrusif et nuit fortement à l'expérience utilisateur.

Si votre site a pour but de générer des leads ou des ventes, je vous recommande de ne pas y afficher de publicités. Si vous possédez ou gérez un site de contenu, limitez-vous à une publicité par page, cela ravira autant vos lecteurs que vos annonceurs.

CONSEILS

Habillages et pollution visuelle. Que vous fassiez usage d'habillages pour des partenariats ou pour mettre en avant vos événements, n'en abusez pas trop. La pollution visuelle qu'ils provoquent dégrade fortement la qualité de l'expérience utilisateur sur votre site.

Profiter des revenus de la publicité sans payer le prix fort. Vous souhaitez profiter des revenus de la publicité sans voir chuter votre taux de conversion ? Insérez vos publicités dans la page de remerciement de votre fin de tunnel de conversion ou dans les pages de votre middle office.

Moins de libellés, plus de sens

Concernant **vos titres et vos libellés**, il vous incombe de trouver un **juste équilibre entre concision, clarté et référencement**. Une phrase fétiche de l'ergonomie affirme que l'on pourrait réduire par deux la quantité de texte (hors contenu d'article) sur un site. Il faut, en effet, vous limiter au strict minimum en supprimant tout ce qui n'est pas vital ou qui est sans valeur ajoutée.

Néanmoins, un arbitrage en faveur d'expressions plus courantes et plus usitées, donc plus intéressantes pour le SEO, se fera parfois au détriment de titres plus concis. Accordez **une attention toute particulière à vos libellés**. Ces consignes vitales pour vos utilisateurs vous éviteront deux des trois questions de la frustration : « Où dois-je cliquer ? » et « Que veut dire ce libellé ? » Si vous ressentez l'envie d'ajouter une légende à un élément de votre site, cela traduira **un manque d'affordance** et un choix d'intitulé insuffisamment explicite.

Moins de scroll, plus de pages

La réduction de la charge informationnelle passe aussi par des mesures simples. En limitant la **longueur de vos pages** pour **ne pas occasionner trop de scroll** ou en optant pour une **barre de navigation unique**, vous appuierez vos efforts.

Arrêt pour précisions : même si la mode du site sur page unique est en vogue, ne tombez pas dans ce piège. Certaines modes sont faites pour être suivies, d'autres pas. Rappelons-nous le flash et ses horribles temps de téléchargement ; pire qu'une pause publicitaire, vous regardiez désespérément votre page se charger. **Toute mode Web non user-friendly a vocation à être abandonnée**, comme le flash l'a été. Si vous avez entre les mains un article de contenu très long à publier, scindez-le en plusieurs pages, ce sera plus agréable pour vos lecteurs. Ils liront plus volontiers votre article jusqu'au bout et cela ne vous offrira que plus d'espaces publicitaires, et donc plus de revenus en tant qu'éditeur.

Les pages produits et le scroll... La seule page qui peut s'offrir le luxe du scroll, c'est la page produit. Plus elle contiendra d'informations utiles, plus vos utilisateurs seront heureux de scroller pour les lire.

Plus de conditions, moins de champs

Pour ne pas surcharger une page d'informations, d'autres outils sont à votre disposition, tels que l'**affichage conditionnel d'options, d'éléments ou de champs.** Dans un formulaire, il n'y a rien de plus exténuant que de trier les champs qui ne nous concernent pas, on a déjà fort à faire à remplir ceux qui sont obligatoires. Or, il suffirait de conditionner l'affichage de certains champs. Pourquoi demander à vos utilisateurs leur SIRET s'ils vous ont déjà informé de leur qualité de particulier ? Pourquoi réclamer l'État dans lequel vit l'utilisateur qui aurait sélectionné la France comme pays de livraison ? La liste des « pourquoi » que les utilisateurs aimeraient vous transmettre est sans fin.

Certaines informations se voulant bienveillantes viennent aussi, parfois, participer à la pollution visuelle. C'est pourquoi on utilise le survol (sur point d'interrogation) pour les consignes de remplissage des formulaires, ou l'accordéon pour segmenter en menu un ensemble d'informations. L'utilisateur aura toute liberté d'accéder à de plus amples explications, s'il le souhaite.

Version tablette = version desktop. Nombre d'agences vous conseilleront de signer pour un projet sans version tablette si vous demandez un site responsive à petit prix. Faire l'économie d'une version tablette dégradera l'expérience utilisateur car vous vous priverez des usages tactiles et certains comportements desktop (ordinateur), prévus pour souris, s'adapteront mal aux tablettes.

À la fluidité du parcours client

Un parcours client fluide se construit sur plusieurs niveaux. On a vu, entre autres, que la lisibilité et la personnalisation de votre interface pour chacune de vos cibles y contribuaient. L'efficacité technique cross-support de votre site ou encore les aides à la navigation feront aussi partie des déterminants de la fluidité du parcours client.

L'efficacité technique

Quels éléments techniques perturbent la fluidité du parcours client ? Partons du plus contrariant pour aller vers le moins regrettable. En première position, je nommerai sans hésiter les temps de téléchargement qui viennent casser le rythme de la navigation.

Une navigation sans délais

Les temps de chargement trop longs excellent lorsqu'il est question d'éprouver la patience de vos visiteurs. Même si ce n'est pas toujours faisable, vos pages auront pour mission de passer sous la barre de la seconde. Le poids des images est la première cause de l'allongement de ces temps. En compressant vos images, vous devriez être en mesure de résoudre une partie importante du problème. Pour identifier l'intégralité des optimisations à apporter à vos pages, je vous invite à vous rendre sur le site Google Developers, à la PageSpeed Insights[1] (le contenu est disponible en français). En y entrant vos URLs, vous obtiendrez des suggestions utiles.

Une navigation par-delà les appareils

Ne pas prendre en compte la dimension multipériphérique du parcours client engendre un manque à gagner significatif. C'est jeter par la fenêtre plus d'un quart de son trafic provenant de la communication par e-mail et, selon une étude de ShopVisible, environ 15 % de son trafic global[2]. Que ce soit *via* une version mobile ou un site responsive design, être présent sur mobile est indispensable pour répondre aux besoins en mobilité.

---

1. developers.google.com/speed/pagespeed/insights/
2. Source : influence&impactecommercebenchmarkingreport:2013 reviewparshopvisible.

Quelques adaptations à prévoir pour répondre à ces besoins :

- la résolution des écrans mobile pose un réel challenge en matière de **lisibilité** ;
- des **temps de chargement** plus conséquents viennent dégrader l'expérience mobile ;
- les **pages sans issue** ne sont pas sauvées par le bouton retour des navigateurs ;
- l'affichage des fonctionnalités et la navigation sont d'autant plus séquencés pour s'adapter à l'espace disponible et limiter le nombre d'actions proposées ;
- les **pictogrammes** deviennent vitaux au bon déroulement du parcours client ;
- l'**autocomplétion**[1] d'un maximum de champs contribue à limiter la saisie peu agréable sur mobile ;
- les **libellés de retour** d'un écran à l'autre doivent prévenir l'amnésie des mobinautes en palliant l'absence de fil d'Ariane ;
- le **zoom automatique** est nécessaire dès que l'on clique dans un champ le temps de la saisie ;
- l'**affichage conditionnel automatique d'un clavier numérique ou alphabétique** dès que l'on entre dans un champ ou encore l'utilisation de la **géolocalisation** sont autant de petits plus à exploiter pour votre version mobile ou application.

Ne pas être présent sur mobile, ce qui est encore le cas de nombreux sites, se traduit, certes, par du chiffre d'affaires manqué, mais aussi par une image de marque écornée.

Une navigation sans voie sans issue

Les pages d'erreur 404 participent aussi à l'érosion de votre e-réputation. On en a déjà parlé dans le cadre du référencement, mais ça va bien au-delà. Il y a trois types de 404 :

- **les pages fantômes** qui ont un jour existé, mais que vous avez omis de faire passer de l'autre côté. Érigez une page 404 customisée à la mémoire

---

1. Autocomplétion : cette fonctionnalité permet de suggérer plusieurs suites possibles à un utilisateur lors de la saisie d'un champ afin de lui éviter d'avoir à taper l'intégralité du contenu. C'est notamment utilisé pour les codes postaux.

de ces pages pour prévenir l'internaute avec humour tout en lui proposant des options de poursuite de navigation ;

- **les pages imaginaires** dont les URLs n'ont jamais vu le jour sur votre site, mais qu'un ou plusieurs internautes tentent, en espérant trouver la page recherchée. Impossible de les voir venir. Préparez un comité d'accueil par défaut à ces internautes égarés, toujours avec humour et en leur proposant une poursuite de navigation. Vous pouvez même aller jusqu'à prévoir une redirection automatique vers l'accueil après les en avoir informés ;

- **les pages NPAI** (N'habite Plus à l'Adresse Indiquée), pour lesquelles vous auriez dû, en amont, prévoir une redirection de trafic opaque (pour les internautes) et permanente (pour les moteurs) vers la nouvelle page.

Une navigation sans erreur de chargement

Les retours non gérés produisent des pages d'erreur encore moins esthétiques que nos pages 404. Un retour non géré ? Les pages les plus importantes de votre site, dans lesquelles l'erreur technique n'est pas tolérée, sont les pages de votre tunnel de conversion. Les développeurs oublient parfois que la circulation sur ces pages ne se fait pas uniquement à sens unique. Même quand des boutons sont prévus à cet effet, vos internautes passeront par le retour navigateur pour atteindre la page précédente. D'expérience, je sais qu'il s'agit parfois d'un challenge technique. Avant que cela prenne la forme d'un challenge ou d'un dilemme, l'inclure dans les conditions de bon fonctionnement de votre tunnel de conversion serait tout indiqué. Un retour non géré dans le tunnel de conversion d'une boutique, c'est un client qui développera la phobie du bug et refusera de sortir sa carte bleue.

Si vous êtes trop demandé et que votre serveur, occasionnellement, ne peut **supporter la charge**, il faudra envisager une solution plus souple et adaptative avec votre hébergeur pour pouvoir bénéficier des pics de trafic sans attiser la frustration de visiteurs déçus de n'avoir pu accéder à vos contenus. Si vos partenaires relayent du trafic vers votre site *via* des habillages, si vous avez recours à l'e-mailing ou apparaissez régulièrement dans la presse offline, votre site sera soumis à des pics de trafic importants. L'exemple typique, c'est un site qui fait l'objet d'un sujet télévisé. Cette couverture médiatique crée alors un flot de curieux qui, s'empressant de taper l'URL du domaine concerné, obtiennent une page d'erreur car le site n'est pas disponible. Quel manque à gagner !

Les aides à la navigation

Naviguer à travers un site est loin d'être toujours évident. Les sites se ressemblent, mais ont chacun leur univers et leur organisation. Un peu d'aide ne serait pas de refus. Cette aide peut être fonctionnelle ou prendre forme humaine.

Les aides fonctionnelles

Parmi les éléments relativement basiques servant à orienter vos utilisateurs, le **fil d'Ariane**, discret mais utile, rappellera son parcours au visiteur. Grâce à son chemin de liens, il rend possible un retour à l'avant-dernière page par exemple.

Le menu expand banner qui, au survol d'une rubrique, étale la liste de tous les rayons, ou encore l'**arborescence de la rubrique en cours de consultation** en bloc gauche faciliteront aussi le surf shopping de vos visiteurs à travers vos rayons, d'autant plus si vos rayons sont fournis. Au même titre que les **filtres** (par marque, couleur, taille...) ou le **tri** (prix croissants, décroissants...), ces « must-have » font désormais office de normes dans les e-boutiques.

Dans la catégorie des aides fonctionnelles, le **moteur de recherche interne** apparaît comme l'arme en dernier recours. C'est l'arme du visiteur impatient ou feignant – autant vous dire qu'il n'a pas droit à l'erreur. Et pourtant, la plupart des moteurs de recherche internes sont défectueux. On s'attend à ce que la recherche du mot clé se fasse sur tous les éléments des pages de contenu et de produits (description, titre, attributs...), mais ça n'est souvent pas le cas. Cette aide dessert la plupart des sites Web en retournant des réponses « 0 résultat(s) trouvé(s) pour cette requête ». Recettez cet élément fonctionnel avec attention, afin que les bons produits remontent et que rien ne passe au travers des mailles du filet. Le comble d'un moteur de recherche, c'est quand un client fidèle cherche son produit favori qu'il a l'habitude d'acheter chez vous. Pour × raisons, cet habitué passe par votre moteur défectueux et en déduit que vous ne vendez plus ce produit. Autant faire imprimer « Livraison gratuite de clients pour la concurrence » sur vos cartes de visite.

Des prestataires spécialisés dans les solutions de moteur de recherche interne et de navigation à facettes (filtres de tri) tels que la société **Pertimm** seront capables de répondre à ces problématiques.

Les aides « humaines »

Les aides humaines ont certainement dû attiser votre curiosité. Entre 2013 et 2014, on a assisté à la démocratisation des **solutions de chat live**, une sorte de service client par chat. En l'utilisant de manière assidue, cette solution améliore nettement votre taux de conversion. Au moindre doute, à la moindre question particulière de vos prospects, vous avez la possibilité de les renseigner et de les rassurer. Mieux encore, de leur tenir la main jusqu'à la caisse ou, en cas de leads, d'amorcer un discours commercial.

Il en existe beaucoup et pour toutes les bourses. J'invite les petits budgets ou les sociétés sceptiques à tester des solutions gratuites comme **Olark** avec des options a minima. Il vous sera même possible de répondre aux sollicitations depuis votre mobile.

iAdvize a acquis une expertise reconnue et développé un ensemble de solutions (click-to-chat, click-to-call et click-to-video) couvrant tous les besoins de l'optimisation de la relation client en temps réel. L'offre est accessible à partir d'une centaine d'euros par mois ; la tarification sera fonction de votre volume de trafic en pages vues et du nombre de conseillers clients connectés en simultané. Quel que soit votre budget, vous bénéficierez d'un accompagnement pour paramétrer la personnalisation de la solution et le ciblage de vos visiteurs. En effet, c'est à vous de placer le curseur sur le nombre de pages vues ou le temps de consultation du site nécessaire avant de proposer un échange live avec votre client. À cet accompagnement s'adjoignent des formations diverses, allant de l'utilisation des outils à la gestion de la conduite du changement.

TokyWoky est aussi une nouvelle solution de click-to-chat, dont l'originalité est d'organiser l'échange chat entre visiteurs du site. Solution intéressante, certes, mais qui exige un niveau de qualité du service client et une ergonomie irréprochables. À défaut, vous constituerez vous-même les membres du jury de votre propre procès. Un outil à manier avec des pincettes...

Attention, bien que je vous invite à respecter les codes à la lettre, je ne prône pas pour autant le conformisme. Il est possible d'innover tant que l'on reste ultra-lisible sur des éléments tels que les angles de prise de vue de vos visuels ou encore vos libellés, titres et CTA. Veillez bien à les tester avant de les généraliser, d'autant plus si vous êtes un e-commerçant.

COMMENT FAIRE UN BON E-COMMERCE EN RESPONSIVE DESIGN ?

Acheter sur la version mobile de nombreux sites marchands reste encore très compliqué. Pour ne pas faire partie du lot, veillez simplement à mettre à disposition tous les éléments essentiels à une bonne navigation et à annexer tout ce qui ne l'est pas. L'architecture de l'information, les éléments clés du menu doivent rester invariablement les mêmes indépendamment du support, car ils constituent des repères pour vos habitués. Adaptez-vous aux contraintes de la navigation mobile, sans oublier de profiter des fonctionnalités mobile.

COMMENT VÉRIFIER QUE MON SITE RESPONSIVE DESIGN S'AFFICHE CORRECTEMENT SUR TOUS LES ÉCRANS ?

Top 3 des émulateurs. Un émulateur est une interface qui simule un environnement. Il peut s'agir d'un terminal, d'une résolution d'écran ou d'une version de navigateur. En l'occurrence, il est ici question de vérifier un peu tout selon le périmètre défini de votre projet. Je vous conseille d'essayer **Viewport resizer, Screenqueri** ou **Responsinator**. Vous pourrez ainsi vérifier la façon dont votre site s'affiche et s'adapte aux différents terminaux.

QU'EST-CE QUI CHANGE DANS LA NAVIGATION MOBILE ?

Le mobile a la particularité d'être tactile et d'offrir une navigation à deux modes : paysage et portrait. Selon un article d'UX matters, la préhension des mobiles se fait à 95 % en mode portrait et dans 49 % des cas à une main *via* une navigation au pouce droit (67 %). Ces statistiques importent puisqu'elles viennent nous éclairer sur l'accessibilité des zones du mobile. On sait notamment qu'il est préférable de ne pas placer des fonctionnalités ou des CTA dans des zones difficiles d'accès telles que des zones proches du bord inférieur droit ou du coin supérieur gauche en mode portrait, ou encore les zones centrales du mode paysage. Pensez aussi à la taille des éléments cliquables, ils doivent être suffisamment gros et éloignés les uns des autres.

DOIS-JE DÉVELOPPER UNE APPLICATION MOBILE OU UN SITE MOBILE ?

Tout dépend de votre activité, mais, excepté quelques cas particuliers, un site viable sur mobile est selon moi prioritaire. Prioritaire, mais cela ne vous dispense pas d'une application. On n'imagine pas un réseau social ou un site de transport sans application mobile par exemple. La difficulté avec les applications mobile, c'est qu'il est nécessaire de développer une application pour chaque type de terminal. Contrairement à ce que l'on pense, il y a beaucoup plus de terminaux Android (65 %) sur le marché que de terminaux iOS d'Apple (18 %). Une proportion qui ne se vérifie pas tant que ça, lorsque l'on s'intéresse au trafic (42 % *versus* 36 % + 18 % iPhones et iPads compris).

Comment réduire le poids de mes images ?

Si vous êtes dépourvu d'équipe technique ou graphique pour répondre à cette question, vous pouvez vous tourner vers un outil de compression qui réduira le poids de vos images comme Web Resizer.

3

La conversion e-commerce

Tous les principes de la conversion décrits jusqu'ici s'appliqueront bien évidemment au e-commerce, mais il était incontournable de consacrer une partie dédiée à la vente en ligne. De nombreuses e-boutiques se concentrent sur l'offre et le service, ce qui est très honorable mais insuffisant. La plupart sous-estiment la complexité et la longueur du parcours qu'elles imposent à leurs clients. En améliorant les pages stratégiques spécifiques au e-commerce, il est possible de gagner 1-2 % de conversion supplémentaire. C'est un chantier que certaines boutiques ont déjà opéré ; le taux de conversion moyen des boutiques a désormais atteint les 3 %. Cette moyenne devrait évoluer à la hausse dans les années à venir, à mesure que les bonnes pratiques se propagent de boutique en boutique. Et ce travail commence souvent par la page produit, un des points d'entrée vers votre tunnel de conversion.

Construire une page produit efficace

La page produit se veut informative et efficace, puisqu'elle a pour mission de répondre à toutes les questions afin de lever les différents freins à l'achat. Quitte à devoir chercher les informations d'un produit ailleurs, sauf offre immanquable, autant l'acheter ailleurs également... Pour une page produit réussie, suivez la check-list des éléments à considérer.

Un titre fidèle

Un bon titre, c'est avant tout un titre précis et fidèle à votre produit. Il contiendra la marque, le nom du modèle, la couleur et la référence. Vos internautes ne connaissant peut-être pas vos produits par leurs petits noms, il sera aussi utile d'ajouter la nature du produit. Car en lisant « Philips Senseo HD7810/91 Rouge Intense », tout le monde n'en déduit pas instantanément qu'il s'agit d'une cafetière à dosettes.

Si vous êtes présent sur les comparateurs de prix en direct ou *via* les marketplaces, un titre produit complet est vital à votre remontée dans leurs résultats de recherche. Veillez bien à le renseigner correctement lorsque vous transmettez votre flux produit. Ce serait dommage de rester dans l'ombre de vos concurrents pour une petite caractéristique oubliée.

Un sous-titre complémentaire

Les sous-titres des produits, parfois qualifiés de description courte dans vos CMS comme PrestaShop, viennent, de manière concise et sans dépasser les deux trois lignes, compléter par reformulation vos titres produits. Notamment en ajoutant une ou deux caractéristiques, comme la matière par exemple. Ils contribuent à rassurer l'utilisateur dans son choix.

Un bon visuel

Les visuels sont essentiels à la conversion, ce sont de véritables déclencheurs d'achats coup de cœur, ces achats dont on oublie le prix et pour lesquels on s'invente toutes les justifications possibles. Accordez un espace important au visuel principal pour favoriser ces coups de cœur. Il devra être capable de survivre au zoom par son niveau de qualité, pour qu'au zoom on ait l'impression de pouvoir toucher la matière tant elle est proche.

J'ai bien dit LES visuels, car certains sites font malheureusement l'économie d'ajouter plusieurs angles de vue. Il n'est pas toujours évident d'obtenir des visuels de vos fournisseurs, mais le jeu en vaut la chandelle. Pour certains produits évolutifs, comme les lits pour enfant par exemple ou les éléments réversibles, il est question de survie commerciale. Pour d'autres, comme les produits alimentaires, il est facile de croire qu'un simple visuel de face suffira à rassasier la curiosité des prospects. Il n'en est rien ! À vos visuels : deux, grand minimum, 3 ou 4 de préférence et autant qu'il en faudra pour les produits qui s'y prêtent tels que les chaussures ou les meubles.

Attention au zoom des visuels. Cette fonctionnalité ne doit pas être automatisée au survol, mais sur demande *via* un pictogramme usité tel que la loupe au signe +, accompagné d'un libellé si besoin. Identifier la sortie de zoom doit être évident. Une croix la matérialisera efficacement, cliquer hors de l'image n'est pas encore un réflexe standardisé et sera donc insuffisant.

D'autre part, si vous persistez dans l'usage au survol, recettez avec attention le temps de latence des affichages zoom. Ils restent parfois bloqués si l'utilisateur quitte trop brusquement la zone et masquent des éléments nécessaires à la poursuite de navigation.

Partagez-moi !

Une page produit ne demande qu'à être viralisée et à attirer l'attention, ne l'en privez pas. Ajoutez des modules de partage pour les principaux réseaux sociaux (voir « SMO » p. 269) ainsi que des boutons like et + 1. La recommandation de produits ne vous coûte rien, mais peut rapporter. En effet, des études ont montré qu'une recommandation produit faite *via* les réseaux sociaux pouvait influencer fortement la décision d'achat de l'entourage.

Attention, néanmoins, à ce que ces options de partage ne viennent pas voler la vedette au second rôle de la page produit après le visuel : le CTA.

CTA : ajoutez-moi au panier !

Le Call to Action de la page produit est traditionnellement très conventionnel et porte la mention « Ajouter au panier ». Mais cette sobriété doit s'arrêter au texte ! Votre charte graphique se chargera d'**attribuer une couleur uniquement destinée aux boutons d'action** menant à la conversion, aux CTA. Cette couleur devra se détacher du reste de l'écran. Certains optent pour de l'orange, du jaune ou du vert. Libre à vous de trouver la couleur qui ressortira de votre page. En matière de bouton, on dit que l'orange génère un sentiment d'urgence, que le jaune met mal à l'aise et que le vert rassure. Je vous renvoie donc vers la littérature sur le choix des couleurs, tant que vous optez pour une couleur tranchante, identifiable les yeux à demi-fermés. Le CTA concentre l'action attendue.

Maintenez-le proche du prix et des options. La sélection des options préalable au clic doit être évidente pour vos internautes. Certains sites utilisent l'encadré pour surligner ce regroupement.

Pour favoriser le clic, certains sites vont jusqu'à rendre le **module d'ajout au panier fluide** afin qu'il se déplace sur la partie droite de l'écran et suive l'internaute lors du scroll. Ce n'est pas encore très répandu, mais c'est un comportement que j'encourage, tant que ce déplacement se fait sur une zone libre et que, lors du scroll, le module ne s'affiche pas en surcouche sur d'autres éléments.

Des délais de livraison clairs

Il n'y a rien de pire dans un site e-commerce, pour un prospect, que de devoir aller jusque dans l'étape de livraison du panier pour obtenir des informations sur le délai de livraison d'un produit. D'autant plus que cette manœuvre a vocation à être répétée pour plusieurs produits. Épargnez ce supplice à vos prospects. Si vous souhaitez les convertir, annoncez la couleur dès la première partie de votre fiche produit. C'est d'ailleurs une information qui peut figurer dans le groupement d'informations du module d'ajout au panier.

Quant au format, une fourchette de dates est parfois plus parlante qu'un nombre de jours si vos délais sont un peu longs. Pour des délais très courts comme 2 à 3 jours, les heures soulignent l'immédiateté (« Livré chez vous en 48 à 72 heures »). Notez qu'outre l'ergonomie, un travail d'optimisation de votre logistique visant à raccourcir les délais de livraison vous offrira un avantage non négligeable lors de la phase de comparaison. Tout ne tient pas au prix. Beaucoup d'internautes impatients ou pressés par une deadline (Noël, anniversaires, vacances...) seront prêts à payer plus cher pour un produit livré à temps. Certaines solutions de livraison express répondent à ces nouvelles exigences, telles que **Deliver.ee** (à partir de 5,50 €) qui propose une livraison le jour même, sur rendez-vous si besoin, par un livreur professionnel ou Colisweb.

Gestion de la disponibilité

La fiche produit devra clairement indiquer la disponibilité du produit. Je prône souvent la transparence, mais inutile d'aller jusqu'à indiquer le nombre exact de produits en stock pour chaque référence. À moins d'organiser une vente exceptionnelle, et encore, cette information est superflue, voire perturbante.

D'autre part, n'ayez pas honte, ne soyez pas gêné par l'annonce d'une rupture de stock, profitez-en ! Une rupture de stock, c'est l'occasion rêvée pour embaser des e-mails. Qu'il s'agisse d'une taille ou du produit de manière générale, remplacez le CTA d'ajout au panier par un bouton portant la mention « Tenez-moi au courant par mail » ou « M'avertir de sa disponibilité par mail ». Vous ajouterez alors cet e-mail à votre base d'opt-ins et votre client repartira moins déçu. Peu de boutiques optimisent les ruptures de stock en proposant une alerte. Si vous le faites, il s'agira d'un avantage concurrentiel. À l'instar de la fameuse étiquette McDonald's pour la gestion de ses ruptures de stock « Recette victime de son succès », jouez la carte de l'humour.

La description longue

Comme son nom l'indique, elle doit être suffisamment longue, pour satisfaire la curiosité des passants, mais aussi l'appétit des robots de Google à l'affût de la moindre ligne de contenu. Votre description, comme tout contenu, subira dans un premier temps une lecture distraite de la part de vos prospects. Ce n'est qu'en la saupoudrant de balises strong (voir « Référencement naturel » p. 140) sur quelques mots clés stratégiques que vous pourrez accrocher leur regard afin qu'ils s'adonnent à une lecture plus assidue.

Normer vos descriptions longues contribuera aussi à fournir des repères de navigation à vos internautes dans vos fiches produits. Chaque fiche produit, dans la mesure du possible et selon la nature des produits vendus, devra comporter des sous-titres de description propres à la catégorie du produit. Une grille de caractéristiques techniques facilitera la comparaison.

En parlant de comparaison, lorsque vous passez par un CMS pour la création de votre boutique, certains templates proposent par défaut la comparaison. Pensez à désactiver cette option si elle n'est pas pertinente pour votre activité ou trop compliquée à généraliser sur l'ensemble de votre boutique. La comparaison s'avère justifiée pour l'électroménager ou le high-tech, mais troublante pour la parapharmacie ou l'alimentaire...

Les modules complémentaires

L'installation de certains modules contribuera à augmenter votre panier moyen. Un module de **cross-selling** est très efficace pour proposer des produits complémentaires et accessoires auxquels l'utilisateur n'aurait pas pensé, mais qui lui seront pour autant très utiles.

> **Exemples de cross-selling**
> - Piles pour tous les appareils électroniques ;
> - recharges d'avance ;
> - câbles et connectique ;
> - articles textiles ou de joaillerie d'une même gamme ;
> - produits d'entretien spécifiques.

Dans le même style de module, on trouve aussi ce qui se rapproche de l'**up-selling**. Je précise « qui se rapproche » car je pense qu'il est utile de faire de l'up-selling en proposant les produits de la gamme supérieure, mais qu'il est intéressant, en même temps, de ne pas oublier qu'un utilisateur atterrit sur une page produit parfois directement en provenance d'un moteur de recherche. Et cet atterrissage peut ressembler à un alunissage pour certains consommateurs. En effet, ils peuvent tout à fait tomber nez à nez avec le produit le plus cher de la gamme, qui sera bien au-delà de leurs capacités financières. Vous comprenez alors tout l'intérêt de proposer aussi des produits d'entrée de gamme dans ce module, afin que tout prospect puisse trouver produit à sa bourse.

Attention au paramétrage de ces modules, la correspondance par attribut de fiche produit réserve parfois des surprises, qui, plus que comiques, sont nuisibles à la crédibilité de votre site. On comprendra difficilement la relation de complémentarité existant entre une cafetière et une télévision...

Les utilisateurs parcourent de nombreuses pages lors de leurs recherches, et un module de **produits récemment consultés** présentant les 3 ou 4 produits vus en dernier aide un utilisateur éreinté à conclure.

UPfit a enfin trouvé la solution pour remplacer les austères guides de tailles. Que vos clients connaissent leurs mensurations ou pas, en considérant leur âge, leur taille, leur poids et leur silhouette, un petit module leur conseillera une taille. Ils seront libres de suivre ce conseil ou de faire un choix avisé sur le type de *fitting* (ajusté, mi-lâche, serré, très serré...).

Les avis clients

Il y a deux types d'avis clients : ceux qui concernent votre boutique dans l'ensemble et ceux qui concernent vos produits. Je ne vais pas vous cacher que je suis très sceptique concernant les avis boutique. Certes, ils décorent d'étoiles vos annonces AdWords et ce n'est pas négligeable, mais ils n'ont pas la même portée que les avis produits.

Téléviseur Led - **Samsung** - E-Leclerc.com
Annonce multimedia.e-leclerc.com/ ▾
Téléviseurs Samsung à Prix E-Leclerc. Achetez en ligne !

Achat TV Samsung - conforama.fr
Annonce www.conforama.fr/Tv_samsung ▾
Collection de Achat TV Samsung Les Grandes Marques à Petits Prix!

TV Samsung Spécial Eté - magma.fr
Annonce www.magma.fr/samsung-tv-ue60f7000 4,6 ★★★★ avis sur cet annonceur
Déstockage Tv Samsung 60" F7000 LED PRIX CASSÉ 1990€ +Livraison Offerte
♥ 10 boulevard Montparnasse, Paris - 01 55 28 80 70

TV Samsung Pas Cher : **TV** LED **Samsung**, **TV** 4K et LED 3D
www.ubaldi.com › Accueil › SAMSUNG ▾
★★★★ Note : 4,5 - 216 avis
Vous envisagez l'achat d'une TV LED Samsung pas cher, tout en cherchant un modèle puissant et design ? Vous voudriez connaître tous les avantages du ...

En effet, les avis produits propres à chaque fiche produit feront pencher la balance dans la décision d'achat. Les commentaires en demi-teinte honnêtes et constructifs sont bons à prendre, ne les supprimez pas.

> ### Exemple de commentaire constructif en demi-teinte
>
> « Produit pratique et serviable, même si ce n'est pas du haut de gamme. Il m'a lâché après un an, mais cela reste un bon rapport qualité/prix. »

Quoi qu'il advienne, il vous faudra modérer ou faire modérer ces avis pour des raisons légales, puisque vous êtes légalement responsable des propos affichés dans votre site. Pour des raisons d'image, des commentaires trop négatifs et non constructifs à l'égard de votre boutique pourraient vous coûter cher. Mais, sans pour autant appliquer une censure qui aurait pour objectif de supprimer la moindre phrase négative, il faut rester crédible. Une suite de louanges n'est pas plausible, et viendrait jeter doutes et suspicions sur votre boutique entière.

Pour mettre en place ces avis sur votre boutique, quelques solutions se partageaient le marché (**eKomi**, **Trustpilot**, **Avis Vérifiés**) jusqu'à l'arrivée de **Google et son programme « Marchands de confiance ».** Mis à disposition gratuitement, il permet aux clients de noter vos services sur différents axes tels que la fiabilité de la livraison ou la qualité de votre service client. Un badge est ensuite fourni au vendeur,

et une protection des achats jusqu'à 1 000 € sous certaines conditions est garantie aux clients.

Dans le rayon des solutions certifiées Afnor, aux côtés de la solution **Avis Vérifiés**, vous trouverez la solution **Trusted Shops**. Gratuite pour moins de 1 000 commandes par mois, elle s'adaptera aussi aux gros volumes. Notez qu'**eKomi** devrait obtenir sa certification dans les premiers mois de l'année 2015.

Quelle différence y a-t-il entre ces solutions ? La modération des avis est faite par vos soins ou par la société que vous aurez choisie. Même si vous gardez un droit de regard sur vos avis, ce sont les équipes d'**eKomi** qui s'occuperont de cette modération par exemple.

Pour conclure sur la page produit, une fois tous ces éléments réunis, il faudra qu'ils soient correctement hiérarchisés, avec un design épuré. Votre page sera remplie, certes, mais ne devra pas paraître chargée pour autant. Je vous invite à aller voir les pages produits de crocs.com, qui propose une ergonomie en tout point, ou presque, satisfaisante.

Sur le chemin du panier

J'observe quelques améliorations çà et là, notamment sur les fiches produits que l'on vient d'évoquer ou le développement des aperçus (panier et vignettes produits), mais beaucoup reste à faire sur le chemin qui mène au tunnel de conversion. Rares sont les boutiques qui scorent à tous les postes.

Le menu expand banner

Petit rappel : l'expand banner est une bannière extensible au survol, une version plus large du traditionnel drop down menu. Désormais popularisé, il a envahi la plupart des boutiques et des templates en vente. On en comprend rapidement l'intérêt. Comme on l'a vu précédemment, il constitue une aide à la navigation, mais ce n'est pas son unique atout. Il offre aussi **un véritable espace de merchandising** pour les boutiques. Vous pouvez inclure dans cet équivalent de tête de gondole vos offres spéciales, ou mettre en avant certaines marques dans le cadre de partenariats.

Veillez simplement, comme pour tout élément qui s'affiche au survol, à ce qu'il ne perturbe pas la navigation avec un temps de latence bloquant.

Optimiser sa page catégorie

Établissons rapidement un vocabulaire commun. Dans un site marchand, on trouve :

- **des pages nœuds**, qui listent les sous-catégories d'une rubrique. Je précise qu'elles sont optionnelles et non présentes sur toutes les boutiques ;
- **des pages catégorie**, qui listent l'intégralité des produits d'une sous-catégorie sous forme de vignettes ou de liste ;
- **des pages produit**, qui listent les caractéristiques d'un produit.

Refermons la parenthèse sur ce vocabulaire pour revenir à nos pages catégorie. Préférez un affichage en vignettes plutôt qu'en liste afin d'augmenter le nombre de produits proposés. C'est d'ailleurs le format le plus usité au sein des boutiques.

Ces vignettes devront être envisagées comme des mini-fiches produit qui évitent à l'internaute de rentrer dans chacune de vos pages. L'internaute, de l'extérieur, pourra :

- zoomer à souhait, voire même faire défiler les visuels alternatifs ;
- consulter les tailles et/ou couleurs disponibles ;
- et surtout ajouter le produit au panier ou accéder à un aperçu de la fiche produit.

Cet aperçu, qui s'affichera en lightbox1 pour réduire la pollution visuelle en grisant le reste de la page, représentera une mini-fiche produit en donnant **accès à toutes les fonctionnalités et informations de la page produit**. Il sera possible de le quitter en refermant la fenêtre *via* une croix ou en ajoutant un produit. L'ajout du produit laissera place au module de confirmation d'ajout qui s'affichera, lui aussi, en lightbox.

Le module de confirmation d'ajout au panier

Combien de fois, en tant qu'utilisateur, vous est-il arrivé d'ajouter des produits plusieurs fois, dans le doute, pour finir ensuite avec un panier digne d'un revendeur ? Les boutiques commencent à prendre conscience de ce qui est resté longtemps dans leur angle mort. C'est acté, le discret déplacement d'un produit vers le panier ne suffit pas.

D'autant plus qu'il est possible de faire de cet élément une aide au parcours d'achat. Pourquoi attendre d'aller à la caisse pour dire que l'on s'est trompé

---

1. Lightbox : l'effet lightbox permet d'afficher des images, du contenu, des pages au premier plan dans une page Web sans avoir à quitter la page. Il assombrit le reste de la page et met en évidence le contenu en surbrillance.

sur les quantités ou la couleur ? Dès l'ajout, en affichant un récapitulatif de ce qui vient d'être ajouté tout en laissant modifiables les options et les quantités, vous rassurez vos clients et vous leur permettez de corriger leurs erreurs.

Au cas où le cross-selling n'aurait pas fait mouche en première intention dans la page produit, le module de confirmation jouera parfaitement le rôle du rappel qui tombe à pic. À cet endroit, il ne se montrera que plus efficace. Enfin isolé de la fiche produit et de son fourmillement d'informations, il sera en vedette.

Pour la poursuite de navigation, les deux issues ne doivent pas être mises sur le même plan. La poursuite vers le panier, vers le tunnel de conversion, doit primer. Cela se traduit par l'application de la couleur choisie pour les CTA sur le bouton d'entrée vers le tunnel. Il sera placé dans le coin inférieur droit, le clic sur ce bouton conduisant dans le tunnel de conversion sera l'action attendue. Tandis que le retour à la navigation, « Poursuivre mes achats », sera beaucoup plus discret. Choisissez votre nuance de gris ou une couleur qui n'attire pas l'attention et placez-le dans le coin opposé gauche de votre module de confirmation.

L'aperçu du panier

Toujours dans l'esprit de faire gagner quelques clics en raccourcissant le parcours de l'internaute afin d'accroître le taux de conversion de votre boutique, dans la série des incontournables, explorons l'aperçu du panier. L'idée, c'est encore une fois d'éviter à votre internaute d'avoir à rentrer dans son panier pour consulter ses articles et le montant total. Dans le commerce traditionnel, on n'a pas nécessairement le montant sur un écran digital fixé au Caddie, mais on peut en permanence avoir un regard sur les produits qu'on a déjà choisis. Tant qu'à faire, il serait utile que les internautes puissent supprimer des éléments du panier à partir de cet aperçu. Pour le pictogramme, la croix ou la mini-poubelle sont de grands classiques du code de la navigation.

Il s'affichera au survol et ne manquera pas d'arborer, lui aussi, un CTA de la couleur vive commune aux autres CTA. Il est important de conserver la même couleur ; il s'agit d'un repère qui fluidifiera le parcours jusqu'au tunnel de conversion.

Optimiser son tunnel de conversion

Si votre offre et votre boutique captivent vos prospects jusqu'au tunnel de conversion, la première partie du pari sera tenue. Autant ne pas s'arrêter en si bon chemin. Petite mise au point, car j'ai conscience que la terminologie est parfois un peu opaque. Donc, pour rappel, le tunnel de conversion d'un e-commerce est constitué de toutes les pages du récapitulatif jusqu'à la validation du paiement. Avant de nous intéresser au fond, passons au crible les fautes de forme.

Mise en forme du tunnel

Attardons-nous quelques instants sur un point important avant d'évoquer chacune des étapes. Si vous n'en étiez pas conscient, voici **sept bonnes résolutions à respecter à la lettre** en matière de signalisation et d'optimisation de tunnel.

J'annoncerai clairement le nombre d'étapes de ma boutique

Il ne s'agit pas d'un fil d'Ariane, mais bien d'étapes. Elles sont généralement centrées au-dessus du corps de la page. L'étape en cours devra être balisée d'une affordance comparable à celles que l'on utilise pour les menus. En bref, elle sera d'une couleur différente.

Je serai honnête sur le nombre total d'étapes

Trop de tunnels de conversion tentent de berner, parfois involontairement, leurs prospects. Pour un utilisateur, un écran = une étape. S'il faut trois écrans pour passer d'une étape à l'autre, c'est un manque de transparence. Vos internautes vous croiront une première fois, puis comprendront vite que vos étapes n'ont aucune signification. Tromper leur confiance dans un moment aussi crucial serait plus que malvenu.

Je proposerai un tunnel assez court

Plutôt que d'en arriver à tricher sur le nombre d'étapes annoncées, entreprenez une refonte de votre tunnel et tentez de ne pas dépasser les trois ou quatre étapes. J'entends déjà certains se dire que c'est impossible. Certaines étapes peuvent être regroupées sur une même page, certains vont même jusqu'à adhérer au « one page checkout » ; une page unique affichant toutes les étapes et champs à renseigner. La charge information-nelle d'une telle page ne garantit pas une bonne ergonomie, je ne vous recommande donc pas d'en arriver là.

Je laisserai la possibilité aux internautes de passer librement d'une étape à l'autre

Trop de boutiques en ligne tiennent leurs prospects en laisse dans leur tunnel et freinent leur parcours en leur imposant des boutons retours ou des retours navigateurs hasardeux pour revenir en arrière. Et les obligent alors à repasser par tous les rayons avant de les autoriser à passer en caisse. Rendre les étapes de votre tunnel cliquables libère vos prospects. Devenez un militant pour la liberté du client !

Je limiterai les sorties de tunnel

Soyons clairs, la liberté du client s'arrête aux arrondis de votre tunnel. Avec toutes les optimisations proposées sur le chemin du panier, une fois dans le tunnel, l'unique sortie sera l'étape suivante puis la caisse. Attention, les sorties de tunnel sont partout. Elles se cachent derrière un footer qui traîne et qui ne devrait plus s'afficher pour ces dernières pages. Elles se cachent derrière un moteur de recherche interne ou une barre de navigation tou-jours accessibles, des mentions légales ou des informations de livraison que l'on aurait dû pour l'occasion afficher en **lightbox**, plutôt que de proposer une page de fuite. Une page de tunnel efficace ne comportera que des informations en lightbox et deux boutons de poursuite de navigation : le retour gris et discret positionné à l'extrême gauche, et le CTA vif en attente du saint clic à l'extrême droite de votre page.

Je tenterai de ne pas dépasser la ligne de flottaison

À l'exception du récapitulatif sur lequel vous n'aurez aucune emprise, puisqu'il sera directement lié à l'ampleur des emplettes de vos clients, vos autres pages observeront, tant que faire se peut, la limite de la ligne de flottaison des résolutions desktop les plus répandues. Pour ce faire, vous veillerez à ce que vos CTA apparaissent bien au-dessus de cette ligne ima-ginaire en évitant d'afficher des pages trop longues.

Je bannirai les pages d'erreur

L'erreur n'est pas permise dans un tunnel de conversion, je n'aurai donc qu'un conseil : recettez, recettez, recettez ! En imaginant l'intégralité des erreurs les plus inimaginables que vos internautes pourraient commettre.

CONSEIL

Pas d'excès de fil. Le fil d'Ariane est traditionnellement présent lors de la navigation, mais sa présence dans le tunnel de conversion ne rentre pas dans les usages. Il est censé laisser place aux étapes qui composent votre tunnel.

Récapitulatif

Passons maintenant au fond, le récapitulatif ouvre le bal. Il peut constituer la première étape, si vous souhaitez être entièrement transparent. C'est d'ailleurs ce que je vous recommande. Cela permet d'annoncer les étapes dès l'entrée dans le panier, plutôt que d'attendre l'écran suivant. Certains sites préfèrent traiter le récapitulatif comme une page classique, c'est un choix qui se défend. Néanmoins, cela reste une page stratégique, il serait dommage de ne pas l'optimiser.

De manière générale, cette page ne devra pas être trop chargée. Raison de plus pour **supprimer le footer, la barre de navigation et le moteur de recherche.** Les prospects pourront toujours utiliser le bouton retour placé en bas à gauche pour faire demi-tour.

Naturellement, il reprendra l'intégralité des produits ou services ajoutés au panier en laissant efficacement la possibilité d'en modifier les quantités ou de les supprimer. **Recettez avec attention la modification des quantités.** Cette fonctionnalité a pour fâcheuse habitude de concentrer des bugs en tout genre. Préférez, si possible, une liste déroulante pour la modification des quantités, elle survivra à des utilisateurs de tout âge et au mobile. N'attirez pas l'attention sur la suppression, veillez à la proposer avec sobriété.

Si vos clients quittent la plupart du temps votre boutique avec de nombreux articles, il sera préférable que cette étape conserve pour unique but la validation du panier. Si leur panier est habituellement léger de par la nature de vos articles, il sera opportun de gagner une étape en proposant une **première étape combinant récapitulatif et livraison.** C'est notamment ce qu'a choisi de faire le site decathlon.fr. Ce tunnel ne sera néanmoins possible que pour les boutiques qui standardisent leurs frais de livraison indépendamment de l'adresse de leurs clients. Même si cela ne vous empêchera pas d'offrir plusieurs modes de livraison. Cette page accueillera aussi sans problème un champ afin d'ajouter un code de réduction. Ainsi, l'utilisateur pourra poursuivre vers l'étape suivante avec un maximum d'éléments en sa possession.

Si la validité de votre panier est soumise à une courte session, comme sur le site vente-privee.com (15 minutes), il est préférable de l'annoncer dès le début. Cela n'effacera pas la frustration d'un panier perdu, mais mieux vaut en donner la raison plutôt que de laisser libre cours aux pensées anxiogènes de vos prospects effarés.

Pour des questions légales, il est conseillé d'y faire figurer **un CTA qui exprime explicitement la validation de type « Je valide ».** Sur la forme, ce CTA conservera les caractéristiques de ses congénères : visible, de couleur vive, placé à droite. Même chose pour le bouton retour, toujours aussi discret et placé à gauche.

CONSEILS

Ce n'était qu'un mirage. Seuls les produits disponibles pourront être ajoutés au panier. N'attendez pas d'en être au récapitulatif pour annoncer la mauvaise nouvelle.

Vous reprendrez bien un panier ? Proposer le cross-selling dans le récapitulatif est souvent perçu par les internautes comme trop intrusif. C'est un peu comme la vendeuse ennuyeuse en caisse qui essaye de vous vendre tous les accessoires en se montrant un peu trop insistante.

Des frais livrés trop tôt. Attention à ne pas afficher par défaut des frais de livraison standard dès le récapitulatif. Si le montant est par la suite modifié, vos prospects crieront à l'arnaque ou à la tromperie.

Création de compte, identification et coordonnées

Certaines boutiques vont jusqu'à faire subir à leurs clients trois écrans (trois pages différentes) pour passer l'épreuve de l'identification et des coordonnées. Épargnez leur patience en optant pour **un écran unique** qui présentera une première partie pour déterminer si l'utilisateur est déjà client ou s'il doit passer par la case « création de compte ». Plusieurs choix s'offrent à vous pour le faire. La réponse à une simple question en préambule pourrait conditionnellement afficher le module de connexion ou l'ensemble des champs pour la création de compte.

Quoi qu'il en soit, cette page représentera l'étape fatidique du formulaire. Cette étape est souvent fatale à la conversion. Pour réduire le taux de mortalité des commandes, gardez à l'esprit que votre tunnel de conversion n'est pas là pour récolter un maximum d'informations. Limitez-vous au strict minimum : civilité, nom, prénom, adresse, code postal, ville et numéro de téléphone portable. Prévoyez aussi un bouton radio ou une case à cocher permettant de renseigner si l'adresse indiquée est aussi celle de livraison. Par défaut, la première adresse sera considérée comme l'adresse de livraison et si un choix contraire est sélectionné, ce n'est qu'à cet instant que les champs d'une autre adresse de livraison s'afficheront. Il s'agit de **séquencer et de conditionner l'affichage d'un maximum de champs** dès que cela est possible. Ainsi le parcours client n'est pas pollué de champs inutiles et ne contient que les champs qui concernent l'internaute. En débutant par un choix portant sur sa qualité de particulier ou de professionnel, vous épargnerez aux particuliers de nombreux champs hors sujet.

CONSEIL

Adresse 2 sur demande. Tout le monde n'a pas besoin de deux champs pour écrire l'intégralité de son adresse. Proposez l'ajout d'un champ supplémentaire pour ceux qui en auraient besoin *via* un libellé armé d'un petit plus.

Livraison

Concernant l'étape ou la partie qui gère le mode de livraison de la commande, il y a deux maîtres mots : **choix et transparence**. Vous devez être en mesure d'**offrir de la souplesse à vos clients**. Il doit y en avoir pour tous les goûts :

- **livraison express** et plus coûteuse pour les gens pressés qui sont prêts à y mettre le prix ;

  solutions : Deliver.ee, Colisweb ;

- **livraison standard** à un prix et un délai raisonnables ;

  solutions : Colissimo (La Poste), Colis privé ;

- **livraison en point relais** souvent gratuite et pratique pour ne pas subir les horaires d'ouverture de La Poste ;

  solutions : Relais Colis, Kiala...

La liste est longue et s'adapte à votre activité. Si vous vendez des meubles ou des articles encombrants, libre à vous de packager livraison et services dans cette étape en proposant : livraison au pied de l'immeuble, livraison dans la pièce de votre choix et livraison + montage. L'important est de respecter les délais annoncés et de **tenir au courant votre client** des étapes intermédiaires, qu'il puisse consulter l'état d'avancement de sa livraison.

Transparence, car avec l'activité de revente en marketplace de certaines boutiques, certaines tarifications restent incomprises et incompréhensibles. Si vous vendez des produits qui ne proviennent pas de votre stock et pour lesquels vous devez facturer des frais de livraison distincts de ceux que vous pratiquez, deux options s'offrent à vous. Soit vous repensez entièrement votre tarification pour appliquer des frais de livraison standard indépendamment du contenu du panier qui restent opaques pour les utilisateurs et qui n'amputent pas vos marges. Mais cela risque de vous forcer à pratiquer des frais de livraison élevés. Soit vous jouez la carte de la transparence en expliquant que vous commercialisez des produits pour le compte d'autres marchands, ce qui entraîne la facturation de frais en fonction du nombre de marchands concernés par le panier. *A priori*, on pourrait se dire que cette dernière option aurait tendance à faire fuir la clientèle. C'est en partie possible, néanmoins de grands sites comme vente-privee.com ont contribué à faire évoluer les mentalités sur cette pratique. Pour limiter la casse, je vous conseille de stigmatiser ces produits par un code couleur ou un sticker qui permette à vos utilisateurs de mieux appréhender votre double activité et d'identifier ces produits en amont. Le mot d'ordre : aucune surprise dans le tunnel de conversion.

Paiement

Vous avez réussi à conserver votre audience pour le grand final ? Très bien, continuez sur la lancée de l'épuré, du clair et de la mise en évidence du fameux CTA. Pour cette page, on a deux configurations possibles : soit le paiement est entièrement géré sur votre site, soit il passe par la plateforme tierce de votre banque et par PayPal.

Petite parenthèse. J'ai bien précisé « et », et non « ou ». Car obliger vos clients à utiliser PayPal pour leurs achats influera négativement sur votre taux de conversion. Certes, il est désormais possible de payer par carte sans créer de compte, mais, dans l'esprit de vos clients, PayPal signifie avoir un compte ou devoir en créer un. Et, dans les deux cas, c'est un défi. Vous récolterez toutes les excuses suivantes pour ne pas finaliser la commande : « Je ne me rappelle plus mon mot de passe », « Je ne vais pas remplir un nouveau formulaire », « Je ne fais pas confiance à PayPal ». Même si, pour un petit marchand, c'est parfois contraignant et difficile à obtenir, tenez bon : le paiement par carte bleue hors PayPal vous le rendra.

Si vous n'avez pas la main sur cette étape, contentez-vous d'informer et d'orienter votre internaute en customisant un peu l'espace de paiement selon la latitude que la plateforme vous laisse. Si votre site héberge son étape paiement, n'hésitez pas à jouer avec les affordances et les libellés pour clarifier l'action attendue. Un logo de carte bleue cliquable seul, c'est un peu léger. Il faut à tout prix éviter que l'internaute se demande : « Où dois-je cliquer ? »

Dans les deux cas, proposez un mini-récapitulatif des articles au-dessus du paiement et ajoutez une **case non précochée pour la validation des CGV**[1]. Le pré-cochage des cases, même pour une newsletter, est illégal et ne sera pas reconnu juridiquement. Afin de ne pas transformer la consultation des CGV en sortie de tunnel, je vous invite à les rendre accessibles en lightbox, directement à partir du lien que vous aurez inséré dans l'énoncé de la case à cocher. Inutile d'inciter les internautes à les lire en rajoutant « Lire les CGV ». Par ailleurs, depuis la loi Hamon entrée en vigueur en 2014, il est obligatoire qu'elles soient téléchargeables au format PDF ou dans un format qui n'en permette pas l'altération.

CONSEIL

CGV : pas de copier-coller. Des coquilles volontaires sont insérées dans les CGV des sites pour prouver en justice qu'elles n'appartiennent pas à ceux qui les auraient usurpées. Faites-les rédiger par un avocat ou achetez le modèle fourni par PrestaShop en vous tenant régulièrement au courant de l'évolution du cadre juridique.

Tous les éléments sont désormais en votre possession. Si vous avez plusieurs hypothèses sur la page ou le tunnel parfait, la partie suivante répondra à vos doutes et interrogations résiduels.

---

1. CGV : les conditions générales de vente détaillent l'ensemble de vos conditions commerciales et font office de contrat entre les clients et l'entité.

4

Optimiser mon site

Je ne me lasserai jamais de répéter que l'optimisation n'a pour limite que l'étendue de vos ressources et la priorisation de vos chantiers. L'optimisation peut entrer en jeu au moment de la mise en ligne pour clore statistiquement un débat entre une ou plusieurs hypothèses, ou au moment d'une remise en question pour identifier les axes d'amélioration. Cela passera par des tests et des analyses *via* des outils d'A/B testing ou de mouse tracking.

Mouse tracking et oculométrie

L'oculométrie, ou l'analyse des mouvements de l'œil de l'internaute sur vos pages, est ce que l'on appelle plus communément l'eye tracking. L'eye tracking n'est pas à la portée de tous les sites Internet. Qui possède un laboratoire avec l'équipement et les capteurs nécessaires pour effectuer de telles études ? Bien trop peu de marques. C'est pourquoi elles se tournent naturellement vers des solutions de mouse tracking. Installées en quelques clics, ces solutions donnent accès à la rediffusion de sessions entières de clients parcourant vos pages. Ainsi, vous étudierez ce qui attire leur attention en réalisant des **heatmaps**[1] à partir de ces données pour vérifier si la hiérarchisation ergonomique des éléments est efficace. Si cette carte est réalisée à partir des clics et non des mouvements de la souris, on parlera alors de **click-mapping**[2].

Ces solutions permettent aussi de mettre en lumière les champs problématiques dans vos formulaires. De manière générale, leur rôle consiste à mettre le doigt sur un éventuel problème. Mais chaque problème a ses solutions, trouver la bonne passera certainement par le test A/B ou le test multivarié.

---

1. Heatmap : une heatmap est une carte présentant un dégradé de couleurs en surcouche sur une page Web ou un élément graphique afin d'identifier les zones de chaleur (jaune/orange/rouge) qui matérialisent l'intérêt des individus et les zones dites froides (en bleu) qui n'ont pas su attirer leur attention.
2. Click-mapping : technique de réalisation de heatmap à partir des zones les plus et les moins cliquées d'une page.

A/B et tests multivariés

Tout d'abord, ces deux tests fonctionnent avec le même principe de base qui consiste à présenter aléatoirement à des internautes une des versions d'une même page pour ensuite savoir quelle est la version qui convertit le mieux. La différence entre ces deux tests réside dans le fait que l'A/B testing teste une modification de la page dans chaque version, tandis que le test multivarié en explore plusieurs à la fois. Je penche largement en faveur du premier qui, selon moi, autorise une analyse plus fine des résultats.

Un A/B testing, c'est l'occasion de déménager les éléments de votre page pour tester un nouveau gabarit, repeindre les murs en changeant quelques touches de couleur pour voir si cela égaye la conversion, alléger vos formulaires de quelques champs ou travailler sur un choc de simplification d'un ou de plusieurs champs problématiques. Quasiment tout est permis. Ce test confrontera ensuite les nouvelles versions de cette page à rénover à l'originale afin de déterminer la gagnante. Quasiment, car, techniquement, libre à vous de tester dix versions, mais qualitativement tout dépendra de votre volume. Pour obtenir un résultat probant, il vous faudra un volume suffisant sur chaque version. Généralement, on essaye de ne pas dépasser 2 ou 3 versions alternatives, mais si vous avez vraiment peu de trafic n'en confrontez qu'une à l'actuelle tenante du titre. On obtient des résultats en quelques semaines, un test dépasse rarement deux mois. S'il s'agit d'une page sensible et que vous avez beaucoup de trafic, vous être libre de n'inclure qu'un certain pourcentage de vos internautes dans ce test.

Il existe plusieurs solutions sur le marché. Pour n'en citer que quelques-unes : il existe des solutions payantes telles que **Kameleoon**, **Optimizely** ou **AB Tasty** ; mais aussi gratuites avec **Google Analytics** par exemple, qui a intégré la fonctionnalité il y a quelques années à sa solution d'analytics. Si vous utilisez l'outil de Google, pour plus de lisibilité je vous recommande d'activer l'option de répartition du trafic à parts égales.

Comment mettre en place un A/B testing avec Google Analytics ?

Une fois que vous aurez statué sur les éléments des pages « challengeuses », demandez à votre équipe technique et graphique de créer ces pages. Rendez-vous dans la partie « Comportement > Tests » (*experiments* en anglais).

Création du test

C'est dans cette partie qu'il vous faudra nommer votre test. Il faudra au préalable avoir défini vos objectifs afin de pouvoir lancer un test. Les objectifs sont divers : atteindre une page de remerciement, cliquer sur un bouton, télécharger une application ou un document. Leur complexité de mise en place variera selon leur nature, le plus simple reste celui de la page de destination. Pour les autres, peut-être sera-t-il nécessaire de faire appel à un spécialiste de l'analytics. C'est aussi dans cette étape que vous déterminerez le pourcentage de personnes qui participeront à l'expérience. Pourquoi ne pas activer les notifications ? Normalement, vous devrez monitorer votre test de près et ces alertes sont donc censées être inutiles. Cliquez ensuite sur « options avancées » pour activer la répartition équitable avant de poursuivre vers l'étape suivante.

Configuration du test

Dans cette étape, il vous suffira de renseigner l'URL des pages alternatives créées pour l'occasion, précédées de l'originale. L'étape trois vous fournira le code à insérer sur la page d'origine et la quatre vérifiera l'intégration du code dans le head. Attention, la page A comportera un code de suivi et un code de redirection pour le test, tandis que les autres versions n'auront que le code de suivi classique.

PARTIE III

Mesure de la performance : analyser mes prospects et clients pour mieux les comprendre

1

Savoir construire et analyser un reporting

Un reporting est un outil de mesure de la performance qui met en lumière, de manière chiffrée, l'évolution des principaux **KPIs**[1] de votre site Internet. Il peut prendre la forme d'un modeste tableau Excel ou d'un outil automatisé plus sophistiqué. Généralement, on consacre un reporting par campagne ou par levier, l'analyse se fait en plusieurs couches. Selon la nature des campagnes, elle sera journalière ou mensuelle. Un reporting global mensuel et annuel garantira une vision 360° de votre stratégie digitale et permettra de piloter notamment la répartition des budgets sur chaque levier. Je vous propose de réaliser et d'analyser pas à pas deux types de reportings : e-mailing et SEA, qui sont les reportings les plus complexes.

Reporting pour un e-mailing de conquête

L'e-mailing dispose de KPIs qui lui sont propres et qui retracent le parcours de votre e-mail, de l'envoi à la conversion. Le reporting des campagnes d'e-mailing est mis à jour après chaque shoot. Partons du principe que nous envoyons notre e-mailing à 100 000 prospects et analysons en détail la performance de ce shoot.

Taux de délivrabilité

Il s'agit donc du pourcentage de mails qui ont atteint une boîte mail. Il est fourni par votre solution de routage. Supposons que votre interface de routage vous indique un total de 90 000 mails reçus.

• **Formule** : Nombre de mails reçus/Nombre de mails envoyés.

• **Taux de délivrabilité** : 90 000/100 000 = 90 %.

---

1. Key Performance Indicator. Un indicateur de performance se présente souvent sous la forme d'un taux qui va permettre de mesurer l'efficacité de certaines actions marketing et l'évolution de leurs performances.

- **Que signifie un mauvais taux ?** Cela signifie que vous ne respectez pas l'intégralité des bonnes pratiques (voir p. 41). Vous avez certainement été blacklisté et votre réputation d'émetteur n'est pas au beau fixe.
- **Que faire ?** Après un certain temps, en respectant les bonnes pratiques, vous serez automatiquement effacé de ces blacklists. Pour le faire manuellement, vérifiez dans quelles listes vous êtes fiché et pliez-vous aux exigences de chacune (formulaire, corrections techniques...).

Taux de hard et soft bounce

Il s'agit du pourcentage d'adresses mail invalides ou temporairement injoignables. À surveiller, mais peu intéressant à calculer.

- **Que signifie un taux élevé de hard ou soft bounce ?** Cela signifie que vous avez une base d'adresses de mauvaise qualité par manque de nettoyage régulier ou par ajout d'adresses d'une mauvaise source. Attention au recrutement par jeux concours.
- **Que faire ?** Revoir sa stratégie de collecte d'opt-ins et nettoyer après chaque envoi votre base d'adresses.

Taux d'ouverture

Ce taux correspond au pourcentage de personnes qui ont ouvert votre mail. Il est également fourni par votre solution de routage. Supposons que votre interface de routage vous indique un total de 30 000 mails ouverts.

- **Formule :** Nombre de mails ouverts/Nombre de mails reçus.
- **Taux d'ouverture :** 30 000/90 000 = 33,33 %.
- **Que signifie un mauvais taux ?** Un mauvais taux signifie un problème dans le ciblage et la segmentation, et/ou un objet et un pré-header de mauvaise qualité.
- **Que faire ?** Split testez en gardant des groupes témoins jusqu'à obtenir un bon objet pour la bonne personne au bon moment de la semaine et de la journée.

Taux de réactivité

Il est question du pourcentage de clics une fois le mail ouvert. Quand on parle de clic, on parle bien de clic dans le message, et non sur l'objet. Supposons que votre interface de routage vous indique un total de 7 500 clics.

- **Formule** : Nombre de clics/Nombre de mails ouverts.
- **Taux de réactivité** : 7 500/30 000 = 25 %.
- **Que signifie un mauvais taux ?** Votre e-mailing n'est pas assez optimisé ou l'offre est insuffisamment convaincante.
- **Que faire ?** Encore une fois, revoyez votre stratégie de ciblage et split testez sur l'offre et sur l'ergonomie de votre mail pour identifier la source du problème.

Taux de clic

C'est un KPI sournois car il a la particularité de mesurer le pourcentage d'utilisateurs qui ont cliqué dans votre mail parmi tous les utilisateurs qui l'ont reçu, qu'ils l'aient ouvert ou non. Maintenons cette même hypothèse de 7 500 clics. L'analyse de ce KPI ne différera pas énormément du précédent, ce ne sera donc pas développé.

- **Formule** : Nombre de clics/Nombre de mails reçus.
- **Taux de clic** : 7 500/90 000 = 8,33 %.

CONSEIL

Taux de clic *versus* taux de réactivité. Rappelez-vous : la seule différence entre ces deux KPIs est la prise en compte du nombre d'ouvertures de votre e-mailing.

On passera ensuite aux KPIs communs à toutes les campagnes ayant le même objectif.

Taux de conversion

Il mesurera la réussite de votre objectif quel qu'il soit. Supposons que votre interface d'analytics vous indique un total de 700 ventes, sachant qu'on traduira les clics en visiteurs.

- **Formule** : Nombre de ventes/Nombre de visiteurs.
- **Taux de conversion** : 700/7 500 = 9,33 %.
- **Que signifie un mauvais taux ?** Votre landing page n'est pas adaptée et/ou votre site n'est pas optimisé pour la conversion.

- **Que faire ?** Testez vos landing pages pour les optimiser et revoyez les pages stratégiques de votre site de l'entrée vers la sortie du tunnel de conversion.

ROI et marge

En traquant vos conversions, qu'il s'agisse d'un lead (valeur fixée par vos soins) ou d'une vente (valeur réelle de la vente), vous obtiendrez le nombre de ventes et les revenus. Selon le modèle de rémunération négocié ou choisi, vous disposerez aussi des coûts.

- **Formule marge :** Chiffre d'affaires des ventes ou leads – Coûts de l'e-mailing.
- **Formule ROI :** (Marge/Coûts) × 100.

La multiplication par 100 du ROI est inutile sur Excel, il suffit de mettre la cellule au format pourcentage. Partons du principe que l'on a payé cet e-mailing au CPA (CPA = 10 euros) et que l'on sait déjà qu'on a eu 700 ventes. Supposons que ces 700 ventes génèrent 40 000 € de chiffre d'affaires.

- **Formule marge :** 40 000 € – (10 € × 700) = 40 000 – 7 000 € = 33 000 €.
- **Formule ROI :** (33 000/7 000) × 100 = 471,42 %.

Ces chiffres ne doivent pas être pris comme référence. Par ailleurs, dans cet exemple il s'agit d'un reporting pour de l'e-mailing à la performance. Dans n'importe quel autre cas, il aurait fallu surveiller le CPL ou le CPA pour s'assurer de respecter l'objectif. Dans une boutique, on aurait aussi trouvé le panier moyen qui résulte de la division du chiffre d'affaires par le nombre de conversions.

Reporting pour des campagnes SEA

La particularité du reporting d'achats de mots clés réside dans sa fréquence journalière. Il dépeindra l'efficacité des mots achetés jusqu'à la pertinence de vos landing pages, en passant par la qualité de vos annonces. Imaginons une campagne fictive dont les mots clés auraient généré 1 million d'impressions (affichages).

CTR (Click-Through Rate)

Aussi appelé « taux de clic », il s'agit du pourcentage de personnes qui ont cliqué sur l'annonce qui s'est affichée après leur requête dans un moteur de recherche. Vous pouvez trouver la majeure partie de ces KPIs dans votre interface AdWords ou Bing Ads. Il est néanmoins important de comprendre la manière dont ils sont calculés. Supposons que votre interface vous indique un total de 20 000 clics.

- **Formule** : Nombre de clics/Nombre d'impressions.
- **CTR** : 20 000/1 000 000 = 2 %.
- Un mauvais CTR se situera en deçà de la barre du pourcentage.
- **Que signifie un mauvais taux ?** Cela signifie que vous ne respectez pas les bonnes pratiques de création des annonces (voir p. 176) ou que vos mots clés ne sont pas de bonne qualité. Certains ont peut-être un ciblage trop large et déclenchent l'affichage de vos annonces pour des requêtes non pertinentes.
- **Que faire ?** Optimiser vos annonces et vos mots clés.

CPC moyen

Le coût par clic moyen vous permet de suivre l'évolution de vos coûts ; une augmentation soudaine signalera un problème. Supposons que le coût total des campagnes s'élève à 10 000 €.

- **Formule** : Coût total/Nombre de clics.
- **CPC moyen** : 10 000/20 000 = 0,50 €.
- **Quels types de problèmes une hausse peut-elle signaler ?** Vous avez optimisé vos CPC à la hausse dans l'ensemble, ce n'est pas négatif si votre ROI reste stable ou s'améliore. En revanche, s'il chute à cause de la hausse des CPC, cela traduira un vrai problème.
- **Que faire ?** Un nouveau concurrent cause peut-être une hausse générale des CPC sur certains mots clés. Vérifiez votre position moyenne dans votre interface d'achats de mots clés et adaptez vos CPC.

CPA ou CPL

Le coût par achat ou par lead est votre coût d'acquisition. Avant de lancer vos campagnes, vous êtes censé avoir fixé un coût par acquisition maximum par lead ou par achat. Cet indicateur est à suivre de près pour vos campagnes. Supposons que cette campagne ait généré 1 000 conversions.

- **Formule** : Coûts de la campagne/Nombre de ventes ou de leads (= conversions).

- **CPA ou CPL** : 10 000/1 000 = 10 €.

- **Quels types de problèmes une hausse peut-elle signaler ?** On pourra soupçonner les mêmes causes que pour le CPC moyen s'il est aussi en augmentation, mais la dimension de ventes viendra s'ajouter dans l'équation. Si vos coûts n'ont pas augmenté, on pourra alors interroger d'autres suspects. Car cela traduira le fait que le problème ne vient pas de vos campagnes, mais de l'efficacité technique de votre site, de la gestion de votre stock ou de votre offre et celles de vos concurrents.

- **Que faire ?** Demandez à votre équipe technique de vérifier la disponibilité de votre site le jour précédent, il existe des outils pour monitorer les pannes (**Pingdom**). Demandez ensuite à votre équipe produit de faire le tour des concurrents pour voir si une offre exceptionnelle n'est pas en cours et vous empêche de récolter votre quota de ventes habituel.

Je ne répéterai pas le calcul des KPIs communs (ROI, marge et taux de conversion) qui sont identiques à ceux de l'e-mailing. Les KPIs spécifiques au SEA ne sont pas les seuls éléments à faire apparaître dans votre reporting ; n'oubliez pas d'inclure les colonnes intermédiaires à partir desquelles l'ensemble de ces KPIs est calculé. On voit ci-après dans l'exemple un reporting mensuel de SEA : la première colonne est consacrée aux impressions (nombre de fois que vos annonces se sont affichées), la deuxième aux clics, et c'est grâce à ces deux données que l'on obtient le CTR (taux de clic) dont on a détaillé le calcul ci-dessus. Chaque fois, grâce à des formules Excel, vos KPIs se mettront à jour et vous n'aurez qu'à renseigner les données intermédiaires : impressions, clics, coûts, revenu (chiffres d'affaires) et nombre de transactions ou de leads.

Mois	Impressions	Clics	CTR	Coûts	Rev	Ventes	CPC moy	CPA	ROI	Marge	Taux de conversion
Janvier	245498	2517	1%	1 643,01 €	316,00 €	17	0,65 €	96,65 €	-81%	-1 327,01 €	0,68%
Février	195121	10764	6%	4 589,53 €	2 225,40 €	67	0,43 €	68,50 €	-52%	-2 364,13 €	0,62%
Mars	53156	5768	11%	1 593,81 €	2 497,60 €	27	0,28 €	59,03 €	57%	903,79 €	0,47%
Avril	47287	5177	11%	982,21 €	2 612,60 €	18	0,19 €	54,57 €	166%	1 630,39 €	0,35%
Mai	58316	1586	3%	259,80 €	400,10 €	6	0,16 €	43,30 €	54%	140,30 €	0,38%
Juin	53481	2123	4%	675,78 €	1 189,00 €	26	0,32 €	25,99 €	76%	513,22 €	1,22%
Juillet	195878	7008	4%	1 842,98 €	3 484,30 €	73	0,26 €	25,25 €	89%	1 641,32 €	1,04%
Août	87713	3491	4%	647,71 €	3 843,60 €	75	0,19 €	8,64 €	493%	3 195,89 €	2,15%
Septembre	131858	5918	4%	1 372,38 €	3 018,80 €	60	0,23 €	22,87 €	120%	1 646,42 €	1,01%
Octobre	127368	5632	4%	1 195,96 €	2 285,40 €	46	0,21 €	26,00 €	91%	1 089,44 €	0,82%
Novembre			#DIV/0!				#DIV/0!	#DIV/0!	#DIV/0!	- €	#DIV/0!
Décembre			#DIV/0!				#DIV/0!	#DIV/0!	#DIV/0!	- €	#DIV/0!
2013	596298	49984	#DIV/0!	14 803,17 €	21 872,80 €	415	0,30 €	35,67 €	48%	7 069,63 €	0,83%

Avec ces deux exemples de reportings, on observe deux choses. Première-ment, ils possèdent des KPIs en commun. Secondement, l'ensemble de vos reportings utilise des sources statistiques diverses. Il sera donc impossible d'agréger ces données et de les comparer car il faut une source commune.

Savoir apprécier le travail de son prestataire

La collaboration avec une agence ou un free-lance réserve parfois des sur-prises qui marquent à jamais votre confiance dans le bon déroulement des contrats de sous-traitance. La souplesse de ces contrats externalisés est bien souvent essentielle à l'utilisation de certains leviers dans votre straté-gie webmarketing. Quelques précautions et une vigilance avertie remédie-ront à la phobie du collaborateur externe payé à ne rien faire.

Moi client, j'exigerai un reporting

Cela paraît superficiel de le préciser, mais tout prestataire vous doit un reporting quel qu'en soit le format ou la taille. Avant toute prestation, **exi-gez un reporting dans la liste des livrables** et faites-le figurer au contrat. Définissez en amont vos objectifs et la liste des KPIs que vous suivrez comme vous l'auriez fait avec un employé. Cela passera l'envie à votre pres-tataire d'attendre patiemment la fin du mois et d'avoir pour unique tâche l'édition de vos factures.

Un prestataire qui vous fournit un reporting brouillon avec beaucoup trop d'informations ne devrait pas inspirer confiance. Il n'y a rien de plus efficace que de noyer son client sous les chiffres pour le décourager de suivre votre travail. Si cela n'est pas volontaire, on pourra alors se poser la question de la capacité de votre prestataire à s'organiser et à, lui-même, analyser les retombées de ces actions marketing. La condition *sine qua none* d'une bonne campagne est la production d'un **reporting lisible et exploitable** pour l'optimisation.

Moi client, je fixerai des objectifs

Vos objectifs dépendront de la nature des campagnes, bien évidem-ment. À l'exception de leviers particuliers tels que le SEO, vous avez **la** responsabilité **de fixer des objectifs** généraux de marge, de ROI et de pourcentage de conversion par levier. Votre prestataire devra également respecter votre CPA maximum. À ces objectifs s'ajouteront des KPIs propres à chaque levier, comme vu précédemment.

Moi client, je suivrai mes KPIs

Gardez un œil vigilant sur les engagements pris par votre prestataire de manière hebdomadaire et mensuelle. Analysez ces éléments à la lumière de ce qu'ils représentent. À l'instar d'un taux d'ouverture en berne pour un e-mailing, un mauvais CTR n'est pas simplement un pourcentage décoré d'un mot de jargon. Les bannières display ou les annonces SEA soumises aux prospects n'ont peut-être pas eu l'accueil espéré à cause d'une création graphique peu convaincante et/ou d'un ciblage hasardeux.

Tous les leviers n'ont pas vocation à respecter à la lettre votre CPA maximum. Certains s'autoriseront quelques écarts que d'autres, moins gourmands, compenseront. Ce qui compte, c'est d'atteindre l'objectif collectivement, trafic payant et gratuit inclus, afin d'arriver à l'équilibre. Pour ce faire, une de vos ressources en interne aura en charge la tenue et l'analyse d'un reporting global faisant apparaître l'ensemble de vos sources de trafic.

Votre solution d'analytics vous fournira ces données communes sur vos visiteurs provenant de chaque source de trafic.

2

Étudier le comportement de vos prospects avec l'Analytics

Une solution d'analytics est l'outil stratégique par essence de toutes les entreprises présentes sur le Web. Ces solutions servent à connaître vos visiteurs en répondant aux questions suivantes :

- Qui sont-ils ?
- D'où viennent-ils ?
- Que font-ils sur votre site ?

Leur provenance, l'environnement technique dans lequel ils évoluent, leurs comportements... L'analytics vous donnera accès à d'innombrables informations stratégiques.

Il existe plusieurs solutions d'analytics payantes telles qu'**Omniture**, **Xiti**, **Sophus** (secteur automobile) ou **Google Analytics Premium**. Rassurez-vous, la solution la plus utilisée est à la portée de tous, puisque gratuite ; il s'agit de la version standard de Google Analytics. À moins de vous appeler Cdiscount ou la Fnac et d'avoir un catalogue produits ou un site Internet énorme, vous n'avez aucun besoin de signer pour la version Premium.

Beaucoup de sociétés, pour se rassurer, ont opté pour des solutions payantes pour, finalement, revenir quelques années après vers la solution gratuite de Google. Par quel mystère ? Une interface plus ergonomique, des données agrégées provenant de tous vos outils Google (Webmaster Tools, AdWords, Google +, Google My Business...). Non, je ne suis pas un « agent Google ». Google a juste su au fur et à mesure des années proposer les bons outils, les regrouper et les rendre accessibles à partir d'un seul et unique compte. Ses équipes ont été capables de répondre à un besoin recensé auprès de nombreuses entreprises ; la nécessité de **centraliser les outils, d'uniformiser les interfaces**. Ce qui, naturellement, mène à la réduction du nombre d'identifiants, de mots de passe et de procédures.

Je vous propose donc, dans ce chapitre, de faire un zoom sur cette solution gratuite plébiscitée par toutes les entreprises en nous intéressant aux informations et à la mise en place d'objectifs mesurables disponibles sur cette interface, ainsi qu'aux évolutions apportées par cette nouvelle version Universal Analytics.

À quelles informations accède-t-on ?

Google Analytics est largement adopté pour sa capacité à fournir des informations tant générales que techniques ou propres à vos utilisateurs. Ces informations se limitent bien évidemment aux événements qui se déroulent sur votre site. Passons en revue les informations utiles à la mesure de la performance de votre site.

Informations générales

Dans la catégorie « utile », commençons par le nombre de **visiteurs uniques**, désormais baptisés **« utilisateurs »**. C'est la première donnée à connaître sur votre site, celle que l'on vous demandera pour jauger l'importance de votre site et du trafic qu'il comptabilise. Rappelez-vous, il s'agit de la monnaie d'échange des éditeurs lors de négociations de partenariats.

Les utilisateurs se distingueront des sessions. Un utilisateur pourra générer plusieurs visites, donc plusieurs **« sessions »**. Vous aurez accès au **nombre moyen de pages vues par session** ou à la **durée moyenne d'une session**. Ces deux dernières données seront pertinentes pour des sites de contenu dont l'objectif est la consultation de nombreuses pages par visite par exemple.

CONSEIL

Comptabilisation des sessions Google Analytics. Une nouvelle session sera comptabilisée après 30 minutes d'inactivité ou si un utilisateur commence sa visite juste avant minuit et la poursuit au-delà ; on comptabilisera alors une seconde session. Ces informations ne s'appliquent pas à Universal Analytics.

L'une des données phare de l'analytics est le **taux de rebond** (*bounce rate* en anglais). Le pourcentage de visiteurs éclairs qui ne prennent pas la peine de consulter d'autres pages de votre site et le quittent immédiatement. Ne le prenez pas personnellement, les visiteurs arrivant en provenance des moteurs de recherche ne savent pas toujours très bien à quoi s'attendre en cliquant sur une proposition de destination. Une partie de votre trafic transite *via* les moteurs de recherche et, même en optimisant au mieux votre référencement naturel, il vous sera impossible et inutile de filtrer le trafic non qualifié. Le voyage réserve parfois des surprises occasionnant la fuite, un certain taux est tout à fait sain et classique. D'autres, en quête d'informations précises, seront rassasiés dès votre première page et seront néanmoins comptabilisés dans les rebonds.

Exemple typique d'un « bon taux de rebond »

Un internaute qui aurait trouvé immédiatement vos coordonnées et quitté votre site.

On associe classiquement un taux de rebond élevé à une mauvaise ergonomie ou à une offre peu convaincante. Cette hypothèse se vérifie quand on constate un taux très élevé au-delà des 50 %, mais un tel pourcentage peut s'expliquer par la nature de votre site. Un site de contenu ou une boutique en ligne présentant un très mauvais taux de rebond devra se remettre sérieusement en question, tandis que des taux élevés pour des sites vitrines seront généralement plus classiques.

L'obsession de l'objectif 0 % sera irrationnelle, étant donné les éléments expliqués plus tôt ; un taux aux alentours des 30 % sera tout à fait acceptable, voire considéré comme bon.

Vous accéderez également à votre pourcentage de **nouvelles visites et de fidèles visiteurs.** Si vous modifiez des éléments de votre stratégie webmarketing ou de votre offre pour acquérir de nouveaux clients ou, au contraire, faites fructifier votre base de clients, ces éléments vous offriront un aperçu au format camembert (voir ci-après).

Toutes ces données générales sont disponibles dans la partie « Rapports » de votre interface. Elles sont affichées dans l'écran d'accueil. Vous pouvez aussi y accéder *via* la vue d'ensemble de la rubrique « Audience ». Vous retrouverez ces KPIs appliqués à toutes les autres dimensions statistiques.

Sessions
108

Utilisateurs
86

Pages vues
478

Pages/session
4,43

Durée moyenne des sessions
00:05:47

Taux de rebond
69,44 %

% nouvelles sessions
75,93 %

■ New Visitor ■ Returning Visitor

24.1%

75.9%

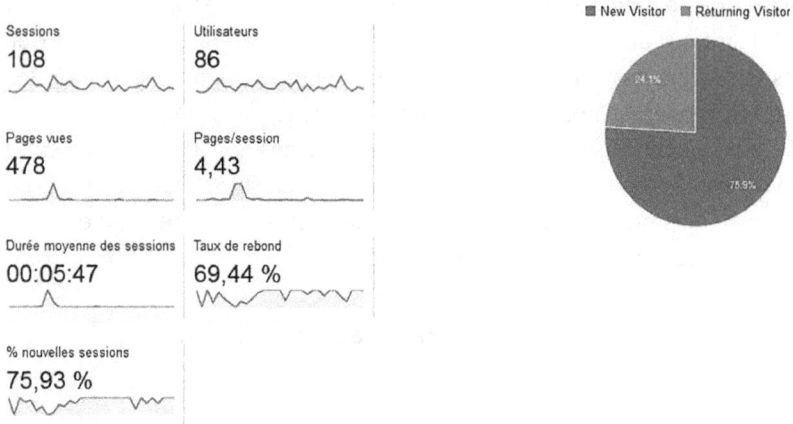

Informations techniques

À première vue, connaître la résolution d'écran, le navigateur, le système d'exploitation de vos utilisateurs semble relever de la curiosité inutile. Détrompez-vous, ces précieuses informations, que vous trouverez toujours au sein de la rubrique « Audience » de la partie « Rapports », dessineront les contours de tous les projets en lien avec votre site. Qu'il s'agisse d'une mise à jour, d'une migration, d'évolutions, dans tous les cas vous aurez besoin de délimiter un périmètre technique. Un périmètre technique consiste à dresser la liste des composantes avec lesquelles votre projet devra être compatible.

Si vous développez une nouvelle version de votre site, il sera crucial de connaître les **versions de navigateurs et OS mobiles** les plus utilisées pour consulter votre site. Bien sûr, il faudra prendre en compte les évolutions à venir entre la conceptualisation et la mise en ligne de vos projets afin de ne pas vous encombrer de versions qui, entre-temps, seraient devenues complètement obsolètes. Ces statistiques vous permettront de trancher sur des questions telles que : « Dois-je gaspiller du budget et des ressources à développer un site compatible avec Internet Explorer 7 ou 8 ? » La réponse se trouvera dans la part de visiteurs qui les auront récemment utilisés pour parcourir votre site dans une période cohérente avec la date de sortie du site. Prendre des données trop vieilles n'aurait aucun intérêt ; entre-temps, beaucoup d'internautes seront passés à une version plus récente.

Même chose pour le développement d'une application mobile ; quel OS sera prioritaire ? La réponse à cette question sera multifactorielle ; le nombre d'utilisateurs ne sera pas l'unique donnée à prendre en compte, le chiffre d'affaires généré apportera une dimension plus pertinente et stratégique à votre décision. Même si l'exemple ci-dessus ne montre pas les conversions et le chiffre d'affaires, il est possible de les afficher en configurant des objectifs.

Dans la rubrique « Comportement », vous accéderez aux fameux **temps de chargement** maintes fois évoqués pour la performance d'un bon site. Vous observerez la contribution du **temps de réponse de votre serveur** dans le temps de chargement global, ainsi que le **poids des redirections** mises en place. Vous constaterez aussi les **écarts d'un navigateur à l'autre** (exemple ci-après entre Chrome et Internet Explorer). En cliquant sur **« Suggestions relatives à la vitesse »**, vous accéderez aux pistes suggérées par Google pour améliorer vos temps de chargement.

C'est d'ailleurs depuis cette rubrique que vous lancerez vos tests A/B dans la sous-rubrique « **Tests** ».

Informations sur vos utilisateurs

La promesse initiale était d'apprendre à mieux connaître, et ainsi mieux comprendre, vos utilisateurs. Promesse tenue. Avec Google Analytics, vous savez :

- quelle **langue** *(Audience → Zone géographique → Langue)* parle votre interlocuteur ;
- dans quel **pays**, dans quelle **ville** il se trouve *(Audience → Zone géographique → Origine géographique)* ;
- quelles **pages** il consulte *(Comportement → Contenu du site → Toutes les pages)* ;
- quel est son **parcours client** de l'entrée à la sortie de votre site *(Audience → Flux d'utilisateurs)* ;
- à quelle **fréquence** il revient sur votre site *(Audience → Comportement → Fréquence et dernière visite)*.

Dans Google Analytics, pour obtenir des « données démographiques » telles que l'**âge** ou le **sexe**, ou connaître les **« centres d'intérêt »** de vos visiteurs, il vous faudra installer un code de remarketing spécial. Ces données sont extrapolées grâce à l'historique de navigation accessible *via* les cookies. Il ne s'agit pas de données exactes. Dans un foyer, il est commun que plusieurs personnes se servent d'un même ordinateur. Difficile d'identifier l'âge ou le sexe dans de telles conditions.

Audience	Pays/Territoire	Sessions	% nouvelles sessions	Nouveaux utilisateurs	Taux de rebond	Pages/session	Durée moyenne des sessions
Vue d'ensemble							
Utilisateurs actifs bêta							
▾ Données démographiques		373	76,68 %	286	69,71 %	2,76	00:03:01
Présentation		% du total 100,00 % (373)	Moyenne du site: 66,70 % (14,86 %)	% du total 114,86 % (249)	Moyenne du site: 69,71 % (0,00 %)	Moyenne du site: 2,76 (0,00 %)	Moyenne du site: 00:03:01 (0,00 %)
Âge	1. ▮▮ France	224 (60,05 %)	62,95 %	141 (49,30 %)	52,23 %	3,86	00:05:00
Sexe	2. ▮▮ Brazil	74 (19,84 %)	100,00 %	74 (25,87 %)	100,00 %	1,00	00:00:00
▸ Centres d'intérêt	3. ▮▮ United Kingdom	7 (1,88 %)	42,86 %	3 (1,05 %)	85,71 %	1,57	00:00:03
▾ Zone géographique	4. ▮▮ Italy	5 (1,34 %)	100,00 %	5 (1,75 %)	100,00 %	1,00	00:00:00
Langue	5. ▮▮ Mexico	5 (1,34 %)	100,00 %	5 (1,75 %)	100,00 %	1,00	00:00:00
Origine géograp...	6. ▮▮ United States	5 (1,34 %)	100,00 %	5 (1,75 %)	100,00 %	1,00	00:00:00
▾ Comportement	7. ▮▮ Portugal	4 (1,07 %)	100,00 %	4 (1,40 %)	100,00 %	1,00	00:00:00
Nouveaux vs con...	8. ▮▮ Argentina	3 (0,80 %)	100,00 %	3 (1,05 %)	100,00 %	1,00	00:00:00
Fréquence et der...	9. ▮▮ Canada	3 (0,80 %)	100,00 %	3 (1,05 %)	100,00 %	1,00	00:00:00
Intérêt et interacti...							

Informations sur votre trafic

Stratégiquement, il est indispensable de pouvoir chiffrer l'apport de chaque levier sur votre trafic global. La diversification de votre trafic, dont une part conséquente de trafic gratuit, sera gage de réussite. Baser son activité sur une part trop importante de trafic provenant d'un même levier s'avérera risqué.

Acquisition		Sessions	% nouvelles sessions	Nouveaux utilisateurs	Taux de rebond	Pages/ses.	Durée moyenne des sessions	Taux de conversion de l'objectif 1
Présentation								
Canaux		1 092	75,82 %	828	65,20 %	2,30	00:02:25	0,00 %
Tout le trafic	1 ■ Organic Search	361			58,45 %			0,00 %
Tous les sites réfère...								
Campagnes	2 ■ Direct	317			53,94 %			0,00 %
▸ Mots clés								
Analyse des coûts ᴮᴱᵀᴬ	3 ■ Referral	167			92,22 %			0,00 %
▸ AdWords								
▸ Réseaux sociaux	4 ■ Social	157			71,34 %			0,00 %
▸ Optimisation du référencement	5 ■ Paid Search	67			72,41 %			0,00 %

Décortiquons ensemble les différentes sources de trafic proposées par Google Analytics :

- l'**organic search** = SEO (référencement naturel) ;
- le trafic **direct** = tous les utilisateurs qui ont tapé directement l'URL de votre site, ou qui sont passés par leurs marque-pages ou autres raccourcis ;
- le trafic **referral** = les utilisateurs provenant d'un lien sur un site tiers ;
- le trafic **social** = les visiteurs venant des réseaux sociaux ;
- le **paid search** = référencement payant (AdWords par exemple).

Cette section rendra possible la **quantification de l'apport de chaque levier** en termes de visites, de conversions et de chiffre d'affaires. Vous disposerez d'une source unique pour comparer vos principaux KPIs, dont le **taux de conversion par levier.**

On a évoqué l'importance de bien connaître les requêtes, qu'elles soient gratuites ou payantes, menant à votre site. L'accès à ces requêtes est disponible dans la sous-rubrique **« Mots clés »**. Vous pourrez ainsi consulter les **requêtes payantes** (liens sponsorisés) et **gratuites** (résultats naturels). Vous observerez néanmoins une part importante de mots clés flottants non identifiés, étiquetés par la mention **« Not provided »** (non fourni). C'est tout à fait normal.

Vous accéderez aussi à votre **entonnoir multicanal de conversion** ou aux **données d'attribution** dans la rubrique « Conversions ». Si vous voulez analyser les conversions indirectes, les **chemins de conversion les plus fréquents** empruntés par vos utilisateurs, ou encore la longueur de ces chemins et le **laps de temps nécessaire à une conversion**, rendez-vous dans les sous-rubriques de la rubrique « Conversions ».

Mise en place de vos objectifs

Avancer, c'est bien. Mais se fixer un objectif à atteindre, c'est toujours plus concret. Bien sûr, vous êtes libre de vous fixer des objectifs tels que la baisse de votre taux de rebond, l'augmentation du nombre de visiteurs uniques ou de pages vues par mois, c'est tout à fait sain et même recommandé. Mais cela sera insuffisant. Pour mieux mesurer votre performance, vous devrez vous fixer des objectifs par visiteur. Google Analytics met à votre disposition la création d'objectifs sur mesure *(Admin → Objectifs → Nouveau)*.

En cliquant sur « Nouveau », vous accéderez aux différents types d'objectifs disponibles.

Naïas Formation & Conseil / Naïas Formation & Conseil / Toutes les données du site Web

Avec l'**objectif de destination**, vous stipulerez l'URL d'une page qui, une fois appelée, enregistrera une conversion. C'est notamment ce que l'on utilise pour tracker les leads en renseignant la page de remerciement **affichée**

en fin de tunnel. Dans ce cas, il faudra aussi définir une valeur par conversion : combien vous rapporte un lead ?

L'**objectif de durée** permettra d'attribuer une valeur à une visite ayant dépassé une certaine durée que vous aurez vous-même indiquée. Tandis que l'**objectif « pages/écrans par session »** s'intéressera au nombre de pages ou d'écrans consultés.

L'**objectif « événement »** rendra possible le tracking des visionnages de vidéos par exemple. Néanmoins, je vous conseille de vous faire assister d'un expert Analytics afin de paramétrer correctement les variables nécessaires au tracking d'événements.

Même chose pour le **suivi de conversion e-commerce** ; pour activer toutes les fonctionnalités analytics propres au e-commerce *(Admin → Vue → Paramètre de commerce électronique)*, la collaboration entre votre développeur et un expert Analytics sera ici encore requise. Rares sont les développeurs maîtrisant toutes les subtilités de l'analytics.

Après l'activation du suivi e-commerce, vous aurez accès à des données supplémentaires précieuses telles que des **rapports par type de produit**, le **chiffre d'affaires par type de produit**, le **nombre de visites avant d'obtenir une transaction**, ainsi que le **top 10 des produits les plus vendus** par exemple. De manière globale, vous aurez la possibilité de personnaliser votre tableau de bord pour qu'il fasse apparaître des KPIs e-commerce tels que le nombre de commandes, le chiffre d'affaires sur la période de votre choix.

Si vous utilisez AdWords, il sera intéressant de relier votre compte Analytics à vos comptes AdWords et Webmaster Tools pour agréger l'ensemble des données.

CONSEILS

Ne polluez pas vos données analytics. L'une des premières choses à faire dans votre compte Google Analytics sera la mise en place d'un filtre pour ne pas comptabiliser vos propres visites *(Admin → Vue → Filtres → Nouveau filtre)*. Créez un filtre avec les adresses IP de vos collaborateurs, ainsi que celle de votre domicile, si vous travaillez de chez vous.

Des vues pour la survie des tags. Selon votre environnement de travail, vous devrez avoir créé une ou deux vues supplémentaires. Une pour la version de développement, une pour la version de recette fonctionnelle (version de pré-production) et une pour la version en ligne (production). C'est l'unique moyen de vous assurer que vos tags survivront aux diverses évolutions et corrections de bug.

Pas de machine à remonter le temps. Vos données ne seront disponibles qu'à partir du moment où vous installerez le code de suivi. Vous n'aurez pas accès aux données antérieures.

L'avenir de l'analytics en questions

Avec les mises à jour de 2013 et 2014, on a l'impression d'opérer sur des sables mouvants tant les modifications sont importantes et nombreuses.

Vers un 100 % not provided ?

Sous couvert de protection des données et du respect de la confidentialité, depuis septembre 2013 on a observé la généralisation du protocole SSL[1]. Ce qui a eu pour conséquence directe l'explosion du nombre de mots clés « not provided » dans la partie « Résultats naturels » de vos rapports analytics. De nombreux sites rapportaient déjà avoir dépassé la barre des 80 % de requêtes indéterminées. La moyenne française, selon une étude d'AT Internet, culminait à 81,2 % des requêtes.

Alors que l'on s'attendait avec regret et inquiétude à ce que tout le trafic issu des SERPs soit crypté d'ici la fin 2014, une autre annonce est tombée en avril 2014 pour prévenir que cette maladie allait désormais contaminer les liens sponsorisés. Même si, à l'heure où je vous parle, rien n'est encore modifié, cela ne saurait tarder.

Rassurez-vous, vous continuerez d'avoir accès à ces mots clés *via* vos autres interfaces AdWords pour le payant *via* le rapport des termes de recherche et Webmaster Tools pour les 2 000 premières requêtes phare du site.

Google Analytics *versus* Universal Analytics : que réserve la migration annoncée ?

Depuis 2014 Google a sorti une version évoluée de sa solution Google Analytics, baptisée Universal Analytics. Un changement de nom ? Oui, cette nouvelle formule est bien plus qu'une simple mise à jour.

---

1. SSL : le Secure Sockets Layer est une norme de sécurité qui chiffre les données lors de leur transfert. Il se matérialise par un « https » devant l'URL du site en cours de consultation.

Si vous créez un compte aujourd'hui, vous n'aurez pas l'occasion de faire connaissance avec l'ancienne version ; vous posséderez directement la version Universal Analytics. Si vous aviez déjà un compte, rendez-vous dans votre section « Admin », au top de Google il sera l'heure de migrer vers la nouvelle version *via* l'outil de migration (24-48 heures de traitement). Certes, dans un premier temps, même si certaines fonctionnalités deviendront obsolètes, votre ancien code cohabitera avec Universal Analytics en affichant vos données dans la nouvelle interface. Mais d'ici deux ans, tous les sites devront avoir migré et procédé à un retaggage, car passé ce délai vos données ne seront plus traitées.

CONSEILS

Haut les mains ! Ne touchez à rien pendant le traitement de votre migration vers Universal, ce n'est pas du tout le moment de procéder au retaggage.

Un tag par page. Autant il est possible d'avoir une moitié de site avec l'ancien code et l'autre moitié avec le nouveau, autant il est impossible d'avoir deux codes sur la même page.

Autant vous rassurer d'entrée, la mise à jour Universal Analytics n'entraînera aucune perte de données selon Google. Il est néanmoins possible que vous observiez un delta de 1 % dans vos statistiques, mais rien de bien alarmant.

Le premier avantage de cette nouvelle version est l'entrée en scène du **User ID**, l'ID unique que conservera un utilisateur, qu'il consulte votre site sur mobile, tablette ou ordinateur.

En vous rendant dans la partie « Admin » de l'interface, il vous sera désormais possible d'**exclure des sites référents** *(Compte → Propriété → Informations de suivi → Liste d'exclusion de sites référents → Ajouter un site référent à exclure)*. Mais pourquoi détruire mes précieux backlinks ? Rassurez-vous, il ne s'agit pas du tout d'exclure ce genre de liens référents, mais bien les sources qui génèrent de nouvelles sessions fictives provenant, par exemple, d'utilisateurs qui iraient terminer leur commande sur la plateforme de paiement en ligne de votre banque pour revenir ensuite sur la page de remerciement de votre site. Cela aura aussi un intérêt pour les entreprises possédant plusieurs domaines pour un même site.

Libre à vous, en outre, de modifier dans cette nouvelle interface les propriétés de la **durée de session** ou encore le **délai d'expiration d'une campagne** *(Compte → Propriété → > Informations de suivi → Gestion de la durée)*.

Pour continuer dans la personnalisation, vous pouvez **paramétrer vos sources de trafic organique**. Analytics possède une liste de moteurs de recherche et si vous recevez du trafic d'un moteur de recherche non listé, ce trafic sera par défaut attribué à un site référent et comptabilisé dans la source « Referral ». Pour y remédier dans Universal Analytics, il suffira d'ajouter ce moteur de recherche étranger à votre liste pour que son trafic soit correctement identifié *(Compte → Propriété → Informations de suivi → Sources de recherche naturelle → Ajouter un moteur de recherche)*.

L'identification du trafic (quasi) direct est aussi possible grâce à la nouvelle fonctionnalité d'**exclusion de termes de recherche** *(Compte → Propriété → Informations de suivi → Liste d'exclusion de sites référents → Ajouter un terme de recherche)*. Ainsi, vous pourrez exclure les expressions avec le nom de votre entreprise pour qu'elles soient comptabilisées dans votre trafic direct.

La grande nouveauté de ce nouvel analytics, c'est certainement l'arrivée des **dimensions** *(Compte → Propriété → Définitions personnalisées → Dimensions personnalisées → Nouvelle dimension personnalisée)*. Il s'agit de variables personnalisées utilisables dans les rapports et les segments ; elles remplacent vos anciennes variables. Avant, nous étions tributaires des variables par défaut ; aujourd'hui, quasiment tout est envisageable.

Si vous expérimentiez les désagréments du décalage horaire du traitement des données, bonne nouvelle, Universal Analytics s'alignera désormais sur votre **fuseau horaire**.

Sachez que même si vous n'opérez pas vous-même la migration, Google a commencé à migrer automatiquement, petit à petit, tous les comptes.

COMMENT CRÉER UN COMPTE GOOGLE ANALYTICS ?

Armez-vous d'une **adresse Gmail** et laissez-vous porter. Le processus de création est rapide et relativement simple. Un **code de suivi JavaScript** vous sera fourni afin de tagger votre site. Placez-le de préférence dans le head pour comptabiliser un maximum de données sans avoir à attendre le chargement entier de la page. Une fois ce code vérifié, le tour est joué !

EXISTE-T-IL UN OUTIL POUR FACILITER L'IMPLÉMENTATION DE TAGS SUR MON SITE ?

Lorsque l'on retague tout son site, notamment à l'occasion de la migration vers Universal Analytics, il est intéressant d'envisager l'acquisition d'une solution de tag management. On parle aussi, parfois, de conteneur de tags. Un tag est un petit bout de code, aussi appelé balise ou code de suivi, qui sert, la plupart du temps, à tracker des informations. Pour plus de simplicité si vous utilisez des outils Google, Google a une solution gratuite appelée « Google gestionnaire de balises ». Si vous souhaitez faire de la résistance à l'empire Google, vous pouvez aussi vous tourner vers des solutions payantes comme celle proposée par **TagCommander**.

Avec ce genre de solutions, l'ajout de tags est accessible à tous simplement, cela représente un réel gain de temps. L'installation de ces solutions se fait en quelques minutes, il suffira de lister tous les tags à insérer.

PARTIE IV

Fidélisation : construire une relation durable avec vos clients

Vous les avez conquis une fois mais, sans poursuivre vos efforts, votre destin commun avec vos (chers) clients pourrait bien s'arrêter là. Chers, car vous avez dépensé en opération de branding et avez parfois été jusqu'au lifting virtuel pour leur plaire. Mais la loyauté sur Internet est plus que surannée, elle est quasi inexistante. La proximité géographique dont jouissent les points de vente traditionnels pour exploiter la fainéantise des clients est vaine ; sur le Web, tout le monde est logé à la même enseigne. À moins de ne pas avoir optimisé votre site, vos clients parviendront aussi vite sur votre site que sur celui de votre concurrent et compareront en simultané vos offres. Comment rester proche de vos clients et leur donner envie de partager ces mémorables expériences d'achat ou de service que vous leur faites vivre avec leur entourage ? Comment prendre l'avantage sur vos concurrents ? Réseaux sociaux, newsletter et trigger marketing, espace connecté valorisé et animation... Explorons ensemble tous les chemins qui mènent à une relation client prospère et pérenne.

1

Réseaux sociaux ou Social Relationship Management

Certains se demanderont pourquoi ne pas avoir présenté les réseaux sociaux dans la première partie consacrée à l'acquisition. Autant répondre tout de suite à cette question que je me suis moi-même posée. Les réseaux sociaux, aussi appelés **Social Media Optimization (SMO)**, jouent un rôle complexe et touchent à plusieurs phases du parcours menant à la conversion. C'est en cela qu'ils gagnent la palme du levier ciment de la relation client durable.

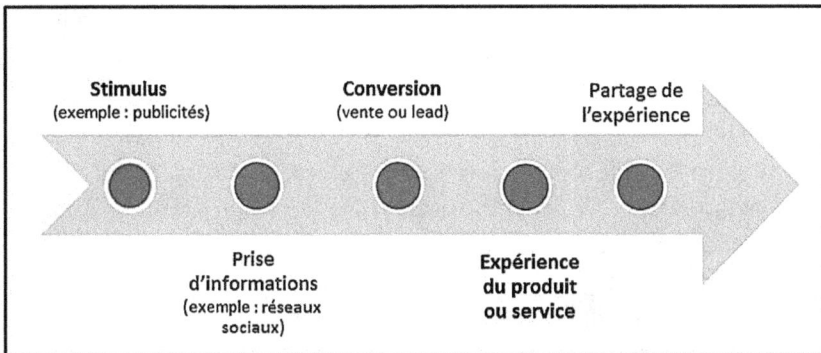

Nouveau parcours d'achat client

Avec les réseaux sociaux, encore plus qu'avec le display, il vous sera possible de contribuer à chaque phase du parcours client, qu'ils ont d'ailleurs contribué à faire évoluer. Auparavant, le client était sollicité par une publicité, achetait le produit et en faisait l'expérience. Aujourd'hui, deux étapes supplémentaires composent ce parcours. Après le stimulus, le client vit ce que l'on appelle en anglais le « *Zero Moment of Truth* », le ZMOT. Cette phase, pas toujours maîtrisée par les marques, où le prospect accède à des informations produit ou marque *via* les réseaux sociaux et autres blogs, est pourtant décisive. Au même titre que l'est l'« *Ultimate Moment of Truth* », qui consiste à partager *a posteriori* son expérience sur les réseaux sociaux et les forums.

Après un rapide tour des réseaux sociaux à votre disposition, nous explorerons leur rôle et leur contribution dans votre stratégie digitale.

Panorama des principaux réseaux sociaux

Dans sa définition la plus large, un réseau social est un site permettant, *via* la création d'une page personnelle, l'échange et le partage de données, de photos et de vidéos. Cela étant dit, il en existe pour tous les goûts et tous les publics. Lister de manière exhaustive l'intégralité des réseaux sociaux ne servirait à rien. Intéressons-nous plutôt aux principaux réseaux et à leur utilité.

Parmi **les réseaux sociaux de la première heure** encore en vie siègent, avec les audiences les plus importantes et une notoriété étincelante, les deux leaders du microblogging **Facebook** (2004) et **Twitter** (2006). Ainsi que **YouTube** (2005), pour sa part exclusivement réservé au partage de vidéos. Inutile de citer les millions de visiteurs uniques actifs mensuels de ces réseaux, leur obsolescence serait quasi immédiate.

Lentement mais sûrement, les réseaux sociaux professionnels tels que **LinkedIn** (2003) et **Viadeo** (2004) se sont aussi imposés dans les méthodes de sourcing des services RH. Notamment grâce à leur capacité à faciliter le networking et à leur système de recommandations.

Plus récemment, d'autres réseaux sont venus grossir les rangs des sites de partage. Notamment avec l'ultime tentative (après de nombreux échecs) de lancement d'un réseau social par Google : **Google +** (2011). Depuis longtemps montré du doigt pour revendiquer des utilisateurs fantômes inscrits automatiquement *via* la suite d'outils Google, le géant de Mountain View a fini en septembre 2014 par désolidariser la création d'un profil Google + de la création d'une adresse Gmail. Il était temps... D'autres petits nouveaux comme **Instagram** (2010), **Pinterest** (2010), **Tumblr** (2007) ou encore **Snapchat** (2011) occupent de plus en plus de place dans la navigation des segments d'audience les plus jeunes.

Ces nombreux carrefours d'audience offrent de nombreuses opportunités aux annonceurs pour établir un dialogue productif avec leur clientèle.

Le rôle du SMO (Social Media Optimization)

Le SMO est l'un des seuls leviers webmarketing à jouer un rôle dans les trois composantes du **concept de POEM (Paid, Owned and Earned Media)**. Ce que vous :

- payez (*Paid* = campagnes marketing) ;

- possédez (*Owned* = page Facebook, blog de l'entreprise) ;
- et méritez (*Earned* = retombées sur la Toile et offline de votre activité).

Vous maîtriserez ainsi l'ensemble des étapes de la construction de la relation client, des balbutiements de la découverte, *via* des publicités ciblées, au partage de l'expérience client.

Acheter du trafic

De plus en plus de réseaux sociaux comme **Instagram** et **Pinterest**, ou bientôt **Snapchat**, suivent la voie des Facebook et Twitter en monétisant leurs pages. Scrutons les outils et les options de ciblage à votre disposition à l'heure actuelle.

Facebook

Quatre formats, dont deux dédiés à la promotion d'applications mobiles, s'offrent à vous. Le **format lien** affichera un visuel avec un CTA et la landing page de votre choix pour favoriser les conversions. Sachez qu'il est désormais possible d'insérer plusieurs produits, et de créer ainsi une sorte de mini-catalogue. Le **format publicité photo** ne comportera pas de lien et aura un objectif de notoriété uniquement. Deux formats vous permettront de pousser à l'installation ou à l'utilisation de vos applications mobiles.

Quatre options d'enchères également, principalement au CPM ou au CPC, les publicités seront aussi disponibles au **CPM optimisé (oCPM)**. Il s'agit d'une enchère optimisée par l'algorithme de Facebook qui se veut plus agressive sur les prospects plus susceptibles de faire une conversion. Le CPA n'est proposé que pour l'installation d'applications mobiles et c'est bien dommage.

CONSEIL

Facebook et sa définition du CPC. Pour Facebook, au CPC vous seront facturés bien plus que des clics. Un simple j'aime, un partage ou un commentaire sera aussi facturé.

Avec Facebook, ce sont **trois solutions de ciblage** qui vous sont proposées :
- **audiences principales** (centres d'intérêt, informations démographiques, emplacement, comportement) ;
- **audiences personnalisées** (alimentées par les données de votre site, votre CRM) ;

- **audiences similaires** (personnes similaires à un segment de votre base de données, vos visiteurs, vos fans ou vos utilisateurs d'application).

En combinant ces ciblages, en visant par exemple « *les mamans de 30 ans qui aiment les sacs à main et vivent en région lyonnaise de ma base et celles qui leur ressemblent* » grâce au ciblage d'audience similaire, je multiplierai mes chances de conversion.

L'option de retargeting semble aussi être un bon levier de conversion sur les réseaux sociaux. Ces trois ciblages aideront aussi notamment à développer l'acquisition de nouveaux utilisateurs pour votre application mobile en incitant au téléchargement.

Twitter

La plateforme conversationnelle vous permet de glisser vos **tweets sponsorisés** au travers des tweets des autres interlocuteurs, c'est ce que l'on appelle la publicité in-feed. Ces tweets s'afficheront dans la timeline (feed ou mur Twitter) et seront facturés au **coût par engagement (CPE)**[1]. Vous les mettrez à profit pour faire du branding ou générer du trafic. Vous aurez carte blanche sur les URLs de redirection et accès à six textes possibles pour vos CTA avec les nouveaux **formats Twitter Cards**.

Si vous souhaitez recruter des followers (abonnés à votre page) qualifiés, le **compte sponsorisé**, avec les bonnes options de ciblage, sera un outil efficace pour élargir votre audience sociale. Votre compte Twitter sera proposé dans la liste des nouveaux comptes suggérés à suivre aux internautes correspondant à vos critères.

Pour la **tendance sponsorisée**, depuis le 1er octobre 2014 elle est facturée 10 000 € les 24 heures hors jours premiums (exemple : soldes). C'est cher, mais toujours plus accessible qu'aux USA où elle ne coûte pas moins de 250 000 dollars. Généralement combinée avec un tweet sponsorisé et un travail parallèle de **community management**, elle offre une résonance nationale et de bons résultats.

Plusieurs opportunités de ciblage s'offrent à vous avec Twitter. Vous pouvez cibler par :

- **utilisateur** (followers, audiences similaires ou audiences concurrentes) ;
- **mot clé** (liste de mots clés appliquée aux recherches ou aux tweets) ;

---

1. Coût par engagement : le CPE est utilisé sur les réseaux sociaux. La facturation s'applique à chaque interaction telle qu'un retweet ou une réponse à un tweet.

- **public personnalisé** (code de remarketing, intégration de la base de CRM, top 20 des influenceurs ou device ID sur les applications mobiles) ;
- **centre d'intérêt** (350 intérêts dans 25 catégories) ;
- **émission télévisée** (exemple : *Top chef*) ;
- **device** (ordinateur, mobile ou tablette) ;
- **zone géographique**.

Pour plus d'informations, je vous invite à vous rapprocher d'un conseiller Twitter.

Instagram

Instagram a lancé en novembre 2013 des tests avec quelques grandes marques aux USA pour monétiser son audience. Ces tests semblent avoir été concluants puisqu'en juin 2014, une annonce a confirmé le déploiement sur trois nouveaux pays (Canada, Australie et Royaume-Uni) d'ici la fin de l'année 2014. Les **vidéos et photos sponsorisées** ne devraient donc pas tarder à arriver en France.

Pinterest

La particularité de ce réseau est que l'on épingle *(pin)* des éléments sur des tableaux (page thématique). Un utilisateur peut avoir plusieurs tableaux qu'il organisera par centre d'intérêt. C'est le réseau du social shopping par excellence ; les accros du shopping ont la possibilité d'y épingler leurs derniers ou futurs achats et de les voir réépingler sur le tableau de leurs amis. En septembre 2013, Pinterest a lui aussi lancé des tests sur un pool de marques avec des épingles sponsorisées *(promoted pins)* afin de transformer en publicité ses épingles classiques. Les **épingles sponsorisées** ont déjà été généralisées aux USA. On attend sous peu, certainement pour courant 2015, l'accès à la publicité pour la France. Sur le même principe que les autres réseaux, il est possible de cibler son audience et le paiement se fait au CPC ou au CPM.

Même si, en termes de volume, Facebook reste, de loin, le premier apporteur de ventes du e-commerce, on notera le potentiel de ce réseau pour la vente en ligne. Car, même si le taux d'utilisation en France de ce réseau n'égale pas encore celui du Royaume-Uni, selon une étude d'Adobe[1] réali-

---

1. Social Intelligence Report, Adobe 2013.

sée en 2013, la valeur d'un visiteur anglais en provenance de Pinterest (£0,88) est plus élevée que celle de Facebook (£0,69) ou de Twitter (£0,46).

Quel que soit le réseau que vous choisirez, n'oubliez pas de tracker les conversions pour mesurer la performance de ce trafic. Son taux de conversion dépendra de votre notoriété initiale et variera de 0,2 % à plus de 2 %.

CONSEILS

Suivi statistique maison. Trackez aussi votre trafic provenant du SMO *via* votre solution d'analytics pour comparer les données.

Testez et renouvelez. N'hésitez pas à essayer plusieurs créations visuelles et CTA, et changez régulièrement vos créations si vos campagnes durent dans le temps.

Réallocation de budget. Facebook est largement utilisé sur mobile. Pensez à identifier rapidement l'appareil qui génère le plus de conversions pour répartir efficacement votre budget.

Exploiter vos données. De la même manière que vos données CRM alimentent votre stratégie de SMO, les réseaux sociaux peuvent aussi servir à la récolte de champs stratégiques pour compléter vos bases de données, en incitant vos abonnés à communiquer leur numéro de téléphone pour un jeu concours par exemple.

Développer sa notoriété

On a vu qu'acheter du trafic était une possibilité, mais les réseaux sociaux sont avant tout un levier de communication qui contribue à renforcer votre image de marque. Ainsi, vous **fédérerez une communauté** autour de valeurs communes *via* l'animation de vos pages, de vos murs et de vos tableaux.

Tout l'enjeu est d'arriver à toucher votre audience et à **créer de l'engagement** *via* des publications textuelles, photos ou vidéo. L'engagement se manifestera par un like ou un partage sur Facebook, un retweet, une réponse ou une mise en favori sur Twitter, ou encore une réépingle sur Pinterest. Selon une étude de Socialbakers réalisée sur 5 000 profils en 2013, 93 % des contenus les plus engageants étaient des photos.

Le **hashtag**, ou encore mot-dièse, est devenu un standard pour rassembler les internautes autour d'un même sujet. Il joue un rôle important dans la viralisation de vos publications et de vos événements. *Via* cet outil créateur de tendances qu'est le hashtag, Twitter est devenu le réseau social partenaire de toutes les émissions de télévision de par son caractère instantané. Voyant l'impact du hashtag sur l'engagement, Facebook n'a pas tardé à l'adopter rapidement à son tour.

Pour mesurer l'engagement, on utilise habituellement les KPIs suivants :

- le **taux d'engagement**, qui détermine l'intérêt de vos fans/followers pour vos publications ;
- et le **reach**, qui reflète le nombre de personnes ayant vu vos publications.

Vous retrouverez ces indicateurs dans vos tableaux d'analyse fournis par chaque réseau.

Rien ne sert de courir après les fans ou d'aller gonfler artificiellement son nombre de followers avec des comptes fantômes basés à l'étranger. Une autre étude de Socialbakers démontre qu'au-delà des 10 000 fans le taux d'engagement descend systématiquement en dessous de la barre des 1 %.

CONSEILS

Sortez du lot ! Jouez sur les émotions et utilisez la carte de l'humour, c'est le levier qui s'y prête le plus. Attention néanmoins aux fautes de goût, la viralité est à double tranchant.

Ne postez pas trop souvent des messages vides. Ce n'est pas en souhaitant « bonne nuit » tous les soirs et « bon week-end » tous les vendredis que vous générerez de l'engagement. Soyez créatif et postez de belles images ou adoptez un ton un peu décalé, tout en respectant votre image de marque bien sûr.

Ne pas animer pour animer. Animer une page, c'est aussi communiquer (sans faire le marchand de tapis) sur vos opérations spéciales telles que les soldes ou les promotions. Annoncez-les sans les répéter tous les jours. Certains de vos abonnés ne vous suivent que pour être tenus au courant de ces opérations.

Maîtriser sa e-réputation

C'est donc dans cette phase post-achat que les réseaux sociaux jouent un rôle fondamental, lorsque vos clients vont partager leur expérience d'achat ou leur expérience produit. On sait que la **recommandation d'un proche influence** fortement vos futurs clients dans leur décision d'achat. Ce qui oblige notamment les entreprises à soigner leur SAV.

Attention, les réseaux sociaux sont aussi une **extension de votre service client**. Vos clients l'utiliseront comme point d'entrée pour présenter leurs doléances, poser leurs questions et faire leurs réclamations. Ne laissez aucun message sans réponse, ou vous risqueriez de voir vos internautes se déchaîner sur la Toile.

D'ailleurs, que cela fasse suite à un manquement de votre part ou non, il est fréquent que des internautes déçus s'épanchent sur les pages d'un forum ou sur les réseaux sociaux. Il en va de votre réputation de **surveiller tous les propos tenus à votre sujet**.

Commencez, au minimum, par paramétrer des alertes Google sur le nom de votre entreprise, vos produits et vos marques. Investissez dans un outil de monitoring, deux types d'outils sont envisageables. Soit vous optez pour un outil surveillant les principaux réseaux sociaux tel que **Synthesio** et vous centralisez la gestion de toutes ces remontées, soit vous optez pour un outil spécialisé sur un réseau social comme **Visibrain** pour Twitter.

2

E-mailing de fidélisation

Inutile de vous encombrer d'éléments de réassurance ou d'autres artifices. Vous vous adressez à vos clients qu'il va falloir infatigablement distraire et séduire. L'e-mailing de fidélisation, la newsletter tout comme le trigger marketing sont des outils à double tranchant. S'ils sont mal utilisés, votre image pourrait en pâtir et vous risqueriez de voir vos clients fuir par milliers.

Newsletter : tout ce qu'il ne faut pas faire !

D'emblée, permettez-moi de faire une correction. Je ne parle jamais de newsletter, mais bien de programme de newsletters s'intégrant dans une stratégie de fidélisation. Beaucoup trop d'entreprises de toutes tailles continuent de concevoir des newsletters au coup par coup, à la volée, d'une semaine sur l'autre, limite au gré du vent. La première source d'augmentation d'un **taux d'attrition**[1] d'une base de données clients est le manque de planification.

À la manière d'un plan marketing, vous devez confectionner **un vrai programme de newsletters** avec une stratégie élaborée en amont. Selon une étude du SNCD de 2013, les principales raisons données par les abonnés en fuite étaient :

- « Je reçois trop souvent des offres de votre part. »
- « Les offres que je reçois ne répondent pas à mes attentes. »
- « Je reçois trop d'e-mails de manière générale. »
- « Vos messages sont trop répétitifs. »

Faisons ensemble le tour des causes de la fuite des abonnés.

---

1. Taux d'attrition : aussi appelé *churn rate* en anglais ou taux de désinscription, ce taux représente le pourcentage d'abonnés qui se désinscrivent de votre newsletter.

Envoyer sa newsletter arbitrairement → trouver le bon créneau d'envoi

Tomber à pic pour ne pas être assimilé au flot de spams quotidien ne s'invente pas, il vous faut trouver votre créneau d'envoi. Toujours d'après cette même étude du SNCD, on sait que 56 % des e-mails sont lus entre 7 heures et 9 heures du matin. Est-ce une raison pour vous jeter dans cette mêlée d'e-mails en espérant tirer votre épingle du jeu ? Ce créneau fonctionne-t-il le dimanche ? Vous trouverez de nombreuses statistiques aux résultats divergents quant au bon jour d'envoi. Deviendrez-vous un disciple de l'étude A du mardi ou de l'étude B du mercredi ? La vraie question est : pourquoi s'habiller dans un costume trop petit quand on peut faire du sur-mesure ? Ces statistiques sont des moyennes qui ne veulent pas dire grand-chose. Certes, il y a des jours maudits à éviter comme les samedis qui laissent place au shopping traditionnel. Et des jours comme le dimanche et le lundi qui génèrent des courbes ailées par la fermeture dominicale. Ces quelques détails mis à part, seuls des tests sur plusieurs créneaux et plusieurs jours de la semaine menés en conservant un échantillon témoin viendront répondre à vos interrogations.

Je vous conseille donc de prendre un des créneaux classiques pour débuter en évitant le samedi (j'ajouterai même le vendredi), puis, à force de tests, vous finirez par trouver vos meilleurs créneaux.

Harceler ses clients trop de fois par mois → caper sa fréquence d'envoi

Le nombre d'envois de newsletters sur une même période se cape comme on cape les affichages d'une bannière auprès d'un même utilisateur. Vous l'avez vu dans les principales raisons de désinscription, en plus de payer vos propres erreurs vous payez pour celles d'un peu tout le monde. On ne peut pas en vouloir aux consommateurs ensevelis sous les pourriels. Saviez-vous qu'en 2014 la France est rentrée dans le top 10 des pays spammeurs devant l'Inde avec, à son actif, 2,63 % des spams envoyés dans le monde ? Un peu d'autorégulation ne ferait pas de mal, en prenant la bonne résolution suivante : « Je ne harcèlerai plus mes clients pour un oui ou pour un non et je ne contacterai un même client que 3 ou 4 fois maximum dans le mois. »

Oui, il existe des exceptions comme Groupon ou Vente privée dont le business model est basé sur l'envoi quotidien des offres en cours. Même si leurs clients contrits et menés par l'appât de la bonne affaire tolèrent en souf-france ce harcèlement virtuel, il n'en reste pas moins exceptionnel.

Comment réduire sa fréquence d'envoi quand on a tant de choses à parta-ger avec sa clientèle ? Tout est dans la segmentation !

Penser que ses newsletters intéressent toujours tout le monde → segmenter sa base

Eh oui, même pour des promotions, vos clients ne sont pas toujours concernés par tous vos messages. Segmentez votre base pour obtenir de belles rosaces peuplées d'une multitude de segments qui s'entrelacent et se chevauchent afin de pouvoir cibler avec une précision sans faille le bon client au bon moment.

Segmentez par âge, genre, CSP, situation géographique, fréquence d'achat, rayon préféré de votre boutique, fréquence de visite, panier moyen, date du dernier achat... tant que faire se peut. La taille de votre base d'adresses clients influera sur le nombre de segments disponibles, mais une petite base ne doit pas utiliser sa taille pour faire segmentation buissonnière. Un client A d'une base d'adresses gigantesque et un client B d'une base d'adresses de dix personnes auront la même exigence et la même attente : ne pas être sollicités par des messages qui ne les concernent pas.

Créer au fil de l'eau → établir des axes de communication

Le manque de planification est synonyme de chaos éditorial dans un pro-gramme de newsletters. À la veille de chaque nouvelle année, préparez un planning annuel avec le détail de toutes les newsletters potentielles de l'année. Intégrez-y toute la programmation des événements commerciaux traditionnels qui rythment l'année tels que la fête des mères, la fête des pères, les soldes, Noël, etc. Complétez ce calendrier en y ajoutant vos opérations spéciales telles que les ventes privées, les promotions hors soldes ou les anniversaires. N'oubliez surtout pas l'ingrédient essentiel de votre calendrier : votre saisonna-lité produit ou service. Ce n'est pas moi qui vais vous l'apprendre ; pour chaque secteur d'activité, chaque produit et chaque service il y a une saison.

Prévoyez toujours une à deux semaines d'avance sur ces événements pour l'envoi, et planifiez l'élaboration et la conceptualisation de cette newslet-ter deux semaines encore avant de l'envoyer.

Le but n'est surtout pas d'envoyer un mail pour chacun de ces éléments venus peupler votre planning. Il va maintenant falloir les assembler en ayant en tête votre segmentation. Une newsletter comporte 2 à 3 thématiques. Pour chacune de vos communications, vous devrez cocher le segment concerné de votre clientèle. Selon la phrase restée célèbre d'André Gide, *« choisir, c'est renoncer »*, il faudra vous retenir de cocher tous vos segments pour chaque newsletter : et il faudra certainement faire des compromis pour respecter le capping de fréquence d'envoi mensuel fixé.

Une fois ce magnifique planning établi, relisez-le pour en apprécier la cohérence et surtout pour en constater l'absence de thématiques redondantes. C'est grâce au respect de toutes ces bonnes pratiques que vous obtiendrez des axes de communication variés et ciblés pour tous vos prospects.

Ne pas donner de repères → utiliser un template standard

Dans la partie sur l'ergonomie, on a observé l'impact du manque de repères sur la fluidité d'un parcours client et le taux de conversion. Votre abonné a besoin de comprendre en un coup d'œil les principales thématiques de votre newsletter, qu'elle soit composée de produits à vendre, d'articles de fond ou encore de vidéos. Afin de construire un **template graphique** que vous utiliserez pour la majeure partie de vos newsletters, segmentez votre newsletter en sous-rubriques récurrentes de 2 ou 3 parties pour plus de lisibilité. Rappelez-vous que l'utilisation de formes simples facilite la compréhension de vos utilisateurs.

N'hésitez pas à reprendre votre **barre de navigation** pour ceux qui souhaitent passer l'introduction en utilisant leurs repères habituels pour se rendre dans leur rubrique fétiche. Un **lien général en fin de newsletter** pour une consultation plus large de vos services ou produits constituera une porte d'entrée supplémentaire vers votre site.

N'oubliez pas qu'une newsletter n'est qu'une variante de l'e-mailing de conquête et qu'elle tend, *in fine*, vers le même objectif : la génération de chiffre d'affaires. Je vous invite donc à reprendre et à respecter toutes les bonnes pratiques présentées dans la partie « E-mailing » (voir p. 41). La seule chose qui diffère quelque peu concerne les Call to Action qui orientent l'action attendue. Vous devrez avoir un CTA pour votre thématique principale ou votre mise en avant, ainsi qu'un par thématique

Titre et visuel/newsletter éditoriale	Titre et visuel/newsletter produits
Barre de navigation	Barre de navigation
Titre thématique principale	**Type de produit 1**
Thématique principale (dossier éditorial à la une avec visuel)	Mise en avant d'une marque, d'un produit ou d'une gamme avec 1 visuel + CTA ou 3 ou 4 vignettes
Titre thématiques secondaires	**Titre thématiques secondaires**
Thématique 2 (exemple : interviews) — Thématique 3 (exemple : nos nouvelles vidéos)	Second rayon mis en avant avec des vignettes produits cliquables avec URL produit

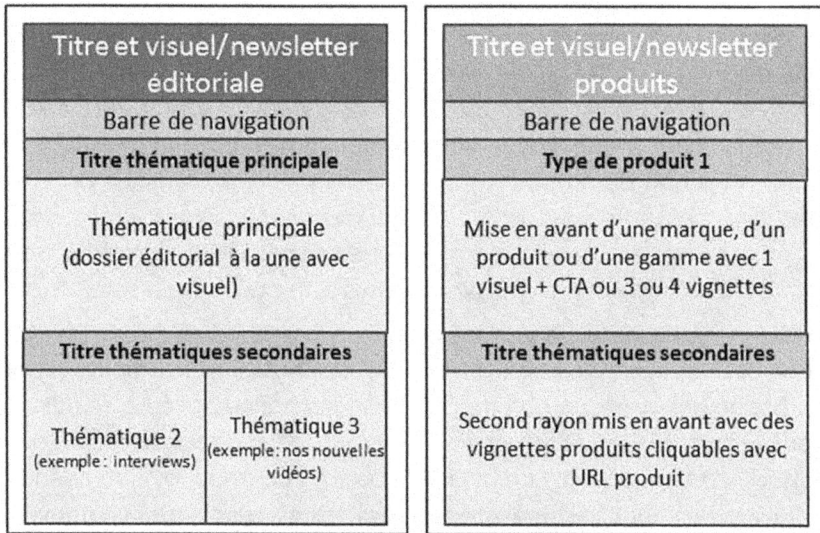

Zoning d'un template d'une newsletter e-commerce *versus* newsletter éditoriale

secondaire. Retenez néanmoins que tout visuel produit doit être cliquable et rediriger vers la page produit concernée, même chose pour les titres et noms de produits.

COMMENT CHOISIR MON OUTIL DE CRÉATION ET D'ENVOI DE NEWSLETTERS ?

Les outils présentés dans la partie sur l'e-mailing (partie I, chapitre 3) se prêtent à tout type d'e-mailing et pourront être utilisés pour la création de newsletters. Pour démarrer, **MailChimp** fera l'affaire. Si vous voyez grand, assurez-vous que la solution que vous choisirez pourra vous suivre dans le temps et offrira toutes les fonctionnalités de segmentation pour accompagner la croissance de votre base de données clients.

Le trigger marketing au service de la fidélisation

On avait, dans la première partie sur l'acquisition (partie I, chapitre 3), évoqué rapidement l'e-mail retargeting. J'aimerais aller un peu plus loin sur cette technique appelée « **trigger marketing** » dans le cadre d'un objectif de fidélisation. Il s'agit de paramétrer le déclenchement d'envois automatiques d'e-mails à vos clients dès qu'ils effectuent une certaine action. Ces actions sont appelées « triggers ». Ce terme anglais signifie simplement « déclencheurs ». L'un des triggers les plus efficaces est l'e-mailing de remerciement post-achat, quel que soit le canal de vente. Vous pouvez en profiter pour y insérer un **bon de réduction** pour une prochaine commande ou pour annoncer une future opération, à l'instar des petits cartons de réduction glissés dans les sacs de shopping des clients en période de soldes pour maintenir un certain trafic en magasin après la frénésie saisonnière.

Le trigger marketing puise sa force dans l'exploitation du big data, l'**exploitation des données**, vous permettant ainsi de pousser une communication à la bonne personne, au bon moment, avec la bonne offre. En réutilisant toutes les techniques du retargeting telles que le fait de **booster les ventes croisées** *via* un mail programmé à J + 2 ou tout autre période en adéquation avec les produits achetés, on trouvera grâce à ces triggers un nouveau levier d'augmentation du chiffre d'affaires.

CONSEILS

Opt-in et newsletter. Inutile de recueillir le consentement d'un client pour lui adresser une newsletter, légalement vous êtes libre de le contacter. Attention, ces communications ne pourront toutefois pas venir de vos partenaires commerciaux. Un réel opt-in (case à cocher non précochée) sera nécessaire.

BtoB : tout est permis ! Qu'il s'agisse d'un contexte de prospection ou de fidélisation, les opt-ins ne sont pas obligatoires lorsqu'il s'agit de communication entre professionnels. Ce qui n'empêche pas un travail de segmentation, le BtoB répond aux mêmes contraintes que l'e-mailing BtoC en termes de réassurance et de contenu.

Inscription sur mesure. En segmentant vos thématiques de newsletters et en les soumettant *via* des cases à cocher dès l'inscription (hors tunnel de conversion), vous diminuez le taux de désinscription en ne communiquant que sur les sujets qui intéressent votre abonné.

Désinscription thématique. Même principe que pour l'inscription, limitez la casse en proposant une désinscription partielle. Vous réduirez ainsi votre pourcentage de fuite.

3

E-commerce : comment garder l'avantage ?

L'animation commerciale et éditoriale est la clé de la fidélisation d'un e-commerce. À l'image du merchandising d'un point de vente physique changeant au fil des mois de l'année, votre home page doit vivre et respirer au rythme des saisons.

Faites vivre vos pages

Un peu de fraîcheur sur vos pages régulièrement attirera les curieux ou les accros du shopping. Bien sûr, comme toutes les bonnes choses, il ne faudra pas en abuser en déménageant et en redécorant vos pages tous les jours. Un lifting journalier de votre merchandising serait quelque peu perturbant, une fois par semaine ou toutes les deux semaines serait plus adéquat. Sans quoi vous risqueriez de déstabiliser vos clients. Imaginez la frustration d'un client prêt à l'achat ayant repéré l'offre de ses rêves la veille et qui serait dans l'incapacité de remettre la souris dessus le lendemain.

Animez vos rubriques d'accueil

Contrairement à ce que l'on pense, la home page est rarement la première page vue d'un site par les internautes. Une partie conséquente du trafic est issue des moteurs de recherche et atterrit sans escale sur vos pages plus profondes telles que les articles de contenu ou les pages produits.

Elle n'en reste pas moins stratégique, puisqu'il s'agit souvent de la seconde étape du parcours utilisateur. Elle se doit de proposer plusieurs points d'entrée vers vos produits ou vos offres. Pour autant, il est impossible de tout mettre sur cette même page ; vous risqueriez de faire monter en flèche la pollution visuelle.

Depuis quelques années la tradition veut qu'elle arbore un slideshow, ou **carrousel**, composé de 3 à 4 slides. Il constituera un premier espace de vie commerciale où sera exposé le top des événements les plus importants. Il défilera automatiquement, mais obéira au doigt et à la souris de vos internautes si jamais le rythme imposé ne leur convenait pas ou s'ils souhaitaient revenir sur un slide précédent.

Des sections thématiques agrémenteront également votre page d'accueil. Cadrez le nombre de choix possibles avec 2 ou 3 sections maximum proposant 4 à 8 produits (2 × 8 ou 3 × 4). Peu importe la façon dont vous nommez votre **rubrique stratégique**, elle devra pousser des produits-clés. Elle comportera quelques produits d'appel pour appâter et rassurer la clientèle, accompagnés de tous les produits que vous souhaitez vendre en priorité tels que les produits à forte marge. Aucune appellation contrôlée, certains la nommeront « **section coups de cœur** », d'autres « **section meilleures ventes** » ; optez simplement pour ce qui attirera le plus de clics. Certains sites conjuguent parfois les deux, en créant une section pour chacune d'entre elles. Une autre section, mise à jour régulièrement, pourra éventuellement être dédiée aux **nouveautés**.

Place aux partenariats et aux événements

Vous devez donc prévoir, dans les maquettes de votre futur site à naître ou de votre refonte, des espaces de vie dans lesquels vous aurez la possibilité d'insérer ce que l'on appelle des mises en avant pour vos événements et vos partenariats.

Chaque promotion, chaque vente en gros ou offre en lot devra créer l'événement avec une charte graphique, des pages et des rubriques spéciales. Un peu sur le principe des hôtels top secret du site lastminute.com. Cette rubrique, pourtant permanente, représente un avantage concurrentiel majeur. Bien sûr, pour que les événements restent des événements, ils doivent demeurer occasionnels, sinon vos clients n'auront aucune raison d'être réactifs à vos signaux de fumée.

Décorez votre boutique au rythme des saisons et **reflétez le calendrier** en faisant une sélection spéciale Noël, fêtes des grands-mères et tous les événements commerciaux qui animent l'année tant que vos produits s'y prêtent. S'ils ne s'y prêtent pas et que votre image de marque peut se le permettre, jouez habilement la carte de l'humour. Vous créerez le buzz et vos visuels se viraliseront.

Pensez à adopter un code graphique pour reconnaître vos différentes rubriques, et notamment les promotions. On utilise généralement des pastilles de couleurs avec un texte standard et un pictogramme sur les vignettes de la page d'accueil. N'hésitez pas à communiquer sur la date de fin de vos offres exceptionnelles avec des mentions classiques telles que « À saisir jusqu'au… ».

Si vous êtes un revendeur multimarques, essayez de négocier régulièrement des **exclusivités** sur Internet pour quelques semaines. Votre site sera ainsi étiqueté comme LE site à conserver pour obtenir en premier les nouvelles gammes et collections de produits.

Vous commercialisez des produits dont l'achat est récurrent ? Pourquoi ne proposeriez-vous pas des **abonnements** à vos clients ? À l'instar des paniers de légumes bio hebdomadaires ou des boîtes pour chiens et chats (Woufbox), développez votre concept et innovez. Vous vous assurerez ainsi un revenu régulier permettant des investissements plus importants. Pour le plus grand bonheur de vos clients, ces boîtes, coffrets ou paniers contiennent souvent des échantillons de nouveaux produits. Des fournisseurs de grandes marques acceptent de financer tout ou partie de votre boîte pour y insérer quelques échantillons, c'est donc un partenariat gagnant-gagnant.

Contenu à valeur ajoutée et stratégie éditoriale

Ajouter du contenu à valeur ajoutée régulièrement ne nourrit pas uniquement votre référencement. Cela vous permettra aussi de vous distinguer de la concurrence en apparaissant comme un expert plus ou moins neutre qui dispense des conseils avisés. Les guides d'achat vous donnent la parole dès la première phase du parcours d'achat. Car un prospect cherche conseil avant d'arrêter son choix sur un produit pour, ensuite, passer à la phase de comparaison qui précède l'achat. Lors d'une recherche ultérieure, il ne manquera pas de retourner sur votre site pour lire vos précieux conseils.

Misez sur votre qualité de service

Du premier contact au dernier, le client doit se sentir écouté et compris, même quand il formule des exigences farfelues. Le **service client** a pour rôle d'informer vos clients. Vos conseillers ont pour mission de connaître vos procédures et votre catalogue produits sur le bout des doigts afin d'apporter leur expertise. Aucune question ne rencontrera d'impasse. Il n'y a rien de pire qu'un « je ne sais pas » non élucidé, c'est le meilleur ingrédient pour fomenter doutes et inquiétudes. Préférez plutôt proposer à l'internaute de le rappeler rapidement avec la réponse à sa question. Indiquez toujours des délais que vous respecterez. Si ce n'est pas possible, tenez-le informé, il sera plus clément. Le silence n'est jamais la solution.

Toutes ces consignes valent aussi pour votre **service après-vente**. L'efficacité de ce service se juge sur sa réactivité. Traitez les plaintes et les doléances sous 48 heures sans faute. Un client mécontent tient votre e-réputation dans ses mains et il le sait. Les clients Web frustrés sont décomplexés et les discussions par écrans interposés, par mails, ouvrent la voie à des dérives dont il ne faudra pas vous offusquer. Restez professionnel en toutes circonstances et gardez un œil sur les propos tenus sur votre société sur la Toile (voir p. 276). Vous connaîtrez ainsi la température en temps réel.

Afin d'améliorer et de garantir une bonne relation client, il est utile de mettre en place un système d'enregistrement des conversations qui découragera votre personnel de perdre son calme face à votre (pas toujours) aimable clientèle. Libre à vous de bénéficier de l'optimisation fiscale et des bas coûts d'un service client délocalisé à l'étranger. Exigez néanmoins un niveau de français parfait, l'image de votre société est en jeu. Les clients nourrissent une haine viscérale contre la délocalisation, et encore plus contre le conseiller client qui ne s'exprime pas correctement et dont le niveau de compréhension de notre langue s'approche fortement de celui d'un robot. Il n'y a rien de plus énervant que d'échanger avec un humain qui répète inlassablement les phrases toutes faites d'un **FAQ**[1].

Ces deux composantes sont, certes, essentielles à la survie de votre boutique. Néanmoins, la qualité de service va au-delà d'un bon service client ou d'un service après-vente réactif. Quels avantages proposez-vous à vos clients ? Voici quelques éléments à prendre en compte :

- **frais de livraison** transparents et compétitifs ;
- souplesse des **modes de livraison** (relais colis, express, lente) ;
- **chat live** pour la réactivité du SAV ;
- politique des **retours facilités** conformément à la loi en vigueur ;

---

1. FAQ : cet acronyme anglais, Frequently Asked Questions, signifie littéralement « questions les plus fréquemment posées ». Le FAQ constitue souvent la page d'un site Web où l'on retrouve l'ensemble des questions et réponses concernant les produits ou les conditions de vente.

- **achats groupés** pour réduire les frais ;
- **facilités de paiement.**

CONSEILS

Jamais sans mon service client par téléphone. Au nom du Web, bannir les moyens de communication traditionnels tels que le téléphone serait une erreur.

Service client à 2 € la minute. Décourager vos clients avec un numéro surtaxé n'est pas très élégant. Vous aurez, certes, moins d'appels, mais aussi moins de clients. Votre clientèle n'en sera que moins aimable lors de ces échanges coûteux, ce qui ne contribuera pas à l'amélioration de la relation client.

Le barrage de la page FAQ. En créant une page FAQ user-friendly, vous désengorgerez votre standard. Pensez juste à mettre des ancres HTML qui, au clic sur une question, afficheront directement la partie concernée avec la réponse. N'oubliez pas non plus le grand classique du retour haut de page, facilité lui aussi par une ancre.

Pas de service client sans CRM. L'amnésie est impardonnable. En un clic, au simple énoncé de son nom, vous devez être en mesure d'accéder à l'ensemble des commandes et échanges d'un client. Chaque échange s'accompagnera des détails et du conseiller client concerné pour un meilleur suivi.

Récompensez la fidélité

Enfin, n'oubliez pas de **récompenser la fidélité** de vos clients avec un système de points avantageux. Cet engrenage d'appât par le cadeau les incitera inexorablement à revenir vers votre site, plutôt que de découvrir celui du voisin. Rien de bien nouveau, ce n'est que le recyclage d'actions de fidélisation offline qui font déjà leurs preuves depuis des décennies.

Encouragez le partage avec un **programme de parrainage**. Certaines banques récentes en ont fait leur atout de lancement. Je pense notamment aux banques en ligne telles que Boursorama qui, en accompagnement d'une stratégie média de branding, a transformé ses clients en super VRP convertis par l'offre de parrainage avantageuse, laquelle, en haute saison, pouvait atteindre jusqu'à 120 € pour les parrains et 80 € pour les filleuls.

4

Un espace client fidélisant

Le middle office, plus connu sous le nom d'« espace client » ou d'« espace connecté », est souvent la partie délaissée, à tort, des sites Web. Développé avec une vision stratégique, il se révèle être un avantage concurrentiel évident. Pour ce faire, vous devrez être en mesure de proposer *via* cet espace une valeur ajoutée à votre client. Il servira aussi à alimenter votre outil de **CRM** et contribuera à cibler de nouvelles opérations marketing. Le but étant de proposer un maximum d'entrées vers votre tunnel de conversion.

Historique des actions, CRM et marketing anticipatif

L'espace client remplira ses missions habituelles, à commencer par fournir l'historique des commandes et des leads passés. D'une part, pour **suivre les actions en cours** en consultant le statut d'une demande ou d'une commande. D'autre part, afin de **relancer les actions** interrompues ou incomplètes telles que reprendre un panier abandonné par exemple. Si cela est pertinent, il sera intéressant de proposer un CTA pour **renouveler une commande ou une demande** déjà effectuée.

On retrouvera la page classique du compte client avec les coordonnées postales et téléphoniques. Ce sera aussi l'occasion de **récupérer toutes les informations client** qui nuisent à la conversion dans votre tunnel, mais qui sont essentielles à votre CRM. *Via* le levier de votre choix, profitez-en pour inciter vos clients à vous donner leur date de naissance, la composition de leur foyer, la date d'anniversaire de leurs enfants (contre futur cadeau bien sûr) et surtout leurs préférences. Grâce à toutes ces informations vous affinerez votre segmentation client.

Que ce soit *via* leur horoscope, leur suivi de grossesse, leur carnet d'entretien auto, tout est bon pour les inviter à revenir d'eux-mêmes visiter cet espace. Une autre page pourra prendre la forme d'un **tableau de bord** des actions à venir telles que leur révision automobile ou l'arrivée à échéance de certains contrats d'assurance. Bien évidemment, tout sera prétexte pour les ramener vers votre tunnel de conversion et transformer ces visites de courtoisie en vente ou en lead.

Grâce à ces nombreuses informations recueillies, vous lancerez des actions de **marketing anticipatif** en proposant à vos clients le bon produit au bon moment. Vous viendrez ainsi vous positionner en amont des recherches précédant l'achat. Secteur automobile mis à part, d'autres cibles se prêtent très bien à ce genre de marketing. Les nouveaux parents sont plus que prévisibles, leurs besoins sont planifiables pour au moins les trois ans à venir. Les vendeurs de puériculture disposeront d'un calendrier précis et n'auront aucun besoin d'attendre la visite du client pour proposer des articles adéquats.

Si vous disposez de points de vente ou de partenariats, il sera aussi intéressant de proposer une page de **coupons de promotion géolocalisés**. Ceci n'est, bien sûr, qu'un échantillon de toutes les opportunités qu'un espace connecté apportera à votre stratégie.

PARTIE V

Les défis épineux du Web

1

Cross-canal/omni-canal

Omni-canal, cross-canal, multicanal : ces termes sont souvent utilisés l'un pour l'autre. Une légère différence sémantique les sépare néanmoins et, sur cet écart de sens, personne ne s'accorde. Pour sa part, la définition du **multicanal** ne prête pas à controverse. Il s'agit simplement d'être présent sur plusieurs canaux. C'est déjà le cas pour beaucoup, et ce n'est pas le sujet qui nous intéressera ici.

Quant au **cross-canal**, cela consiste à créer des passerelles entre les différents canaux pour faciliter le parcours client. L'**omni-canal** pousse le principe un peu plus loin en intégrant complètement l'expérience d'achat indépendamment du canal et en étant présent sur tous les canaux. C'est là que la discorde naît ; certains y voient plutôt un parcours client en simultané sur au moins deux canaux. Cette querelle est sans intérêt. L'essentiel est avant tout de répondre aux besoins de vos clients. Pour plus de clarté, pour l'omni-canal on restera sur la première définition d'une expérience d'achat intégrée.

Si certains d'entre vous se posent encore la question de l'omni-canal, j'espère que votre question n'est pas binaire, de type : « Devrait-on nous lancer dans l'omni-canal ? », mais bien constructive et tournée vers l'avenir : « Comment devenir une enseigne omni-canale ? » En effet, ce n'est plus une option. Il est désormais question d'**évoluer pour survivre**. Le parcours de vos prospects et clients est omni-canal, et votre adaptation pour répondre à ces nouveaux comportements et besoins est devenue aujourd'hui obligatoire. Rassurez-vous, beaucoup d'enseignes ont un retard monstre en la matière. Entreprises de toutes tailles, si votre transition est réussie, vous disposerez alors d'un **avantage concurrentiel conséquent**.

Des bricks and mortar aux clicks and mortar

L'expression américaine « brick and mortar » fait référence au commerce traditionnel. Elle a évolué en « click and mortar » pour qualifier ces commerçants qui ont décidé d'ajouter une dimension Web à leur activité en se lançant dans l'e-commerce. S'adapter aux nouveaux comportements de la clientèle est vital, mais ce n'est pas sans comporter certains challenges ; les entreprises devront aussi innover pour créer de nouvelles synergies entre les canaux traditionnels et virtuels.

S'adapter au parcours client

L'indice ROPO (Research Online Purchase Offline) mesure le pourcentage de personnes ayant d'abord effectué des recherches en ligne avant de finaliser leur achat en magasin. Selon le premier Observatoire du parcours d'achat[1] réalisé en mars 2014, huit personnes sur dix ont un parcours ROPO. Toujours selon cette même enquête, plusieurs parcours ROPO ont été constatés :

- **ROPO coup de cœur** → satisfaire une envie = 26 %.
- **ROPO idée fixe** → vérifier une disponibilité = 25 %.
- **ROPO expérience** → besoin d'essayer ou de s'approprier l'objet = 21 %.
- **ROPO réassurance** → satisfaire le besoin de voir et/ou de toucher = 14 %.
- **ROPO SOS** → satisfaire une urgence = 14 %.

Bien évidemment, ces chiffres varieront du simple au double **selon votre secteur d'activité**, notamment pour le ROPO réassurance. Selon l'Observatoire des usages du digital[2] (AFRC/Colorado/Orange), le parcours ROPO réassurance concernera 57 % des parcours de l'habillement, contre 23 % des parcours du secteur des télécoms et du multimédia. Même chose pour la recherche de conseils d'expert qui concerne plus de 42 % des clients de ce même secteur télécoms, contre 8 % des clients de l'habillement.

Cet indice souligne la **complémentarité des deux canaux** de distribution que sont votre site Internet et vos points de vente. En effet, les sites Internet apportent un complément d'information immédiat sur le produit ou le point de vente, tandis que les points de vente rassurent et permettent de s'approprier, d'essayer un produit, ou encore de l'obtenir immédiatement.

---

1. Observatoire du parcours d'achat, réalisé par Solocal Network et GroupM, suite à une étude en ligne du 14 au 28 mars 2014 sur 2 194 interviews auprès d'un panel GroupM représentatif de la population nationale 18-65 ans et des achats en France en analysant 4 339 parcours d'achat sur 14 secteurs de consommation.

2. Les résultats de l'Observatoire des usages du digital reposent sur deux études conjointes. La première, qualitative, a été menée auprès de 30 personnes à leur domicile dans plusieurs villes françaises, puis suivie de 15 entretiens au téléphone ou en face-à-face, de janvier à mai 2013. La seconde étude, quantitative, a été réalisée auprès de 1 000 personnes du 17 au 25 juin 2013.

En point de vente, les clients accèdent aussi aux conseils personnalisés et à l'expertise des vendeurs conseil.

Les grands défis de l'omni-canal

Passer du commerce de proximité à une stratégie omni-canale pour offrir une expérience d'achat fluide n'est pas sans difficulté. Cela posera des défis de toute nature.

Défi CRM

Vous devrez trouver un outil CRM capable de se nourrir des informations de tous vos canaux pour pouvoir **accéder à l'historique client** à partir de n'importe quel canal. Rien de plus frustrant que de se rendre en magasin et de ne pas avoir d'information sur le suivi de sa commande en ligne. Ou mieux, de ne pas bénéficier de ses points de fidélité sur le canal Web.

En effet, d'une part, le client devra pouvoir accéder à son historique, au suivi de ses commandes et de ses factures (exemple : récupération en ligne d'une facture point de vente) tout en continuant à jouir des mêmes avantages (cumul et utilisation des points de fidélité) indépendamment du canal emprunté.

Mais, d'autre part, l'entreprise devra aussi être capable d'**exploiter ces données CRM** de manière centralisée afin de les mettre à profit dans les différentes campagnes pour mieux segmenter, et ainsi réduire la pression marketing et augmenter le taux de transformation magasin et Web. On en revient toujours au passage du big data (nombreuses informations inexploitées) au smart data (exploitation intelligente et dynamique des données).

Certaines sociétés se sont spécialisées dans la récolte de vos données cross-canales et commercialisent des plateformes de shopping omni-canales dédiées aux magasins connectés, comme la société **Keyneosoft**.

Grâce à une opération de trigger marketing menée dans un environnement omni-canal, une porteuse de carte de fidélité pourra recevoir à J + 3 de son achat en magasin, un e-mail la félicitant pour son choix et lui proposant des produits généralement associés au produit acheté... Bien sûr, cela n'est possible qu'en développant des synergies pour exploiter les données des encartés[1] et leurs habitudes d'achat sur tous les canaux.

---

1. Encarté : détenteur d'une carte de fidélité.

Défi du « tout-écran »

Parler uniquement de deux canaux (e-commerce + points de vente) pour l'omni-canal reviendrait à oublier le périmètre technique, il s'agit d'être présent là où se trouve le client. Le parcours des clients est désormais « tout-écran ». Votre site Internet se doit donc d'être accessible et (surtout) **viable sur les trois devices existants** : ordinateur, tablette et portable.

Selon une étude de SFR et Deloitte de 2013, 58 % des internautes utilisent au moins deux écrans, 17 % sont connectés sur trois écrans (+ tablette) et 20 % possèdent trois écrans. On sait que l'usage des tablettes est à 80 % sédentaire et que les parcours clients classiques, même s'ils se terminent rarement sur mobile, passent par plusieurs appareils. D'où l'importance de présenter un site irréprochable et ergonomique pour chacun de ces appareils.

Défi ressources humaines

Lancer un site Internet dans une enseigne traditionnelle crée parfois un **climat anxiogène** et une **compétition malsaine** entre les points de vente et le site Internet. Les équipes magasin craignent une cannibalisation des ventes par le site et rechignent à coopérer efficacement à l'intégration du e-commerce, tandis que les équipes Web préfèrent s'affranchir de l'expertise produit des équipes et ne cherchent pas à développer des synergies intéressantes.

Le niveau de salaire et le rythme d'évolution des uns et des autres sont des points épineux à traiter avec des pincettes. En effet, les ressources Web sont généralement mieux payées et accèdent à des postes à responsabilité plus rapidement. Très vite, les équipes Web (tout comme le reste du siège) sont souvent assimilées à des feignants grassement payés. Ce qui démotive les troupes et freine la collaboration interéquipe. Baisser le niveau de rémunération des équipes Web n'est pas une solution, les recrutements n'en seraient que moins bons. Ralentir leur progression encouragerait le turnover ; un bon CV, même sans postuler, est très souvent sollicité dans le Web.

L'intéressement sur le chiffre d'affaires global et non uniquement par magasin est une piste, mais je ne m'aventurerai pas sur un terrain qui s'éloigne du Web et préfère laisser cela aux professionnels du management et des ressources humaines.

Certains pionniers de l'activité click and mortar comme Darty ont décidé d'être plus radicaux en attribuant chaque vente à un magasin. Ainsi, chaque magasin a un chiffre d'affaires physique et virtuel.

Défi technique

Sans hésiter, l'un des défis techniques les plus compliqués à gérer pour une enseigne omni-canale est la **synchronisation des stocks et leur mise à jour immédiate**. Les clients doivent pouvoir voir les stocks magasin en temps réel, avant de se rendre en magasin pour faire leur achat ou pour effectuer un achat en **drive**[1]. Ils doivent pouvoir savoir en temps réel si le produit qu'ils souhaitent acheter en ligne est disponible pour l'achat en ligne et, si oui, sous combien de temps.

Défi stratégie commerciale

Encore une épineuse question aux réponses controversées : comment adapter sa stratégie de prix dans un contexte omni-canal ? Opterez-vous pour une discipline de fer cross-canale : votre enseigne ne se pliera pas au Web en modifiant ses prix, au risque d'encourager la cannibalisation ? Ou finirez-vous par vous y résoudre : à quoi sert d'être présent sur le Web si votre site ne supporte jamais la comparaison ?

Optez pour le compromis en proposant un effort de prix sur la partie solide (marges confortables) de votre catalogue pour faire face à vos concurrents pure players. Étiquetez vos produits bradés en « offre spéciale Internet » pour ne pas générer l'incompréhension de vos clients dans leur expérience multicanale.

Développer de nouvelles synergies

L'omni-canal ne se limite pas à une liste de défis épineux, c'est aussi un vent nouveau. Accompagné de nombreuses innovations et opportunités, il vient dépoussiérer l'expérience en magasin et votre service client.

Web-to-store : attirer du trafic en point de vente

Avoir un site Web, c'est aussi posséder un levier de trafic vers vos points de vente, *via* des **opérations de couponing** géolocalisées ou des **push géolocalisés** et segmentés. Cela passe aussi par le fait de relayer intelligemment l'animation commerciale locale et de manière géolocalisée, toujours sur le site marchand.

---

1. Drive : nouveau mode de récupération des achats, qui consiste à venir prendre son panier sur un point de vente le jour même, ou parfois dans l'heure, après avoir payé en ligne.

Ces opérations de couponing trouveront asile dans vos colis. En effet, chaque envoi représente une occasion de toucher vos clients avec plus qu'une facture et une notice. C'est l'opportunité de glisser vos publicités et vos coupons dans le but de relancer le trafic en magasin postsoldes, ou encore d'offrir de la visibilité à vos éventuels partenaires. Des sociétés comme **DiMaBay** proposent contre une commission d'organiser vos opérations d'**asile colis** et de vous mettre en relation avec de potentiels annonceurs.

Web-in-store : digitalisation des points de vente

Digitaliser un point de vente passe en grande partie par l'usage du mobile. Il servira à faciliter des actions existantes telles que l'**encaissement mobile** ou encore le **self-scanning** mobile, qui consiste à scanner ses produits avec son mobile pour accélérer le passage en caisse. Ces solutions sont notamment proposées par **Keyneosoft**.

Les **QR codes**[1] sur l'étiquetage des rayons et des produits apporteront par exemple un complément d'information avec la consultation d'une page (conseils d'utilisation sur fiche produit en ligne) ou d'une vidéo. Ils pourront aussi servir à renseigner les utilisateurs face à une situation de rupture de stock pour savoir quand le produit sera à nouveau disponible, ou pour les orienter vers un autre magasin ou vers le site marchand.

Les points de vente auront aussi vocation à héberger des opérations de **showrooming**[2] pour exposer des modèles disponibles uniquement en ligne. Ces commandes se feront avec l'accompagnement des conseillers de vente, si besoin *via* des tablettes ou bornes en magasin. Ces opérations servent notamment à communiquer en magasin sur une largeur de gamme offerte en ligne plus vaste.

Grâce à une application mobile et à des bornes de localisation, aussi appelées beacons, disséminées dans vos rayons stratégiques, et à l'entrée et la sortie du magasin, il sera possible d'aller beaucoup plus loin. Libre à vous de créer des **« parcours promos »** pour inciter les visiteurs à passer dans certains endroits du magasin. Ou encore d'opter pour du microtargeting en leur envoyant des **promotions ou jeu concours en push notifications** en

---

1. QR Code : le Quick Response Code est un code-barres en deux dimensions sur fond blanc qui, une fois scanné, donne accès à des informations de toute nature et de tout format.
2. Showrooming : utiliser des points de vente pour exposer des produits disponibles sur le site marchand.

fonction du rayon qu'ils visitent afin d'augmenter vos taux de transformation. Il sera aussi possible, pour vos visiteurs, de scanner leur carte de fidélité en magasin *via* leur mobile afin d'obtenir des **promotions personnalisées**.

Ces données contribueront à alimenter vos bases de données clients afin de **lancer des campagnes de retargeting** selon les rayons visités par vos clients pour les relancer avec un petit coup de pouce ou générer des **ventes croisées** (cross-selling) à partir de l'analyse des articles de leur panier.

Cela va sans dire, ce tracking de vos parcours clients vous permettra aussi d'optimiser le merchandising et la stratégie de votre point de vente.

La société **Fidzup** possède une offre de services pour mettre en place ce tracking des parcours et cette communication en temps réel. Des frais d'installation vous seront facturés, vous ajouterez ensuite une centaine d'euros pour chacune des fameuses bornes ou box destinée au tracking des parcours clients. Le coût final dépendra de ce que vous souhaitez analyser et de la taille de votre point de vente.

Nouveaux services

Ces nouvelles opportunités s'accompagnent de nouveaux comportements et de nouvelles exigences, mais aussi de nouveaux services. L'année 2013 a connu l'explosion du **drive** qui consiste à commander en ligne pour récupérer en magasin ses achats dans un délai habituellement très court.

Une aubaine pour la clientèle, une **épine dans la rentabilité** des marchands. Certes, le drive produit des taux de conversion hallucinants, comparés aux taux moyens. Mais passé l'effet wow, à y regarder de plus près, il s'agit de payer du personnel pour faire ce que vos clients font eux-mêmes en temps normal (picking rayon) et en dépensant plus d'argent. En effet, seuls, ils sont pour votre plus grand bonheur exposés à votre stratégie de merchandising et à l'achat coup de cœur qui contribuent grandement à accroître leur panier moyen.

Néanmoins, lorsque le drive vient étendre votre maillage territorial sous la forme d'un **drive déporté** (entrepôt), il vous permet alors de toucher toujours plus de clients. De plus en plus de marchands comme Amazon mettent à disposition des **systèmes de consignes** pour faciliter la récupération des commandes. Des boîtes aux lettres connectées pour accueillir des colis de toutes tailles dans les immeubles sont aussi en test. L'initiative farfelue de Volvo pour livrer dans les coffres de voiture n'est qu'une preuve de plus de cette course aux nouveaux services.

L'e-réservation ou **click and collect** se développe aussi, entre autres dans le prêt-à-porter et la chaussure. Des sociétés comme **SoCloz** en ont fait leur spécialité.

Parmi ces nouveaux services, le **SAV cross-canal** est un must-have de la stratégie omni-canale. Beaucoup l'ont compris et proposent déjà le **retour des marchandises** cross-canales. Les clients doivent désormais pouvoir retourner leurs marchandises auprès de n'importe quel canal ou point de vente, quel que soit le canal d'achat initial. J'achète à Grenoble, je retourne mes produits à Lognes. J'achète en ligne, je retourne dans tous les magasins de France, et inversement.

Le SAV cross-canal passe aussi par les solutions de relation client en temps réel évoquées précédemment avec le **click-to-chat, click-to-call ou le click-to-video**. Attention, néanmoins, à prévoir des horaires de réponse et le personnel nécessaire pour ne pas faire naître des frustrations involontaires.

2

Accessibilité Web : quelques pistes pour un site handicap-friendly

Enfin, j'aimerais clore cet ouvrage sur un défi posé au Web, qui, jusque-là, souffre d'un cruel manque de médiatisation : l'accessibilité des sites et leur adaptation aux outils utilisés par les personnes en situation de handicap. Quelques optimisations simples ont des répercussions très significatives sur leur expérience utilisateur.

Je vous propose donc cinq engagements à respecter sur votre site pour fluidifier le parcours client de cette audience aux handicaps et niveaux de handicap divers et variés.

Je m'engage à faire parler mes images

Un petit texte dans la balise alt de vos images, c'est tout ce qu'il vous en coûtera. Au-delà du fait de contribuer à votre référencement, ces balises permettront la lecture orale de ces textes grâce aux outils d'aide à la navigation destinés aux déficients visuels.

Je m'engage à produire du contenu lisible et compréhensible

Voici quelques suggestions de l'initiative WAI (Web Accessibility Initiative) pour plus de lisibilité :

- s'exprimer de la manière la plus claire possible ;
- utiliser un module d'augmentation de la taille de police ;
- éviter d'utiliser un alignement centré pour vos textes ;
- éviter d'utiliser un alignement justifié qui espacerait les mots et rendrait la lecture inconfortable ;

- éviter de mettre en italique des parties entières de votre texte ;
- rendre les liens facilement identifiables ;
- utiliser les images, les illustrations, les vidéos, les enregistrements audio pour clarifier vos propos ;
- mettre à disposition une version en langage des signes pour toute information audio nécessaire à l'utilisation du contenu ou du site.

Je m'engage à rendre disponibles toutes les fonctionnalités à partir du clavier

Tous les raccourcis clavier doivent être fonctionnels. Lorsque vous développez votre site, gardez bien à l'esprit qu'une fonctionnalité exclusivement disponible *via* la souris exclut de nombreux utilisateurs, notamment les personnes ayant une déficience visuelle ou motrice. Il n'est pas toujours évident d'arriver à viser et à cliquer simultanément. Tous les éléments se déclenchant au survol sont inaccessibles pour ces personnes, d'où l'utilité de les rendre disponibles à partir du clavier.

Je m'engage à transcrire mes contenus audio

En retranscrivant les dialogues de vos vidéos ou le contenu audio de votre site, vous donnerez accès à vos contenus aux internautes présentant une déficience auditive.

Je m'engage à donner du relief sémantique à mon contenu

Les balises sémantiques et les microdonnées prennent une autre dimension avec les outils d'assistance à la navigation. En effet, grâce à des balises telles que strong ou em, vous permettrez à l'outil de lecture de mettre l'accent sur le contenu des balises. Elles sont notamment utiles pour souligner l'importance d'une instruction, ou pour changer d'intonation.

Exemple d'intonation

- <p>Elle tenait <em>vraiment</em> à te dire, «Ce n'est pas banal, c'est <strong>super</strong>!»</p>
- <h1>Comment démarrer le moteur</h1> <p>Avant de démarrer le moteur, <strong>vérifiez que le levier de vitesse est au point mort</strong>. Tournez ensuite la clé et le moteur devrait démarrer.</p>

Afin que les outils d'aide à la lecture opèrent un changement de voix pour améliorer la compréhension des textes, pensez à indiquer les citations.

Exemple de citation

<p>Texte introduisant la citation <cite>Titre de l'œuvre citée</cite>:</p>
<blockquote>
<p>Citation à indiquer entre les balises pour être identifiée comme telle.</p>
</blockquote>

Ces propositions sont tirées du site WAI. Il regorge de ressources à destination des développeurs qui aideront vos équipes techniques à relever ce défi.

Pour Conclure

Que ce soit *via* les défis urgents de mise aux normes des sites Internet en termes d'accessibilité pour que le Web ne vienne pas s'ajouter aux nombreux obstacles du quotidien des personnes en situation de handicap ou *via* les futures évolutions qui se profilent avec la découverte du monde des objets connectés, le Web devra se réinventer de nombreuses fois encore, en nous réservant certainement d'innombrables surprises. Tel l'univers, le Web passionne autant qu'il frustre à l'idée de ne jamais en atteindre ses frontières ou d'en acquérir la maîtrise totale. Oseriez-vous parier sur le nombre d'innovations et d'optimisations qui ont vu le jour depuis l'instant où vous avez ouvert ce livre ? Restez en veille active.

Annexes

1

Fiches métiers : recrutez ou formez votre personnel

Pour mieux situer les différentes expertises et compétences, certains métiers ont été ajoutés à la carte des métiers. Néanmoins, seuls les métiers du webmarketing ont été développés. Par ailleurs, les salaires indiqués sont des tranches de rémunération observées sur le marché du travail, mais ne prennent pas en compte les très bas salaires pratiqués par les agences Web.

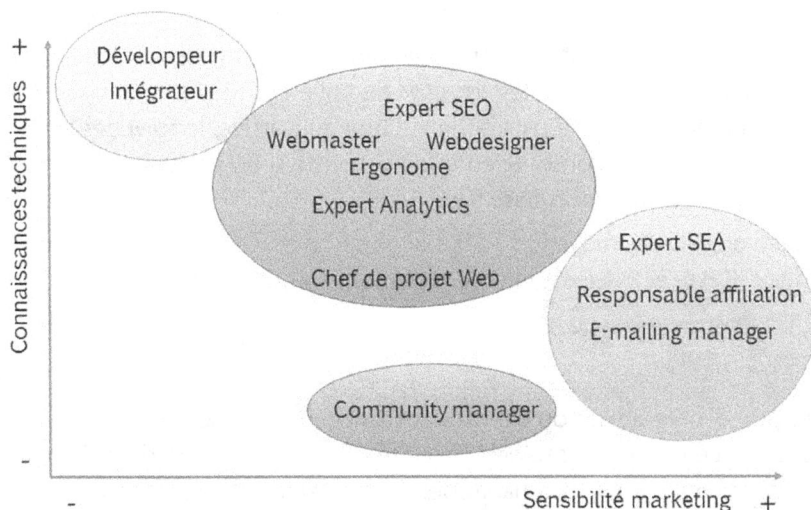

La carte des métiers du Web

E-mailing manager

Pour lancer et gérer des campagnes d'e-mailing, vous avez besoin d'un e-mailing manager ou chargé d'e-mailing, ainsi que d'un intégrateur. L'intégrateur sera optionnel si vous externalisez la création des e-mailings auprès d'une agence. Une courte expérience doublée d'une bonne formation pour maîtriser les bonnes pratiques suffit, il ne s'agit pas d'un levier d'expertise. Il est possible de monter rapidement en compétence afin de gérer les tâches suivantes.

Tâches

- Conception des briefings ;
- réalisation des story-boards à destination des graphistes et des intégrateurs ;
- maintenance de la base de données clients ;
- mise en place de la segmentation de la base de données clients ;
- tests de délivrabilité ;
- analyse des campagnes et tenue d'un reporting ;
- utilisation d'un logiciel de routage (Emailvision, Sarbacane, Neolane...).

À recruter ou à externaliser ?

Les TPE/PME pourront ajouter cette tâche au poste de chef de projet webmarketing, tandis que les sociétés de taille conséquente envisageront plutôt un recrutement à part entière. Quoi qu'il arrive, le suivi des actions e-mailing peut être conservé en interne, même si un partenaire route vos e-mailings directement sur ses bases.

Niveau de salaire : moyen ; 30-37K par an selon l'expérience pour un recrutement. Cette activité est rarement pratiquée en free-lance.

Bon à savoir

Très peu d'intégrateurs ou d'e-mailing managers maîtrisent les bonnes pratiques de ce levier non seulement par manque de diffusion de ces bonnes pratiques, mais aussi par habitude. Encore aujourd'hui, de nombreuses grandes entreprises les ignorent, souffrent de taux de délivrabilité faibles et expérimentent régulièrement le placard des listes noires. Trouver un bon intégrateur d'e-mailing relève du défi.

Chargé d'affiliation, display et partenariats

Ces activités sont souvent liées. Leur combinaison dépendra, encore une fois, de la taille de la société. Plus une société prend de l'ampleur et plus les postes se morcellent en compétences précises. Il est possible d'être rapidement opérationnel sur ces leviers, car ce ne sont pas des leviers d'expertise.

Tâches

- Conception des briefings de créations graphiques ;
- réalisation des story-boards à destination des graphistes ;
- maîtrise des écosystèmes du display (RTB) ;
- connaissance des nouveaux formats (native, vidéo…) ;
- connaissance des différentes plateformes d'affiliation ;
- analyse des campagnes et tenue d'un reporting.

À recruter ou à externaliser ?

Les TPE/PME pourront ajouter cette tâche au poste de chef de projet webmarketing, tandis que les sociétés de taille conséquente envisageront plutôt une création de poste.

Niveau de salaire : moyen ; 30-37K par an selon l'expérience pour un recrutement. Cette activité est rarement pratiquée en free-lance.

Bon à savoir

Si vous souhaitez afficher vos publicités sur le réseau display de Google, le GDN, il existe une certification AdWords pour la publicité display.

Expert SEO

Nombre de très bons référenceurs sont autodidactes, mais il est plus rassurant qu'ils aient passé au moins deux ans en agence. Seule une expérience de 3 à 5 ans vous garantira un recul et un niveau de connaissance viable sur ce levier. Mais les qualités qui priment sont la curiosité et une veille affûtée et permanente.

Tâches

- Évangélisation des équipes techniques et fonctionnelles au SEO ;
- rédaction de guides et de recommandations pour le respect des bonnes pratiques ;

- analyse et monitoring technique et statistique du site ;
- audits techniques des URLs et des pages du site ;
- optimisation du positionnement dans les moteurs de recherche ;
- tenue d'un reporting de performance.

À recruter ou à externaliser ?

L'externalisation *via* une agence ou un free-lance répondra aux besoins des TPE-PME, tandis que le recrutement s'adaptera mieux aux grandes entreprises multisites.

Niveau de salaire : très élevé ; 35-50K par an selon l'expérience pour un recrutement. TJM : 500-700 € pour un free-lance.

Bon à savoir

Vous faites confiance à vos équipes techniques, c'est très bien, vous avez certainement raison. Mais si aucun expert SEO n'en fait partie, ne vous attendez pas à des miracles. En effet, développeurs et intégrateurs n'ont pas les mêmes compétences, et le référencement est une expertise à part entière que l'on ne peut attendre d'un développeur à l'heure actuelle.

Expert SEA

Un passage d'une année ou deux en agence spécialisée telle que Havas, NetBooster, Adsonwall ou encore Performics (Publicis Groupe), accompagné d'une certification AdWords pour le réseau de recherche, vous garantira un certain niveau d'expérience.

Tâches

- Création et optimisation de l'arborescence de compte ;
- analyse et monitoring des campagnes ;
- optimisation des campagnes et des landing pages ;
- gestion du budget et tenue d'un reporting journalier.

À recruter ou à externaliser ?

L'externalisation du SEA est toujours hasardeuse ou coûteuse. Les TPE-PME pourront recruter un chef de projet webmarketing multicasquette dont l'expertise première sera le SEA et qui montera rapidement en compétence sur les autres leviers de votre stratégie. Il est plus aisé de former et de rendre opérationnelle une ressource en quelques jours sur des leviers dits « faciles » que sur des leviers d'expertise comme le SEO et le SEA.

Niveau de salaire : élevé ; 35-45K par an pour un recrutement. Cette activité est rarement pratiquée en free-lance.

Bon à savoir

Pour tout type de prestataire en free-lance, la plateforme **Hopwork** vous fournira un nombre important de free-lances. Attention, certains utiliseront encore le terme SEM, d'autres celui de « référencement payant » ou encore de « liens sponsorisés ». Utilisez tous ces mots clés dans votre recherche sur les sites de recrutement et autres réseaux sociaux professionnels, sans oublier l'incontournable « AdWords ».

De nombreux recruteurs cherchent le « référenceur magique » qui maîtriserait à la fois le SEO et le SEA. Ce serait comme chercher un trèfle à quatre feuilles... Ces deux expertises sont vastes et, généralement, on maîtrise l'une des deux et on bricole dans l'autre... J'ai souvent rencontré des experts SEO qui s'aventuraient sur des campagnes SEA avec des résultats peu satisfaisants, pour rester dans l'euphémisme.

Community manager

Vous l'avez certainement remarqué sur la carte des métiers, il s'agit du métier le plus décalé du webmarketing tant il se rapproche des métiers de la communication classique. Avec la monétisation de l'audience des réseaux sociaux, il tend à se rapprocher du marketing. La gestion des espaces display n'est pourtant pas dans le giron des community managers, plus couramment appelés CM.

Tâches

- Animation d'une communauté et génération d'engagement ;
- gestion des pages entreprise et de l'image de marque ;
- suivi de la relation avec les blogueurs influents ;
- suivi des tendances ;
- monitoring de la e-réputation et maîtrise des outils qui y sont liés (Syntesio, Visibrain...) ;
- parfois en charge des campagnes d'acquisition sur Facebook et Twitter.

À recruter ou à externaliser ?

À internaliser, toujours sur le même principe : composante d'un poste de chef de projet webmarketing pour les TPE/PME ou création de poste pour les grandes entreprises. Inutile, pour un petit entrepreneur, de recruter un community manager monocompétence. Autant prendre une expertise plus large et multileviers si vous désirez augmenter votre chiffre d'affaires.

Niveau de salaire : varié ; 28-40K par an selon la taille de l'entreprise et l'expérience pour un recrutement. Cette activité est de plus en plus pratiquée en free-lance.

Bon à savoir

Attention au vocabulaire, le community management est une compétence bien précise. Si vous recherchez une personne avec un spectre de compétences plus large, préférez les termes « chef de projet webmarketing » ou « responsable webmarketing », qui, eux, couvriront plusieurs leviers. Ce métier est, certes, tendance depuis deux trois ans, mais n'en oubliez pas vos objectifs. Dites-moi quel est votre objectif, je vous dirai de quelle ressource vous avez besoin.

Expert Analytics

Avant tout lancement, la mise en place d'un suivi statistique du site via une solution d'analytics sera nécessaire à la mesure de la performance. Selon la difficulté des événements à tracker, un accompagnement ponctuel ou permanent sera nécessaire.

Tâches

- Réalisation des plans de taggage à destination des équipes techniques ;
- participation à l'implémentation du tracking des campagnes ;
- liaison avec tous les départements ;
- fournir des analyses statistiques pour les différents services ;
- mise en place d'A/B testings et de tests multivariés ;
- monitoring des différents KPIs du site ;
- maîtrise des principaux outils de mesure (Google Analytics, Xiti, Omniture…).

À recruter ou à externaliser ?

Les TPE/PME pourront ajouter cette tâche au poste de chef de projet web-marketing, tandis que les sociétés de taille conséquente envisageront plutôt un recrutement. Quoi qu'il arrive, le suivi analytics de vos campagnes et de votre site devra rester en interne.

Niveau de salaire : élevé ; 35-45K par an selon l'expérience pour un recrutement. Cette activité est de plus en plus pratiquée en free-lance.

Bon à savoir

Cette expertise est visée par une certification Google Analytics. Certains experts SEO utilisant régulièrement les outils d'analytics portent la double casquette et offrent une gamme de services plus large avec le doublé SEO + Analytics.

Check-list d'une bonne agence Web

Quels sont les process mis en place dans cette agence lors d'une mise en ligne de site ou de refonte ? Respecte-t-elle les étapes suivantes ? Prévoit-elle des allers-retours pour corriger les différents bugs avant la mise en ligne ?

1. **Développement** réalisé par l'équipe technique.
2. **Recette technique** faite par les développeurs.
3. **Recette fonctionnelle** faite par le chef de projet fonctionnel/AMOA.
4. **Fourniture d'un cahier de recette** (à prévoir dans les livrables).
5. **Recette client** faite par le chef de projet fonctionnel interne.

De nombreuses sociétés n'observent pas ces règles basiques. Le simple fait de passer par la rédaction d'un cahier des charges pour cadrer votre projet fonctionnellement, techniquement, mais aussi juridiquement, limitera les mauvaises surprises. Demander l'organigramme de l'agence pour vérifier les compétences présentes et leur pertinence vous apportera aussi des éléments de réponse quant à la qualité. La présence d'une ressource « à tout faire » pourrait vous alerter sur la crédibilité de l'agence envisagée.

Les métiers de la conception Web

Fonction	Webdesigner	Webmaster	Intégrateur	Développeur
Tâches	Il réalise tous les éléments graphiques de votre site ou application (illustrations, animations et bannières). Il s'agit de l'autre nom des graphistes Web. Certains autres graphistes se cantonnent à des créations destinées à l'impression.	Parfois en charge du développement d'un site pour des projets simples, il actualise et maintient également les différents éléments du site au quotidien, dont le contenu (selon contrat).	Il assemble et intègre les différents éléments qui composent vos pages (textes, images, développements) et veille à leur viabilité quel que soit le navigateur (Chrome, Firefox, Internet Explorer).	À l'aide de différents langages de programmation (PHP, ASP…), il développe les pages de votre site ou application, les modules/ fonctionnalités et éléments techniques de vos projets Web ou mobile.
Compétences	Créativité, sensibilité marketing. La maîtrise de l'ergonomie est un réel plus.	Compétences techniques +	Compétences techniques ++	Compétences techniques +++
Coût	€€	€	€€€	€€€€

2

Dictionnaire du Web

Achat programmatique : concerne l'achat d'espaces publicitaires de manière automatisée (exemple : RTB *via* les ad exchanges).

Ad exchange : plateforme intermédiaire entre annonceurs et éditeurs pour la commercialisation d'inventaires publicitaires *via* l'achat programmatique tel que le RTB par exemple.

Affilié : site ayant souscrit au programme d'affiliation d'un annonceur et relayant ses publicités.

Affordance : élément d'un objet ou d'une page Web qui, de par sa forme, induit un comportement ou porte un message (exemple : on s'attend à ce qu'un texte souligné soit cliquable).

Annonceur : entreprise dépensant son budget publicitaire pour acquérir du trafic ou des conversions (vente ou lead) sur son site Internet.

ATD : il s'agit des Agencies Trading Desks ou Trading desks qui opèrent pour le compte d'un client sur les ad exchanges.

ATF : Above the Fold veut dire en français « au-dessus du pli », le pli faisant référence à la ligne de flottaison ; la ligne en dessous de laquelle il est nécessaire de scroller. On parle aussi de BTF, Below the Fold, pour les inventaires en dessous de la ligne de flottaison.

Autocomplétion : cette fonctionnalité permet de suggérer plusieurs suites possibles à un utilisateur lors de la saisie d'un champ afin de lui éviter d'avoir à taper l'intégralité du contenu. C'est notamment utilisé pour les codes postaux.

Backlink : aussi appelé lien retour ou lien entrant, c'est un lien placé sur un site externe pointant vers une page de votre site.

Balise alt : cette balise, présente dans le code de votre page, vous permet de donner un nom lisible à votre image pour les moteurs de recherche et les outils d'aide à la navigation.

Baseline : phrase courte promotionnelle qui souligne l'identité d'une entreprise ou d'une marque. Il s'agit souvent de son slogan.

Bêta : cette expression est utilisée pour évoquer une version d'un site ou d'un logiciel encore en phase de test, une version souvent instable qui nécessitera corrections et ajustements.

Bid management : activité d'optimisation des enchères en fonction de la performance des mots clés (ROI, taux de conversion...). Elle peut être manuelle ou automatisée *via* une solution technique qui utilise un algorithme d'optimisation.

Big data : expression anglaise utilisée en français pour évoquer les nombreuses informations inexploitées d'une entreprise.

Branding : une campagne de branding tend à accroître la visibilité et la notoriété d'une entreprise ou d'une marque.

Brand safe : cela signifie que vous avez la garantie que vos publicités n'apparaîtront que sur des sites de qualité qui ne nuiront pas à votre image de marque et à la réputation de votre entreprise.

Brick and mortar : cette expression américaine, signifiant la brique et le mortier, fait référence au commerce traditionnel de proximité, aux enseignes qui commercialisent *via* des points de vente.

BtoB : il s'agit d'une abréviation qui signifie Business to Business. Elle exprime les échanges et transactions entre professionnels, contrairement au BtoC, Business to Consumers, qui concerne des échanges ou transactions entre professionnels et particuliers.

Caper : limiter l'exposition ou le nombre de contacts par prospect dans une période de temps donnée. Exemple : ne pas proposer plus de trois fois la même publicité au même internaute dans le mois.

Capping : nombre d'expositions maximum sur une période donnée pour une même campagne ou bannière par utilisateur.

CGV : les conditions générales de vente détaillent l'ensemble de vos conditions commerciales et font office de contrat entre les clients et l'entité.

Click and collect : pratique consistant à commander/réserver en ligne et à récupérer en magasin les produits commandés.

Click and mortar : entreprise traditionnelle (magasin physique) ayant également une présence online (e-commerce).

Click-mapping : technique de réalisation de heatmap à partir des zones les plus et les moins cliquées d'une page.

CMS : les Content Management Systems, en français « systèmes de gestion de contenu », sont des interfaces développées pour automatiser la création et l'organisation de contenu. Ils permettent, par exemple, de créer un site Internet sans avoir à le développer de A à Z.

Code HTML : langage utilisé pour la mise en forme d'une page Web.

Community management : activité consistant à promouvoir une entreprise et ses produits/services *via* les réseaux sociaux et la création d'un écosystème de bloggeurs et influenceurs. Il s'agit, entre autres, de traiter les problèmes d'e-réputation et de relayer la stratégie de communication de l'entreprise sur ces nouveaux supports.

Comparateur : site proposant la comparaison de prix sur plusieurs références produits et/ou services.

Content marketing : stratégie marketing visant à promouvoir les produits/services d'une entreprise *via* la production de contenus éditoriaux et leur viralisation.

Cookie : il s'agit d'un fichier texte déposé sur votre ordinateur par le serveur du site que vous visitez. Aussi appelé « témoin de connexion », le serveur y accède pour vérifier les informations qu'il contient (ex : historique des pages visitées).

CPA : coût par achat. Il peut se négocier sous forme de coût fixe ou de pourcentage de la vente. On peut aussi utiliser le terme CPV (vente), et l'acronyme peut parfois être mentionné de manière plus large pour « coût par action » (= conversion : tout type d'action visée).

CPC : coût par clic.

CPC moyen : coût par clic moyen. En SEA, on achète des mots clés aux enchères et on paye à chaque clic sur une annonce. Mais le montant payé varie à chaque clic. C'est pour cela qu'on le calcule comme suit : Coûts/Clics.

CPE : le coût par engagement est utilisé sur les réseaux sociaux. La facturation s'applique à chaque interaction telle qu'un retweet ou une réponse à un tweet.

CPL : coût par lead. Il s'agit généralement d'un coût fixe pour l'obtention d'un contact qualifié.

CPM : le coût par mille est un modèle de rémunération dédié à l'affichage de bannières ou d'annonces facturé tous les mille affichages.

CPM optimisé (oCPM) : il s'agit d'une enchère optimisée par algorithme qui se veut plus agressive avec les prospects susceptibles de générer une conversion.

CPMO : le coût par mille ouvertures est un modèle de rémunération dédié à l'e-mailing.

CPO : le coût par ouverture est un modèle de rémunération dédié à l'e-mailing.

CPV : le coût par vue est un modèle de rémunération adapté à la publicité vidéo, qui consiste à facturer seulement si l'internaute a vu tout ou partie de la vidéo. Cela ne veut néanmoins pas nécessairement dire que ce dernier aura vu l'intégralité de votre vidéo.

CRM : Customer Relationship Management, en français la GRC (gestion de la relation client), consiste à récolter des informations clients pour anticiper et gérer leurs besoins. Elle contribue largement à la fidélisation, permettant ainsi de mieux comprendre les clients et leur historique.

Cross-canal : le cross-canal consiste à créer des passerelles entre les différents canaux pour faciliter le parcours client.

Cross-device : expression utilisée pour évoquer la capacité d'un élément à être viable sur tous les appareils (ordinateur, tablette et mobile).

Cross-selling : consiste à proposer des produits complémentaires (exemple : accessoires) qui vont avec le produit initial.

CSP : les catégories socioprofessionnelles ont été initialement créées par l'INSEE. Elles sont utilisées par les marketeurs pour organiser la population selon des critères affectant ses comportements d'achat. Elles prennent en compte, entre autres, la profession, le salaire ou encore la position hiérarchique dans l'entreprise.

CTA : Call to Action, bouton contenant un texte d'action vers lequel on oriente le clic.

CTR : le Click-Through Rate ou taux de clic représente le pourcentage de personnes qui ont cliqué sur une publicité sur l'ensemble des personnes qui l'ont vue.

DCO (Dynamic Creative Optimization) : La DCO consiste à charger en temps réel un contenu ciblé en dynamique selon la personne qui visualise le contenu.

Dédoublonner : un doublon est une adresse mail en double dans votre base de données clients. Il s'agit donc de supprimer ces doublons.

Délivrabilité : lorsque l'on évoque le taux de délivrabilité, il est question du pourcentage d'e-mails qui parviennent dans la boîte mail de vos destinataires.

Designer UX/UI : designer User Experience ou User Interface est une autre appellation du métier d'ergonome. Son rôle est de designer ou, parfois, uniquement de valider les maquettes de projets Web afin d'en garantir l'usabilité *via* le respect des bonnes pratiques de l'ergonomie.

Display : type de publicité en ligne qui consiste à acheter des espaces publicitaires (exemple : bannières ou vidéos).

DMP (Data Management Platform) : plateforme de qualification d'audience *via* des données first et third party (provenant du site concerné ou d'un autre site = données tierces). Certaines se spécialisent dans la vente de données third party.

Drive : nouveau mode de récupération des achats, qui consiste à venir prendre son panier sur un point de vente le jour même, ou parfois dans l'heure, après avoir payé en ligne.

Drive-to-store : campagnes marketing online dont le but est de générer du trafic et des ventes en point de vente.

DSP (Demand Side Platform) : plateforme technologique de gestion de la demande côté annonceurs sur les ad exchanges.

Duplicate content : le contenu dupliqué, en français, est un contenu d'une page Web existant déjà sur un autre site ou sur une autre page de votre site. Avoir du contenu dupliqué est sanctionné par l'algorithme de Google et nuit à votre référencement dans les moteurs de recherche.

Éditeur : personne morale ou privée souhaitant commercialiser les espaces publicitaires de son site Internet.

EMD : l'Exact Match Domain est un nom de domaine comportant des mots clés séparés de tirets pour favoriser le référencement du site sur une activité ou une catégorie de produits particulière. Un élément de moins en moins pris en compte par Google.

Empattement : petit trait venant marquer la fin d'un caractère des polices appelées sérif.

Encarté : détenteur d'une carte de fidélité.

Expand banner : il s'agit d'une bannière qui, au survol ou au clic, s'étend sur une surface plus importante. Le menu expand banner est un menu qui affiche au survol de la barre de navigation les sous-rubriques.

FAQ : cet acronyme anglais, Frequently Asked Questions, signifie littéralement « questions les plus fréquemment posées ». Le FAQ constitue souvent la page d'un site Web où l'on retrouve l'ensemble des questions et réponses concernant les produits ou les conditions de vente.

Favicon : Le favicon est l'icône représentant un site dans l'onglet d'un navigateur.

Fil d'Ariane : suite de liens représentant le chemin de navigation de l'internaute. Il est habituellement situé en corps de page, juste en dessous de la barre des menus.

First view : un inventaire commercialisé en first view offre à un annonceur un accès privilégié et prioritaire aux espaces de l'éditeur.

Flux catalogue XML : c'est un fichier au format XML qui liste l'intégralité de vos produits ainsi que leurs caractéristiques (description, nom, prix, disponibilité, taille, couleur...). Il est accessible depuis une URL sur votre site et créé en dynamique. Sa mise à jour est automatique et permet aux partenaires d'afficher votre catalogue produits à jour sur leur site.

Followers : sur Twitter, les abonnés d'un compte sont appelés followers.

GDN (Google Display Network) : régie publicitaire de Google.

Footer : partie basse du site Internet présente sur la majorité des pages du site. Elle contient habituellement les liens utilitaires.

Générateur de leads : un acteur du Web dont le business model consiste à revendre des leads à des prestataires tiers.

Graymail : e-mails commerciaux considérés comme non prioritaires par les clients de messagerie. Certains ont fait le choix de ranger ces courriers dans un dossier dédié (exemple : Gmail).

Heatmap : une heatmap est une carte présentant un dégradé de couleurs en surcouche sur une page Web ou un élément graphique afin d'identifier les zones de chaleur (jaune/orange/rouge) qui matérialisent l'intérêt des individus et les zones dites froides (en bleu) qui n'ont pas su attirer leur attention.

Iframe : l'inline frame, abrégée iframe, est une balise HTML permettant d'afficher une page HTML au sein d'une autre page HTML.

Impression : impression sur la Toile est synonyme d'affichage, il peut s'agir de l'impression d'une bannière display ou encore d'une annonce SEA.

In-banner : publicités vidéo s'affichant sur les emplacements habituels des bannières.

In-display : publicité prenant la forme d'une bannière au bas d'une vidéo en cours de diffusion (exemple : sur Youtube).

In-feed : se dit d'un élément apparaissant dans un flux d'informations ou d'articles. Il fait référence à l'emplacement d'un site Internet.

In-stream : publicité vidéo placée en début (pré-roll), milieu (mid-roll) ou encore fin (post-roll) d'un contenu vidéo.

Keyword stuffing : revient à bourrer votre page de mots clés dans des phrases n'ayant plus grand sens ni intérêt pour les utilisateurs.

KPI : Key Performance Indicator. Un indicateur de performance se présente souvent sous la forme d'un taux qui va permettre de mesurer l'efficacité de certaines actions marketing et l'évolution de leurs performances.

Lead : un nombre variable d'informations envoyées *via* un formulaire en ligne par un internaute qui devient alors un prospect qualifié = un lead. Il peut maintenant être recontacté pour convertir le lead en vente.

Liens utilitaires : liens permanents, présents dans le footer ou le header d'un site. Le plan du site, les contacts, la revue de presse et de nombreux autres liens sont considérés comme des liens utilitaires.

Lightbox : l'effet lightbox permet d'afficher des images, du contenu, des pages au premier plan dans une page Web sans avoir à quitter la page. Il assombrit le reste de la page et met en évidence le contenu en surbrillance.

Link baiting : stratégie de contenu qui consiste à mettre en ligne des pages qui auront vocation à être pointées par des liens entrants et partagées sur les réseaux sociaux.

Link juice : ce concept fait référence à la répartition du « jus de référencement » distribué par Google entre les pages d'un site ou *via* les liens pointant vers d'autres sites. Ce jus compte parmi les facteurs pris en compte par l'algorithme pour le classement dans les moteurs de recherche.

Mapping (forme nominale de « mapper ») : lorsque cette action concerne la mise en ligne d'un catalogue e-commerce sur un comparateur, il s'agit de faire correspondre vos rubriques à celles du comparateur.

Marque blanche : insertion d'un module boutique ou d'une partie d'un site de génération de leads dans un autre site, en respectant sa charte graphique lors de l'insertion.

Middle office (abrégé MO) : c'est la partie d'un site Internet à laquelle les utilisateurs accèdent en se connectant *via* leur compte personnel. Le compte client sur une boutique en ligne est un middle office.

Modèle d'attribution « last touch » : ce modèle fut longtemps utilisé pour attribuer les conversions au dernier levier ayant contribué à une conversion. Mais il est incomplet, car non représentatif de la combinaison des déterminants (leviers) qui ont contribué à cette conversion.

Monitorer : synonyme de surveiller.

MTF : les emplacements Middle of the Fold sont des placements de seconde zone comme le milieu de page. Ils ne permettent pas une visibilité maximum.

Multicanal : une entreprise qui propose plusieurs canaux pour effectuer un achat est une entreprise multicanale.

Native advertising : il insère des publicités dans un site en les maquillant en contenu éditorial et en les insérant dans des formats et emplacements typiques du contenu éditorial afin de ne pas interrompre ou perturber la lecture de l'internaute.

Netlinking : stratégie consistant à obtenir un maximum de liens entrants de qualité vers son site Web.

Noreply : adresse mail d'expédition ne permettant pas le traitement des réponses.

Omni-canal : une société proposant une expérience d'achat complètement intégrée, indépendamment du canal en étant présente sur tous les canaux, a une stratégie multicanale.

Opt-in : une adresse opt-in est une adresse mail pour laquelle un site Web ou un prestataire a obtenu le consentement d'un internaute pour recevoir des communications d'un certain type.

Ordre d'insertion (OI) : document qui récapitule l'ensemble des informations sur une campagne (modèle de rémunération, nombre d'impressions...). Il doit être signé avant le lancement d'une campagne de display. Émis par une agence ou une régie, il peut être au format papier ou électronique.

Overlay : terme utilisé pour évoquer les éléments graphiques ou textuels apposés en surcouche sur une vidéo. Ces éléments peuvent occulter une partie de la vidéo ou apparaître en transparence.

PageRank (PR) : note de 0 à 10 établie par Google pour évaluer le respect des bonnes pratiques et la popularité d'un site.

Pandaliser : se faire pénaliser par l'algorithme Google Panda.

Pay Per Click : PPC, acronyme pour évoquer la publicité payée par clic.

Persona : utiliser des personas dans la phase de conception d'un projet consiste à créer des profils types de clients cibles afin de garantir une réalisation conforme à leurs besoins et attentes.

Phishing : technique frauduleuse de communication par mail ayant pour but la récolte d'informations confidentielles ou l'abus de confiance.

Place de marché/marketplace : une marketplace, ou place de marché, répertorie tout ou partie du catalogue de divers marchands en ligne, parfois en addition de son propre catalogue (Rue du Commerce, La Redoute...). Les marchands payent une commission, un pourcentage de la vente réalisée.

Plan de taggage : document définissant tous les codes de suivi et leur emplacement à insérer sur un site afin d'en effectuer le suivi statistique, généralement opéré via un outil d'analytics (exemple : Google Analytics).

Pré-header : il s'agit de la première partie visible d'un e-mail avant ouverture. Il apparaît dans la fenêtre de prévisualisation.

Programmatique garanti : faisant référence à de l'achat programmatique visé par des conditions particulières suite à un accord précis. Contrairement au programmatique non garanti qui procède à une mise en concurrence pour établir notamment le CPM, qui pourra se faire éventuellement aux enchères.

Pure player : entreprise dont l'activité est exercée uniquement sur le Web.

QR Code : le Quick Response Code est un code-barres en deux dimensions sur fond blanc qui, une fois scanné, donne accès à des informations de toute nature et de tout format.

Quality Score (QS) : note de 1 à 10 sur Google AdWords, attribuée à un mot clé. On parle de « niveau de qualité » en français, mais l'expression anglaise est plus couramment utilisée.

Recette : forme nominale de « recetter ».

Recetter : recetter ou « faire la recette » consiste à vérifier méthodologiquement que les développements ou les corrections mises en ligne sont conformes et fonctionnels.

Responsive design : technique permettant de détecter l'appareil utilisé pour la consultation d'un site et d'afficher en temps réel la version ordinateur, tablette ou mobile de ce site afin de garantir une meilleure expérience utilisateur.

Retargeting : recibler un utilisateur *via* une bannière présentant l'objet d'une de ses précédentes visites grâce aux cookies sur un autre site. Regarder les vols pour Miami sur un site, se rendre sur un site sans lien avec le voyage et voir une publicité d'eDreams pour un vol pour Miami. On parle aussi de remarketing.

RLSA : l'utilisation du Remarketing Lists for Search Ads consiste à créer des listes pour recibler des utilisateurs sur Google en fonction de leur comportement et leur historique de navigation (exemple : paniers abandonnés).

RTA : le Real Time Audience est une technologie permettant en temps réel de prendre la décision de miser sur une audience ou non dans le cadre d'échanges RTB.

RTB : le Real Time Bidding est un système d'enchères en temps réel permettant l'achat et la vente en programmatique d'inventaires publicitaires sur les ad exchanges.

ROI : l'acronyme signifie Return On Investment, en français « retour sur investissement ». Cet indicateur permet, par exemple, d'évaluer la rentabilité d'une action marketing. Il s'exprime en pourcentage.

Scroller : faire descendre la page vers le bas afin de visualiser la suite de la page.

SEA : Search Engine Advertising, achat de mots clés *via* un système d'enchères qui permet de faire apparaître des liens sponsorisés sur les moteurs de recherche. Ces achats de mots clés peuvent, par exemple, être faits sur la plateforme Google AdWords pour Google, ou encore sur Bing Ads pour Bing et Yahoo.

Search retargeting : l'exploitation des données de recherche afin de recibler un utilisateur *via* une vidéo ou une bannière.

SEO : Search Engine Optimization, plus couramment connu sous le nom de référencement naturel. Il s'agit de l'optimisation de votre site pour les moteurs de recherche.

SERPs : cet acronyme, pour l'anglais Search Engine Results Pages, signifie « pages de résultats dans le moteur de recherche ».

Shooter : cela consiste à envoyer un e-mail sur une base de données clients ou sur une base d'opt-ins (personnes ayant accepté de recevoir du courrier commercial de votre site ou celui d'un partenaire).

Showrooming : utiliser des points de vente pour exposer des produits disponibles sur le site marchand.

Skyscrapper : format vertical de publicité en ligne qui s'étend sur 120 × 600 ou 160 × 600 pixels.

Smart data : En opposition au big data, il s'agit de l'exploitation intelligente et dynamique des données d'une entreprise à des fins marketing ou commerciales.

SMO : Social Media Optimization. De plus en plus utilisé, ce terme concerne l'optimisation de votre présence sur les réseaux sociaux.

Split testing : opération consistant à tester deux versions d'un même élément (exemple : page, e-mail ou annonce) ou à confronter deux stratégies (exemple : heure ou jour d'envoi) tout en gardant un groupe témoin pour valider statistiquement la bonne hypothèse.

SSL : le Secure Sockets Layer est une norme de sécurité qui chiffre les données lors de leur transfert. Il se matérialise par un « https » devant l'URL du site en cours de consultation.

SSP (Sell ou Supply Side Platform) : plateforme technologique de gestion de l'offre côté éditeurs sur les ad exchanges.

Taux d'abandon : pourcentage de visiteurs ayant débuté le processus de conversion, ayant visité une des pages du tunnel sans aller jusqu'à la validation finale.

Taux d'attrition : aussi appelé *churn rate* en anglais ou taux de désinscription, ce taux représente le pourcentage d'abonnés qui se désinscrivent de votre newsletter.

Taux de conversion par visite ou visiteur : pourcentage de visiteurs ayant atteint l'objectif (exemple : la vente est l'objectif qui se trouve au bout du tunnel de conversion d'une boutique) au cours de la même visite, ou suite à une ou plusieurs visites au cours d'une période donnée.

Taux de rebond : pourcentage de visiteurs ayant vu une seule page de votre site sans effectuer aucune autre action, aucun autre clic.

Taux de refus : pourcentage de visiteurs n'ayant pas visité la première page du tunnel de conversion. Il peut s'agir de la page panier d'une boutique, de la première page de formulaire d'une demande de devis ou information, d'une simulation ou encore de la première page d'un processus de réservation.

Template : un template est un modèle graphique qui peut être répliqué. On utilise ce terme pour des modèles d'e-mails ou encore pour des thèmes graphiques prêts à être installés sur des Content Management Systems (CMS) tels que Prestashop ou Wordpress.

Tracking : sa traduction littérale est « suivi ». Un code de tracking est donc un code de suivi qui vient se placer dans l'URL ou dans le code de la page.

Trading desk : il s'agit d'un des intermédiaires intervenant dans le cadre d'achat d'espaces publicitaires en temps réel aux enchères (RTB) sur les ad exchanges. Ces intermédiaires, souvent des agences spécialisées, optimisent les dépenses publicitaires RTB pour le compte des annonceurs.

Trafic direct : trafic provenant d'internautes ayant directement tapé l'URL d'un site dans le navigateur, ou étant passés par les favoris de leur navigateur.

Tunnel de conversion : il se constitue de toutes les pages critiques menant à l'objectif : la conversion. Une conversion pourra prendre la forme d'un achat ou d'un lead. Dans une boutique, le tunnel de conversion commence avec le panier et finit avec la confirmation de paiement.

Up-selling : consiste à proposer des produits similaires dans une gamme ou une taille supérieure.

URL : ce signe, issu de l'anglais Uniform Resource Locator, fait référence à l'adresse Web (www.monsite.com) d'une page ou d'un site.

User-friendly : se dit d'un site, d'une interface ou d'un programme qui a été optimisé ergonomiquement et simplifié pour en faciliter l'utilisation.

Visiteur unique : on parle de visites et de visiteurs uniques (VU), un visiteur pourra effectuer plusieurs visites sur votre site mais ne sera comptabilisé qu'une seule fois.

Yield holistique : il s'agit d'un algorithme qui permet l'arbitrage entre la vente directe et le RTB au niveau du SSP pour maximiser les profits des éditeurs.

Yield management : technique de maximisation des revenus d'un site s'appuyant sur la variation des prix de vente de produits, services ou espaces publicitaires en fonction du moment de la vente ou de l'acheteur.

Pour creuser la terminologie du RTB, je vous renvoie au glossaire RTB du Syndicat des Régies Internet (SRI) qui listera l'ensemble des expressions de ce produit display.

Index

www.ingramcontent.com/pod-product-compliance
Lightning Source LLC
Chambersburg PA
CBHW061129220326
41599CB00024B/4222